Die Nachfolge Christi.

Die Nachfolge Christi
von
Thomas von Kempis.
THEOLOGIA.
ARS

Die Nachfolge Christi

von

Thomas von Kempis.

Neu übersetzt und mit einer Nachlese und Anwendung
zu jedem Kapitel versehen

von

Johannes Goßner.

Neue illustrierte Ausgabe mit 63 Zeichnungen von
Joseph Ritter von Führich.

Missionsverlag der Evgl.-Luth. Gebetsgemeinschaften e.V.
Bielfeld

johannis

„Die Nachfolge Christi ist das schönste Buch, das je aus einer Menschenhand kam — denn das Evangelium kam nicht aus Menschenhänden."

Fontenelle.

„Die Nachfolge Jesu Christi ist eines der vortrefflichsten Werke, die je sind verfaßt worden. Selig, wer nach dem Inhalte dieses Buches lebt, und sich nicht damit begnügt, das Buch bloß zu bewundern."

Leibnitz.

ISBN 3-929602-40-7

ISBN 3-501-01460-0

Verlag der St.-Johannis-Druckerei, Lahr/Schwarzwald

Statt einer Vorrede

stehe hier am Anfang, was ich der ersten Ausgabe dieser Übersetzung (1824) am Schluß des Büchleins hinzusetzte:

„Dieses Büchlein bedarf wohl auch keiner Vorrede und Einleitung: denn gleich unter der Haustüre — in der ersten Zeile des Büchleins — steht der freundliche Hausherr, der jeden Leser selbst empfängt, und einleitet, indem er ihn anredet: „Wer mir nachfolget, der wandelt nicht in der Finsternis." Ich wollte daher den Leser nicht lange aufhalten, sondern ihn gleich dem Herrn selbst in die Hände laufen lassen, der der beste Vorredner ist.

Ich will daher nur folgende Bemerkungen machen: Ich übersetzte aus der lateinischen Urschrift, und zwar hatte ich eine, nach den ältesten Manuskripten verbesserte Ausgabe vom Jahre 1786 vor mir.

Mein Wunsch ist, daß das köstliche Büchlein nicht bloße Leser, die Übersetzung nicht bloße Richter, sondern daß Christus Nachfolger bekomme.

Ich weiß, es gibt Leute, die, wie sie sagen, längst über dieses Büchlein weg sind. Ich aber muß aufrichtig gestehen, diese Leute kennen entweder das Büchlein nicht, oder sie kennen sich selbst nicht; oder sie müssen einen Seitenweg entdeckt zu haben glauben, auf dem man außer dem Wege, den Christus zeigte und ging, in das Reich Gottes kommt; den ich aber weder selbst einschlagen, noch andern anraten möchte; denn bis zur Wiederkunft Christi bleibt uns kein anderer Weg übrig, und keine andere Tür, als der schmale Weg und die enge Tür, wie es uns Christus lehrte, und dieses Büchlein so meisterhaft darstellt: *Wer mir nachfolgen will, der verleugne sich selbst.*

Freilich, wer die Gnade und den Geist Christi nicht kennt und nicht hat, und also aus eigner Kraft über das Büchlein herfällt, der wird es zu einem bloßen Gesetzbuche machen, sich selbst martern, und seines Lebens nie froh werden. Wer aber Gnade gefunden hat, dem ist auch Mosis Gesetz ein Evangelium, und dieses Büchlein ein evangelisches Licht auf dem dunklen Wege dieses Lebens, welches ihn zu der innigsten Gemeinschaft mit Gott in Christo führt. Möge der Herr alle Leser dahin gelangen lassen!"

Dieses Buch ist kein *Lese*-Buch zum Zeitvertreib, sondern ein *Lebe*-Buch — zum Leben und Handeln; und um so leben und handeln zu können, muß Kraft, Lust und Treue von oben erfleht werden.

Wer das Büchlein so gebraucht, der braucht es wohl und wird großen Segen davon haben.

Jedem Hauptstück ist eine Nachlese oder Nutzanwendung mit einem Terstegenschen Schlußreim angehängt, um den Leser bei jedem Kapitel länger aufzuhalten, und ihn stillstehn zu heißen, daß er nicht so von einem Kapitel zum andern eilt, sondern erst alles recht versteht und genießt. Es soll ihm wie ein aufgehobener Finger sein, der ihm sagt: da bist du gemeint! — du bist der Mann! — Blick in dein Herz — blick zu Gott auf, zu den Bergen, woher dir Hilfe kommt.

Und so hoffe ich denn und flehe zum Gott des Friedens, daß er uns heilige durch und durch, und ganz müsse unser Geist, und die Seele und der Leib unsträflich behalten werden auf die Zukunft unsres Herrn, Jesu Christi. Getreu ist er, der uns rufet, Er wird's auch tun! Die Gnade unsres Herrn Jesu Christi sei mich euch! Amen.

Goßner.

Vorwort zu den Bildern.

Des gottseligen Thomas von Kempen Buch von der Nachfolge Christi ist für den ersten Anblick völlig bilderlos. Bei näherer Betrachtung aber umfaßt es die ganze christliche Welt- und Lebensanschauung. Bilder zu diesem Buche können also als Betrachtungen über dasselbe und an dessen Geist sich anschließend, nicht immer und überall sich dem Buchstaben fügend dasselbe begleiten, sondern müssen auf jener allgemeinen Anschauung fußen, welche den Autor bei Abfassung des Buches leitete.

Dies über die Anordnung und innere Ökonomie meines Bilderzyklus zu Thomas von Kempen.

Daß auch die negative Seite der „Nachfolge Christi" in diesen Bildern vielleicht sogar mehr als im Buche selbst betont erscheint, wird um so weniger der Rechtfertigung bedürfen, als so viele unserer Zeitgenossen die heilige Lichtwelt, welche das herrliche Buch den Menschen erschließt, als überwundene mittelalterliche Finsternis beseitigt wissen wollen.

Führich.

Erstes Buch.

Ermahnungen zu einem frommen und geistlichen Leben.

Erstes Buch.

Das 1. Hauptstück.

Folge Christo nach und verachte die Eitelkeit der Welt.

Wer mir nachfolgt, der wandelt nicht im Finstern, sondern wird das Licht des Lebens haben (Joh. 8, 12). Dies sind Worte Christi, die uns auffordern, seinem Leben und seinem Wandel nachzufolgen, wenn wir wahrhaft erleuchtet und von aller Blindheit des Herzens geheilt werden wollen.

Unsere erste Angelegenheit sei daher,

das Leben Jesu Christi beständig im Auge zu haben.

2. Die Lehre Christi ist unvergleichbar besser als alle Lehren der Heiligen, und wer den Geist Christi hätte*, der würde in ihr ein verborgenes Himmelsbrot finden.

Allein viele, so oft sie auch das Evangelium hören, bleiben dennoch dabei ohne alle Rührung, weil sie den Geist Christi nicht haben*.

Wer aber die Lehre Christi vollkommen verstehen und recht genießen will, der muß sich mit allem Ernste bestreben, daß sein ganzes Leben Jesu Christo gleichförmig werde.

3. Was hilft es dir, wenn du über die Dreieinigkeit hochgelehrt zu streiten verstehst, wenn dir aber dabei die Demut fehlt, ohne die du der Dreieinigkeit nicht gefallen kannst?

Wahrhaftig! hochgelehrte Worte machen den Menschen weder heilig noch gerecht; aber ein christliches Leben macht uns Gott angenehm.

Trachte du, die Reue und Zerknirschung des Herzens viel mehr zu empfinden als sie schulgerecht erklären zu können.

Hättest du die ganze Bibel und alle Sprüche der Philosophen im Kopfe, aber dabei keine Liebe und Gnade Gottes in deinem Herzen*, was würde dir all jenes helfen?

O Eitelkeit der Eitelkeiten — alles ist Eitelkeit, außer Gott lieben und ihm allein dienen.

Das ist die höchste Weisheit: die Welt verschmähen und nach dem Himmelreiche trachten.

4. Eitelkeit ist es, vergängliche Reichtümer suchen und darauf seine Hoffnung setzen.

Eitelkeit ist es, nach hohen Ehrenstellen trachten und sich über andere hoch emporschwingen wollen.

Eitelkeit ist es, den Lüsten des Fleisches sich ergeben und Dingen nachjagen, um derentwillen man einst die empfindlichsten Strafen wird leiden müssen.

Eitelkeit ist es, nur wünschen, lange zu leben, und sich nicht darum bekümmern, fromm zu leben.

Eitelkeit ist es, seine ganze Aufmerksamkeit auf das gegenwärtige Leben zu richten, ohne auf das zukünftige hinaus zu blicken.

Eitelkeit ist es, das zu lieben, was mit Blitzesschnelle vergeht, und nicht dorthin eilen, wo die Freude kein Ende nimmt.

5. Gedenke doch recht oft an jenen weisen Spruch: „Nicht satt wird das Auge vom Sehen, nicht satt vom Hören das Ohr“ (Pred. 1, 8).

So bestrebe dich denn, dein Herz von der Liebe zum Sichtbaren los zu reißen und es zu dem Unsichtbaren zu erheben. Denn die ihrer Sinnlichkeit blind folgen, beflecken ihr Gewissen und verlieren die Gnade Gottes*.

Wie kann ich?

Wie kann ein Kind einem Manne folgen? Wenn er es führt an seiner Hand oder trägt auf seinem

Arm. Wie kann ein Wurm einem Adler nachfliegen? Wenn der Adler den Wurm auf seine Flügel nimmt. Wie kann ein wilder Baum gute Früchte bringen? Wenn man ihm einen echten Zweig aufsetzt, ihn veredelt. — Wie kann ich Christo nachfolgen? Wenn Christus in dir ist und du in Christo bist, kannst du nicht nur, du mußt und wirst gern ihm folgen. Mit ihm kannst du alles, was er kann. Ohne ihn nichts (Phil. 4, 13; Joh. 15, 5). Dies ganze Büchlein und besonders dies erste Kapitel, namentlich wo ein * angebracht ist, setzt voraus, daß seine Leser in der Gnade stehen, den Geist Christi haben, das Leben aus Gott, also auch bestimmt sind, Christo gleichförmig zu werden (Röm. 8, 29). Christi vorbildliches Leben ist ja auch so verdienstlich, d. h. sein Beispiel ist so lebendig und kräftig einwirkend auf die, welche gläubig auf dies lebendige Licht schauen, daß sie so wie er gesinnt sein und wandeln können (1. Joh. 2, 6 u. 4, 17). Er hat's uns verdient, er schenkt es uns auch, sein Vorbild ist kein totes, es reicht uns die Hand und zieht uns nach. Laß dir's schenken, wie du dir die Vergebung der Sünde hast schenken lassen. Er gibt alles umsonst. Willst du mit Christo leben im Himmel, so mußt du ihm folgen und ähnlich werden auf Erden. Nur in den Fußstapfen Christi findest du das Licht des Lebens. Wer nicht an der Sonne wandelt, für den ist die Sonne nichts, wenn er auch das ganze Sonnensystem im Bette und in der dunklen Kammer seiner Trägheit und Schläfrigkeit erklären könnte (Hohel. 1, 4; Psalm 119, 32; 1. Kor. 9, 24).

Was Jesus sah den Vater tun,
Das tat er auch in allen Sachen.
So sieh auch du auf Jesum nun,
Und laß ihn alles in dir machen.

Das 2. Hauptstück.

Verschmähe dich selbst.

Jeder Mensch ist von Natur geneigt, viel zu wissen. Aber was hilft alles Wissen, wenn man dabei Gott nicht fürchtet?

Wahrhaftig, besser ist ein demütiger Landmann, der seinem Gott dient, als ein stolzer Philosoph, der die Laufbahnen der Sterne mißt, aber dabei sich selbst vernachlässigt.

Wer sich selbst nach der Wahrheit kennt, der hält sich selbst für schlecht und freut sich nicht, wenn ihn die Menschen loben.

Wüßte ich alles in der Welt und hätte nur eines, die Liebe, nicht, was würde mir alles dies Wissen helfen vor Gott, der mich nach meinem Tun richten wird?

2. Laß ab von der unbändigen Sucht zu wissen, denn es ist viel Zerstreuung und viel Täuschung dabei (Pred. 1, 18).

Die viel wissen, wollen auch scheinen viel zu wissen und haben es gern, daß man sie Weise nennt.

O! es gibt viele Dinge in der Welt, deren Erkenntnis der Seele wenig oder gar nichts nützt.

Und es ist gewiß ein hoher Grad von Torheit, nach andern Dingen trachten, als die zum Heile der Seele dienen.

Viele Worte machen die hungrige Seele nicht satt; aber ein frommes Leben ist eine herzstärkende Speise, ein Labsal für unser Gemüt, und ein reines Gewissen schafft uns große Zuversicht vor Gott.

3. Je mehr du weißt und je besser du es verstehst, desto strenger wirst du danach gerichtet werden, wenn dein Leben nicht ebenso heilig als deine Erkenntnis groß ist.

Darum erhebe dich nicht, wenn du irgend eine Kunst oder Wissenschaft besitzest, sondern gerade deswegen, weil dir so viel Erkenntnis gegeben ist, sollst du dich viel mehr fürchten als erheben.

Wenn es dich blähen will, daß du so viel weißt und so gut verstehst, so laß dir dabei einfallen, daß es noch viel mehr Dinge gibt, von denen du nichts weißt.

Versteige dich nicht (bilde dir nicht zu viel ein auf dein Wissen), sondern bekenne lieber deine Unwissenheit. Wie magst du dich auch nur über einen Menschen erheben, da so viele gelehrter und im Gesetze erfahrener sind als du?

Willst du aber etwas wissen und lernen, das dir auch etwas nützt und frommt, so lerne, was so wenige wissen und können: gern unbekannt zu sein und dich für nichts halten zu lassen.

4. Das ist die höchste Wissenschaft und die heilsamste Aufgabe, sich selbst wahrhaftig erkennen und verschmähen.

Sich selbst für nichts achten und andere immer besser und höher schätzen als sich selbst, das ist große Weisheit und Vollkommenheit.

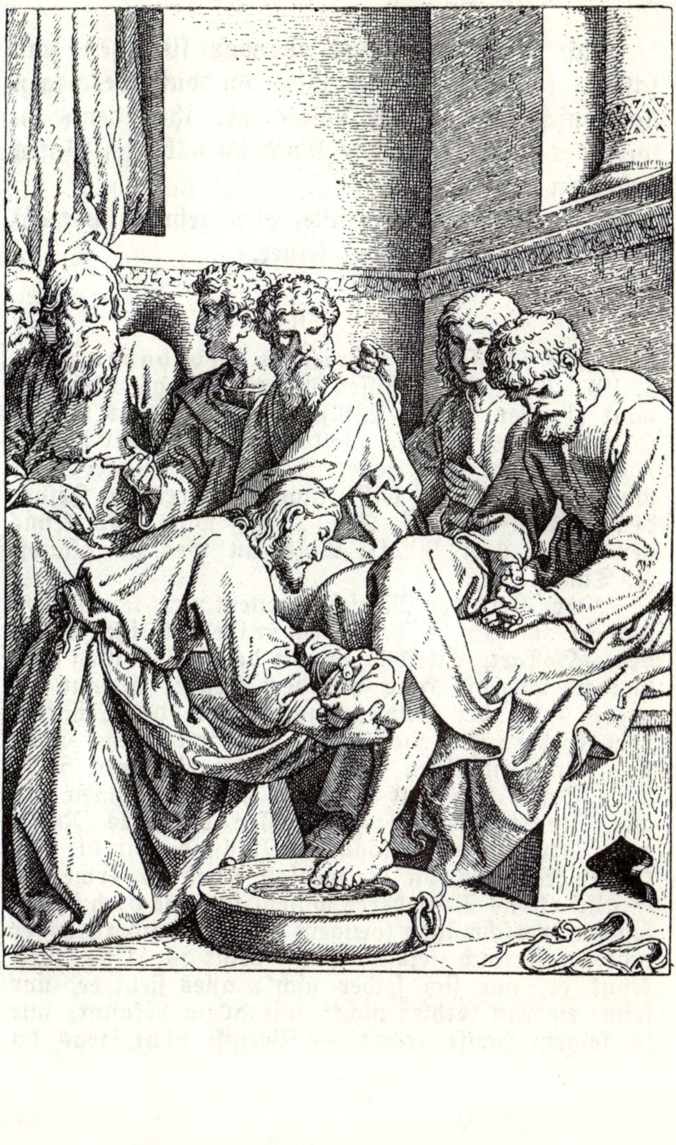

Auch wenn du einen offenbar sündigen und schwer fallen siehst, so sollst du dich deswegen doch nicht für besser halten als ihn, denn du weißt ja doch nicht, wie lange du selbst im Guten beharren wirst.

Gebrechlich sind wir alle, aber gebrechlicher als du sei in deinen Augen keiner.

Besser! besser —

als alles Wissen ist Christum lieb haben (Eph. 3, 19). Denn das Wissen bläht, aber die Liebe erbaut (1. Kor. 8, 1). Willst du aber ja was wissen, so wisse, daß in dir nichts Gutes wohnet (Röm. 7, 18); wisse, was jener Meister in Israel nicht wußte (Joh. 3); so wisse nichts anderes als Jesum den Gekreuzigten (1. Kor. 2, 2); wisse und kenne den Herrn (Jer. 9, 24); wisse, an wen du glaubst (2. Tim. 1, 12).

Der Wert des Menschen besteht nicht im Wissen, sondern im Tun, d. h. in dem in Liebe tätigen Glauben. Hoffart, Eitelkeit ist mit dem Vielwissen verbunden wie die Hitze mit dem Feuer; Demut dagegen folgt der Selbsterkenntnis wie der Schatten dem Körper. Den Hoffärtigen aber widerstehet Gott, und den Demütigen gibt er Gnade (1. Petr. 5, 5).

„Besser ist", sagt Augustin, „selbst erkennen, als alle Staatsgeheimnisse zu wissen und alle Rätsel der Natur lösen zu können. Willst du dir die seltenste Kenntnis, die die wenigsten besitzen, erwerben — also etwas Besonderes wissen, so lerne dich selbst kennen, verschmähen (beugen) und alle andern höher achten als dich selbst. Sonst heißt es: Alle Welt kennt er, nur sich selber nicht; alles sieht er, nur seine eigenen Fehler nicht; mit allem bekannt, nur in seinem Hause fremd. — Vergiß nicht, was du bist — ein Sünder, und was du hast — dein einziges Eigentum ist die Sünde."

Siehe das Lied: Christum über alles lieben, übertrifft die Wissenschaft ꝛc. (1. Kor. 8, 2; 13, 1—13; Hiob 8, 9; 1. Mos. 3, 5).

Du magst, so viel du willst, studieren,
Und von der Wahrheit disputieren;
Gott lieben und gehorsam sein,
Die Schule macht gelehrt allein.

Das 3. Hauptstück.

Von der Lehre der Wahrheit.

Selig, den die Wahrheit durch sich selbst unterrichtet, nicht durch Bilder und Worte, die verschallen, sondern durch Offenbarung ihrer selbst, wie sie ist.

Denn unsre Meinung

und unser Sinn täuschet uns sehr oft und sieht nicht weit.

Was nützt es denn, wenn wir dunkle und verborgene Dinge mühsam erforschen, Dinge, die uns wohl dunkel und unbekannt bleiben dürfen, ohne daß wir am Tage des Gerichts deshalb gestraft werden?

Es ist eine große Torheit, daß wir das, was uns heilsam ist und allein not tut, vernachlässigen, und dafür so eifrig nach dem trachten, was nur die Neugierde reizt und dabei noch Schaden bringt. Wie? wir haben Augen und sehen nicht!

2. Was ist uns denn an der Schulweisheit, an den Gattungen und Geschlechtern der Begriffe gelegen?

Wenn das ewige Wort in dir redet, so kannst du die vielerlei Meinungen wohl entbehren.

Es ist nur ein Wort, von dem alles herkommt, und auf dies eine Wort weisen auch alle Dinge hin, und dies eine Wort ist der Anfang (der im Anfange war), der jetzt auch zu uns redet (Joh. 8, 25).

Ohne ihn kann kein Mensch weder etwas recht verstehen noch richtig beurteilen.

Wem alles eines ist, wer alles auf eines zurückführt, wer in einem alles erblickt, der kann ruhig in seinem Herzen bleiben wie in einer Festung, der wird den Frieden in Gott nie verlieren.

O Wahrheit! Gott! mach mich eins mit dir in ewiger Liebe!

Oft ekelt mir, so vielerlei zu lesen und zu hören. In dir find' ich alles, was mein Herz wünscht und verlangt.

Verstummen sollen alle Gelehrten, schweigen sollen alle Kreaturen vor deinem Angesichte; rede doch du allein zu mir!

3. Je mehr ein Mensch eins mit sich selbst und je einfältiger er in seinem Innern geworden ist, desto mehr und höhere Wahrheiten wird er ohne Mühe verstehen, denn sein Verstand wird alsdann von oben herab erleuchtet.

Ein Geist, der rein, einfältig und festgegründet ist (in Gott), wird auch durch mancherlei Geschäfte nicht zerstreuet: denn er tut alle seine äußern Geschäfte zur Ehre Gottes, und in seinem Inwendigen arbeitet er dabei, sich vor aller Selbstsucht rein zu bewahren.

Was hindert und belästigt dich doch mehr als dein eigenes Herz, oder die ungetöteten Neigungen deines Herzens?

Der Fromme und Gottergebene ordnet zuerst in seinem Inwendigen alle Geschäfte, die er hernach äußerlich zustande bringen will.

Die Geschäfte ziehen ihn nicht dahin, wo ihn die verdorbenen Neigungen hinlocken, sondern er lenkt sie nach dem Urteile der geordneten und erleuchteten Vernunft.

Wer hat einen heftigern Kampf zu kämpfen als der, welcher sich selbst zu besiegen strebt?

Und dies sollte sich doch ein jeder von uns, als das eigentliche Geschäft seines Lebens, angelegen sein lassen, nämlich sich selbst überwinden, täglich seiner selbst mächtiger werden und in der Besserung Fortschritte machen.

4. Aller Vollkommenheit dieses Lebens klebt immer etwas Unvollkommenes an, und bei all unserm Forschen bleibt uns immer noch etwas dunkel.

Demütige Erkenntnis deiner selbst ist ein kürzerer und sicherer Weg zu Gott, als tiefes Forschen nach Wissenschaft.

Deswegen muß man aber weder die Gelehrsamkeit noch die einfache Erkenntnis lästern; denn an sich selbst betrachtet ist es eine gute Sache um das Wissen und Erkennen, und es ist von Gott angeordnet. Aber ein gutes Gewissen und ein frommes Leben muß in deinen Augen doch ungleich mehr Wert haben als alle Wissenschaft.

Denn eben deswegen, weil die meisten das Wissen sich mehr angelegen sein lassen als das fromme Leben, verirren sich so viele, und der Baum ihrer Wissenschaft bringt keine oder doch nur geringe Frucht.

5. O! wenn sie so unermüdet wären, die Laster auszurotten und die Tugenden zu pflanzen, wie sie sich rastlos bemühen, den Stein der Wissenschaft zu wälzen (oder den Stein der Weisen zu

suchen), so würde nicht so viel Böses, nicht so viel Ärgernis unter dem Volke, nicht so viel Zuchtlosigkeit sein.

Am Tage des Gerichts wird man uns gewiß nicht fragen: Was habt ihr gelesen? sondern, was habt ihr getan? Man wird uns nicht fragen: habt ihr schön gesprochen? sondern, habt ihr fromm gelebt?

Sag mir doch einmal: wo sind jetzt alle jene Herren und Meister, die du als berühmte und hochgelehrte Männer kanntest und von deren Gelehrsamkeit alle Welt posaunte?

Auf ihren Pfründen (oder Kanzeln) sitzen nun andere und ich zweifle, ob die Nachfolger noch an ihre Vorgänger denken. Solange sie lebten, hatten sie den Schein, etwas Großes zu sein, aber nun liegen sie unter denen, deren man nicht mehr gedenkt.

6. O, wie schnell ist alle Herrlichkeit der Welt verschwunden! Hätten sie doch ebenso fromm gelebt, als sie gelehrt waren, dann hätten sie recht studiert und recht gelesen.

O, wie viele stürzet die eitle Wißbegierde (und die Sucht, mit dem Zeitgeiste fortzuschreiten) in den Abgrund des Verderbens! Weil sie sich um die Gottseligkeit gar wenig bekümmern, und weil sie lieber groß scheinen als demütig sein wollen, so werden sie in ihren Gedanken eitel und zu Nichts.

7. Groß, wahrhaft groß ist doch nur der, der große Liebe besitzt.

Groß, wahrhaft groß ist nur der, der in seinen Augen klein ist und die höchste Stufe der Ehre für nichts hält.

Weise, wahrhaft weise ist nur der, welcher alles Irdische für Kot und Auskehricht hält, um Christum zu gewinnen (Phil. 3, 8. 9).

Gelehrt, wahrhaft gelehrt ist nur der, der Gottes Willen tut und seinen eigenen Willen verleugnet.

Gebet.

O Wahrheit! heilige, lebendige Wahrheit! Christus! komm selbst zu mir, wie du verheißen hast (Joh. 14, 21, 23). Laß dich herab in mein Herz, richte da deinen Tempel auf, und lehre du mich, offenbare dich selbst mir, — der Welt, dieser falschen Lehrerin gegenüber, die überall außer mir ihre Lehrstühle baut, deren so viele als Menschenköpfe sind, die von allen Seiten ihre falschen Grundsätze ausposaunen, dein Wort verfälschen und in Irrtum verführen!

Heilige Wahrheit, erscheine mir in dem Bilde, wie du dich für mich zu Tode geblutet hast! Wie du am verhöhntsten, so bist du mir am schönsten — die schönste, die höchste, die herrlichste und beseligendste Wahrheit. — Du machst mich zum Pünktlein, zum Stäublein, zum Nichts — und gerade dadurch erhebst du mich über alles bis zu dir, auf den höchsten Thron der Ehre und Herrlichkeit, wo ich dir gleich sein und dich sehen werde, wie du bist (1. Joh. 3, 2). Diese G r ö ß e, die auf mein Nichts und dein Alles gegründet ist, diese W e i s h e i t, die alles für Schaden und Auskehricht, dich nur für Gewinn hält, diese Wissenschaft, die nur dich am Kreuze weiß, gib mir, erhalte mir und laß mich darin leben und sterben! Amen.

Man lernt und wird doch nie gelehrt,
Weil man nicht Jesum selber hört;
Folg' seiner äußern Lehr' beständig,
Doch merk' auch, was er lehrt, inwendig.

Das 4. Hauptstück.

Sei vorsichtig in all deinem Tun.

Traue nicht jedem Worte, noch jedem Geiste, sondern lege jede Sache, die dir vorkommt, auf die Wagschale der vorsichtigsten und anhaltendsten Prüfung, und wäge sie wie vor Gott.

Denn leider glauben und reden wir lieber Böses als Gutes von andern; so gar schwach sind wir.

Vollkommene Leute glauben nicht so leicht jedem Schwätzer; denn sie wissen wohl, wie geneigt die Menschen zum Bösen und wie brechlich sie im Reden sind.

2. Es ist große Weisheit, in seinen Handlungen nicht hitzig und vorschnell zu Werke zu gehen und auf seinen eignen Sinn nicht hartnäckig bestehen.

Auch dazu gehört Weisheit, nicht eines jeden Menschen Worte für wahr halten, noch das, was man hört und glaubt, sogleich wieder fremden Ohren anvertrauen.

Hast du einen Freund, der weise und gewissenhaft ist, so berate dich mit ihm; und folge lieber dem Rate und Winke des bessern Freundes, als deinem Eigendünkel.

Frömmigkeit macht den Menschen weise vor Gott und bewährt in mancherlei.

Je demütiger und kleiner einer in seinen eignen Augen und je gottergebener, desto weiser und ruhiger ist er in allen Dingen.

Der beste Rat —

ist: Laß dir raten: traue dir selbst nicht, tue keinen wichtigen Schritt ohne Rat. Frage aber nicht die Toren, frage den Weisen und Frommen, der selbst unter dem Einfluß der höchsten Weisheit, die nicht irren kann, steht; der mit dir betet zu dem, der Rat heißt, und dem Weisen die Weisheit und dem Verständigen den Verstand gibt. Frage aber nicht um Rat, wenn du nicht oder nur dann folgen willst, wenn man dir nach deinem Sinn und Wunsch ratet; frage, um Gottes Willen zu erkennen und zu tun. — Sicher vor dem Fall ist keiner, doch am allerwenigsten der, welcher anderer Rat und Warnung verachtet — oder sich jedem anvertrauet, und nur höret, was die Leute sagen, und sich nach dem großen Haufen richtet. Bei allem bete: Herr, zeige mir deine Wege 2c. (Ps. 25, 4. 9); und der Herr wird antworten (Ps. 32, 8):

Trau deinem eignen Urteil nicht,
Wir stehn nicht stets im reinen Licht.
Du willst mit dir und deinen Sachen
Es nur nach deinem Willen machen;
Denk: Gott ist Herr und du bist Knecht,
Frag ihn in allem: Was ist recht?

Das 5. Hauptstück.

Über das Lesen der Heiligen Schrift.

Wahrheit suche in der Heiligen Schrift, nicht Beredsamkeit. Lies die Heilige Schrift in demselben Geiste, in dem sie geschrieben ist.

Sieh beim Lesen der Heiligen Schrift viel mehr auf das Heilsame des Wortes, als auf die Feinheit und Schönheit des Ausdruckes.

Bücher, die zwar einfach und kunstlos geschrieben aber doch gesalbt sind, müssen wir ebenso gern lesen als tiefgedachte und hochgelehrte.

Der große Name und das Ansehen des Schriftstellers blende dich nicht (mögen die Beurteiler von ihm sagen, was sie wollen), mag er viel oder wenig geschrieben haben; darauf achte nicht. Nichts als Liebe zur reinen Wahrheit treibe dich zum Lesen.

Frage nicht: wer hat dieses gesagt? sondern sieh allein auf das, was gesagt wird.

2. Die Menschen (auch die Gelehrten) gehen wie Schatten vorüber, aber die Wahrheit des Herrn bleibt ewig.

Gott redet zu uns auf mancherlei Weise, ohne Ansehn der Person. (Er ist nicht an die Gelehrten gebunden und die Wahrheit auch nicht.)

Das größte Hindernis beim Schriftlesen ist unsre Neugierde; wir wollen Stellen der Schrift begreifen und erforschen, bei denen wir gar nicht stehen bleiben, sondern nur vorbeigehen sollen.

Soll dich das Lesen besser und frömmer machen, so lies mit Demut, Einfalt und Treue, aber nicht aus der eitlen Absicht, den Namen eines Gelehrten zu erobern.

Schäme dich nicht zu fragen und stillschweigend zu horchen, was heilige Menschen lehren. Laß dir auch gefallen die Gleichnisreden der Alten, denn sie sind nicht leer und nicht umsonst hervorgebracht.

Warum so wenig —

von der Bibel? — damit du desto mehr in der Bibel selbst lesen und betrachten sollst, denn sie ist das Wort des lebendigen Gottes. Der Herr selbst wandelt in ihr und redet durch sie zu dir. — Aber wirst du ihn verstehen? Mit deinem Verstande nicht. Aber dein gläubiges Gemüt kann den Unbegreiflichen ergreifen und den Unendlichen erfassen und halten, daß er dich nicht lassen kann, wie Jakob (1. Mos. 32, 36). Gott hat uns nirgends befohlen, sein Wort zu begreifen, sondern zu glauben und zu bewahren. „Was du jetzt nicht verstehst, das wirst du hernach erfahren" (Joh. 13, 7). Die Einfalt, die die Schrift glaubt und nach ihr lebt, ist besser daran als der Verstand, der der Schrift Meister sein und alles begreifen will; jene reinigt das Herz zum Tempel des heiligen Geistes, dieser nährt den Hochmut und verfinstert das Gemüt. Die Wißbegierde hat den Menschen im Paradiese verdorben und getötet; Einfalt und Glaube führt uns wieder zurück in das Land, wo wir Gott, die Wahrheit und Weisheit von Angesicht schauen und alles wissen und erkennen werden, wie wir erkannt sind. Nimm und lies!

glaub' und folge! — Fliehe die Schriften, die die Seele vergiften und den Samen des Bösen in dein Herz streuen, der ohnehin schon genug wuchert in dir (2. Kor. 11, 3; Eph. 3, 19; 1. Tim. 6, 12; 2. Tim. 3, 15. 16; 1. Kor. 13, 9).

Einfältig wie ein Kindlein sein,
Sanft in sich selbst gesammelt ein,
Und Gott im stillen Geist ansehen,
Macht alle Wahrheit leicht verstehen.

Das 6. Hauptstück.

Von den ungeordneten Neigungen.

Sobald der Mensch eine ungeordnete Begierde in sich nährt, so ist der Hausfriede seines Herzens gestört.

Der Hoffärtige und der Geizige haben keine Ruhe, wer aber wahrhaft demütig und arm im Geiste ist, genießt eine Fülle des Friedens in seinem Herzen.

Ein Mensch, der sich selbst noch nicht abgestorben ist, wird schnell versucht und leicht überwunden durch jede Kleinigkeit.

Wer noch schwach am Geiste ist, wer noch auf irgend eine Weise dem Fleische dienstbar ist und sich von sämtlichen Neigungen beherrschen läßt, für den ist es eine schwere Aufgabe, sich von irdischen Begierden so ganz loszureißen.

Deswegen wird er oft traurig, wenn er sich etwas entzieht, und gar leicht zum Zorn gereizt, wenn ihm jemand widersteht.

2. Sobald er aber seine Lüste befriedigt hat, so folgt die Strafe des Gewissens dem Genusse auf dem Fuße nach (sobald die Lust empfangen hat, so gebiert sie Gewissensbisse), denn er hat nur seine Leidenschaft befriedigt, die ihm den Frieden nicht schaffen kann, den er suchte.

Also nicht Nachgiebigkeit gegen seine Leidenschaften, sondern vielmehr tapferer Widerstand gegen dieselben ist der Weg, auf dem man den wahren Frieden des Herzens findet.

Darum ist kein Friede in einem Herzen, das noch unter der Herrschaft des Fleisches steht; kein Friede in einem Menschen, der ihn in äußerlichen Dingen sucht. Friede hat nur der, der ebensoviel Innigkeit als Kraft des Geistes besitzt.

Wie komm ich dazu?

„Willst du Frieden, so rüste dich zum Krieg!" Ohne Krieg kein Friede, ohne Kampf kein Sieg. Friede wohnt nur in dem Lande, wo der Sieger oder Überwinder die Feinde, die Friedensstörer gedemütiget, entwaffnet, unterjocht und in seine Gewalt gebracht oder gar getötet hat. Friede wohnt und bleibt nur in dir, wenn Jesus und sein Reich in dir ist, wenn er herrscht und du untertan bist, wenn du ihm alles übergeben, dich selbst ihm geschenket hast. Denn er allein kann deine Feinde, deine Neigungen, die den Frieden stören, in dir bändigen, er allein dir Ruhe und Frieden durch Vergebung der Sünden, er allein dir Kraft und Sieg über die Leidenschaften durch seinen heiligen Geist schenken. Brich deinen Willen und unterwirf ihn Jesu, wolle nichts, als was er will; und dein Friede wird tiefer sein als das Meer, und deine Tage werden lieblicher dahinfließen als die sanften Wellen eines klaren Bächleins!

Herr Jesu! schlachte meinen Isaak, nimm meinen Eigenwillen hin, und lehre mich tun nach deinem Wohlgefallen (Sir. 18, 30; Joh. 4, 34. 5, 30; Matth. 7, 21. 12, 50; Ps. 143, 10).

Man mag sich üben, wie man will,
Will man nicht sich und alles lassen,
So wird das Herz nicht gründlich still;
Laß los! so kannst du Gott umfassen.

Das 7. Hauptstück.

Blähe dich nicht mit eitler Hoffnung und stolzer Einbildung.

Wer auf Menschen oder andere Kreaturen seine Hoffnung baut, baut auf Sand, und ist so eitel als sein Gebäude.

Schäme dich nicht, aus Liebe zu Jesu Christo andern zu dienen und für arm und gering in dieser Welt gehalten zu werden.

Baue nicht auf dich selbst (denn du bist so brechlich wie andere Kreaturen); setze du all deine Hoffnung nur allein auf Gott.

Tue was du kannst, und Gott wird das übrige tun, deinem guten Willen das Vollbringen geben.

2. Vertraue auch nicht auf deine Wissenschaft, noch auf die Klugheit und den Verstand irgend eines Sterblichen; vertraue du lieber ganz allein auf die Gnade Gottes (in Christo Jesu), der den

Demütigen mit Hilfe nahe ist und die, welche stolz auf sich selbst vertrauen, demütiget.

3. Rühme dich nicht der Reichtümer, wenn du sie besitzest, noch der Freunde, wenn du mächtige Freunde hast. Rühme dich allein Gottes, der dir alles Gute gegeben hat und über alle andern Gaben dir sich selbst noch gerne geben möchte (wenn du ihn nur annähmest).

4. Blähe dich nicht wegen der Größe oder Schönheit deines Leibes, denn durch eine geringe Krankheit kann seine schöne Gestalt zerstört und in häßliche Fäulnis verwandelt werden.

Du besitzest etwa viele Fähigkeiten und vielen Scharfsinn; erhebe dich deswegen nicht, durch eitle Selbstgefälligkeit, damit du Gott nicht mißfällst, dessen alles ist, was du von Naturgaben besitzest.

5. Halte dich nicht für besser als andere, damit du nicht eben dadurch in Gottes Augen viel schlechter werdest als andere; denn Gott sieht, was im Menschen ist (und nicht auf das, was in deiner Einbildung ist).

Laß dich auch deine guten Werke nicht stolz machen; denn Gott richtet und urteilet anders als du und deine Brüder, die Menschen. Ihm mißfällt sehr oft, was den Menschen wohlgefällt.

Hast du aber wirklich so viel Gutes, so glaube, daß andere noch mehr haben als du, um an der Demut nicht Schiffbruch zu leiden.

O! es schadet dir nicht, wenn du dich allen

andern nachsetzest; aber schädlich, sehr schädlich würde es für dich sein, wenn du dich auch nur einem einzigen vorsetzest.

Der Friede wohnet gern bei dem Demütigen; im Herzen des Stolzen aber ist nichts als Eifersucht und Zorn.

Bedenke es doch!

Als der Mensch unschuldig, gottähnlich und über alle Kreatur erhaben war, war er kindlich demütig und dankbar, — seitdem er gefallen, verworfen, sündig und sterblich ist, ist er stolz und erhebt sich über alles. Stolz ist die Ursache seines Falles und Todes, und doch kann er der Neigung, sich zu erheben, sich selbst zu gefallen, nicht widerstehen. Die elende Kreatur, in Sünden empfangen und geboren, geneigt zum Bösen von Jugend an, deren Odem nur durch Gottes Erbarmen erhalten wird, kann stolz sein und sich blähen, indem sie die unverdienten Gaben des Schöpfers sowohl als des Erlösers sich zuschreibt, sich selbst darin gefällt und bewundert, als wären es selbsterworbene Vorzüge

Stolzer Mensch! was hast du, das du nicht empfangen hast? Was hast du Gott zuvor gegeben, daß er es dir vergelten müßte? Nieder mit deinem Hochmut! du sündiges Wesen! beuge dich zum Kreuze Christi, der, da er alles, Gott, der Höchste war, zu nichts wurde, sich selbst erniedrigte und, bis zum Tod am Kreuz gehorchend, sich demütigte — und du Nichts, sündiges Nichts willst etwas, willst alles, willst selbst Gott sein? Frage ihn in Gethsemane und Golgatha, warum er so leidet und stirbt, und höre die Antwort: Jes. 43, 24. 53, 4—6; Gal. 3, 19; Ps. 22, 7—20. Willst du also dich rühmen, so rühme dich des Herrn.

Du willst noch heimlich etwas sein,
Dies hält dich heimlich hart gefangen.
Sink' wahrlich in dein Nichts hinein,
So wirst du Gnad' und Ehr' erlangen.

Das 8. Hauptstück.

Sei nicht zu vertraulich im Umgange mit Menschen.

Laß nicht jeden Menschen in dein Herz blicken, sondern vertraue dich nur dem weisen und frommen Manne an, der Gott fürchtet.

Geselle dich nicht oft zu Jünglingen und zu Fremden.

Schmeichle den Reichen nicht, und vor den Großen erscheine nicht, außer wenn du mußt.

Geselle dich lieber zu den Demütigen und Einfältigen, zu den Innigen und Ernsthaften, und rede mit ihnen, was zur Erbauung dient.

2. Meide den vertraulichen Umgang mit einem Weibe, empfiehl du lieber überhaupt das ganze andächtige Geschlecht dem lieben Gott.

Dein Herzenswunsch sei, allein mit Gott und seinen Engeln vertraulich umgehen zu können, und deshalb mische dich nicht unnötig in die Angelegenheiten der Menschen.

Liebe mußt du zwar gegen alle beweisen, aber Vertraulichkeit mit jedem taugt nichts.

Mancher Unbekannte scheint dir in der Ferne, um seines guten Rufes willen, ein helleuchtendes

Licht zu sein, aber sobald er vor deinem Auge steht und gesehen wird, so wird all sein Glanz verdunkelt.

Wir bereden uns manchmal, andere würden eine große Freude haben, wenn wir mit ihnen zusammenkämen, aber wenn sie unsere Fehler und unser ungesittetes Betragen wahrnehmen, so werden wir ihnen vielmehr mißfallen.

Wenn ich Ihn nur habe,

laß ich gern die Welt und alles, was sie in sich hält — groß und klein, reich und schön; Er ist mir groß, schön und reich genug — in Ihm habe ich volle Genüge. Alle Großen, alle Schönen, alle Reichen, alle Weisen und Frommen zusammen können mir Ihn und seinen Umgang nicht ersetzen. Aber Er allein ersetzt mir alle und alles. „Der Umgang mit dem Schmerzensmann ist alles, was man wünschen kann." — In die Menschen soll ich mich schicken, aber Ihm muß ich mich ganz hingeben. Teilen darf ich meine Seele, mein Herz nicht mit irgend einer Kreatur, Er muß es ganz haben. Was unter Ihm ist, muß mir zu niedrig sein, ich soll mich höher schwingen; mein Umgang muß Er — mein Herz muß bei meinem Schatze — mein Wandel im Himmel sein (Luk. 12, 34; Phil. 3, 20; Ps. 73, 23—28; Ps. 42, 2. 3; Ps. 27, 4).

Nur Jesus ist das beste Los,
Das mir je fallen kann in 'n Schoß.
Wär ich nur leer vom andern allen,
So würd' es mir ins Herze fallen.

Das 9. Hauptstück.

Von Gehorsam und Unterwürfigkeit.

Es ist dem Menschen sehr gut, im Gehorsam stehen, unter einem Vorgesetzten leben und nicht sein eigner Herr sein. Es ist auch viel sicherer, Untertan zu sein als Vorgesetzter.

Aber viele sind untertan mehr aus Zwang, weil sie müssen, als aus Liebe, ohne freiwillig zu wollen. Der Gehorsam ist ihnen ein schweres Joch und lauter Plage; daher murren sie bei jeder Kleinigkeit. Solche Menschen werden nie die wahre Freiheit des Geistes erlangen, wenn sie sich nicht von ganzem Herzen und um Gottes willen unterwerfen.

2. Lauf du dahin oder dorthin; Ruhe findest du nirgends, als in der demütigen Unterwerfung unter die Befehle deines Vorgesetzten.

Die Einbildung (wenn ich nur da oder dort wäre) und der Wechsel des Orts hat schon viele betrogen.

Es ist wohl wahr, jeder lebt gern nach seinem Sinne und fühlt sich mehr zu denen hingezogen, die ihm gleich gesinnt sind.

Aber wenn Gott in unsrer Mitte ist, so müssen wir um des lieben Friedens willen unsre eigene Meinung zum Opfer bringen.

3. Wer ist so weise, daß er alles vollkommen durchschaut?

Darum verlaß dich nicht zu viel auf deinen Verstand und bestehe nicht so fest auf deinem Sinn, sondern höre auch gern, was andre Leute davon denken.

Ist deine Ansicht gut, und du gibst sie doch um Gottes willen daran, um einem andern zu folgen, so wirst du mehr dadurch gewinnen, als wenn du eigensinnig deinem Kopfe folgst.

4. Wie oft hörte ich sagen: es sei viel besser, sich raten lassen, als andern Rat geben.

Es mag wohl sein, daß mancher hier und da ganz richtig denkt und urteilt; aber wenn er andern gar nicht nachgeben will, auch dann nicht, wenn es Vernunft und Umstände von ihm fordern, so ist es ein sicheres Zeichen, daß er ein stolzer Narr und ein hartnäckiger Kopf ist.

Blick auf Christum am Kreuz!

Was brachte ihn dahin? der Gehorsam bis zum Tod — ja zum Tod am Kreuz. Und die Frucht? Er ward erhöht über alles — und wir mit ihm und durch ihn. Sieh den Abraham auf Moria, wie er seinen Isaak schlachtet! Was hat ihn dazu gebracht? der Gehorsam des Glaubens. Und die Folgen? er erhielt seinen Sohn wieder und den Segen aller Segen, daß in seinem Samen alle Völker sollten gesegnet werden. Wenn Christus, Abraham und alle Gläubigen Alten und Neuen Testaments so gehorchten, daß sie ihr Leben nicht zu teuer achteten, sondern sich selbst und alles Gott opferten, willst du dich gegen irgend eine Obrigkeit oder Anordnung Gottes auflehnen und ihr deinen Eigenwillen vorziehen? Herrschsucht, Eigenwille und Eigensinn sind die größten Tyrannen; Gehorsam, Unterwürfigkeit und Dienstfertigkeit ist wahre Freiheit. Sei aller

Menschen Diener und Knecht, um Christi willen, und du bist aller Menschen Herr, und Meister deiner Leidenschaften; du genießest die Freiheit der Kinder Gottes, wie Paulus, der allen alles ward und uns ermahnt, nicht selbstgefällig auf unserm eigenen Kopf zu bestehen, sondern dem Nächsten zur Erbauung gefällig zu sein nach dem Beispiele Christi (Röm. 15, 1—3; vgl. Röm. 13, 1; Eph. 5, 21; 1. Petr. 5, 5. 2, 13).

Denk, Seele, was hat Gott getan,
Er gab sein Allerliebstes dran;
Willst du dein Liebstes noch nicht wagen,
So mag man wohl von Undank sagen.

Das 10. Hauptstück.

Mache nicht viele Worte.

Fliehe das Getümmel der Menschen, so du kannst. Weltliche Geschäfte, wenn man sich darein verwickelt, trüben sehr das Gemüt, wenn man auch eine gute Absicht dabei hat; denn schnell werden wir von der Eitelkeit, die sich überall mit einschleicht, befleckt und gefangen genommen.

O! wie oft wünschte ich geschwiegen zu haben und nicht unter Menschen gewesen zu sein.

Aber warum reden wir denn so gern und plaudern miteinander, da wir doch selten ohne Gewissensbisse zum Stillschweigen zurückkehren?

Deswegen sind wir wohl so redselig, weil wir durch lange Gespräche einer von dem andern getröstet zu werden hoffen und dem von so vielen Gedanken beschwerten Herzen Luft machen wollen.

2. Und gewöhnlich reden und denken wir gern über Dinge, die wir sehr lieben und wünschen, oder die uns beschweren und drücken.

Aber leider! eitel und vergeblich ist sehr oft all unser Reden und Denken. Denn da wir auf diese Weise äußerlich Trost betteln, verlieren und versäumen wir den viel besseren Trost, den innerlichen und göttlichen.

O! darum laßt uns wachen und beten, daß uns die Zeit nicht unbenutzt entfliehe.

3. Wenn du aber doch reden willst, oder reden zu müssen glaubst, so rede, was erbauet.

Ach! wir sind das Böse zu sehr gewohnt, und zu gleichgültig und unbedachtsam für das Fortschreiten im Guten; das ist die Ursache, warum wir unsere Zunge so schlecht bewahren.

Doch will man damit keineswegs widersprechen, daß ein geistreiches Gespräch über geistliche Gegenstände das Leben des Geistes nicht wenig befördere, besonders wenn Seelen, die eines Sinnes und eines Geistes sind, in Gott zusammenkommen (im Namen Jesu sich versammeln, wo er dann selbst in ihrer Mitte ist). Matth. 18, 20.

Kindlein! es ist die letzte Stunde!

Was tätest du, wenn du wüßtest, daß diese Stunde die letzte deines Lebens wäre? Würdest du sie mit unnützem Zeitvertreib, eitlen, nichtigen Dingen, geistlosen Gesprächen und zerstreuender

Unterhaltung in Gesellschaft zubringen, um dann vor dem Richterstuhle Gottes zu erscheinen, wo man von jedem unnützen Worte Rechenschaft geben muß? (Matth. 12, 36). Jede Stunde, jeder Augenblick deines Lebens ist kostbar — ein Gewicht der Ewigkeit hängt daran — ein ewiger, unwiederbringlicher Verlust oder Gewinn. Du kannst in dieser Stunde, in diesem Augenblicke Gott, Christum und das ewige Leben ergreifen oder verlieren und dir die ewige Verdammnis zuziehen. Betrachte 2. Kor. 6, 1. 2; Hebr. 3, 12—15; Kol. 3, 15—17. 4, 6; Eph. 4, 29—31; 5, 19. 20.

Es könnt' in dieser Stund' geschehn,
Daß du zur Ewigkeit müßt'st gehn;
O Seel'! was wolltest du dann tun?
Wenn du es weißt, so tu' es nun.

Das 11. Hauptstück.

Suche den Frieden und jage der Heiligung nach.

Wir würden viel Frieden haben, wenn wir uns nicht so viel mit dem, was andere reden und tun, beschäftigen, was uns doch gar nichts angeht.

Wie kann ein Mensch lange in Frieden leben, der sich so leicht in fremde Angelegenheiten mischt? der so viele Zerstreuungen von außen aufsucht und sich so selten und nur nachlässig innerlich sammelt?

Selig sind die Einfältigen, denn sie werden viel Friede besitzen.

2. Wie haben sich doch einige Heilige zu einer so großen Vollkommenheit und zu einer so innigen Anschauung Gottes aufgeschwungen?

Dadurch, weil sie sich selbst zu sterben und von allen irdischen Begierden loszureißen strebten; deswegen konnten sie mit dem Innersten ihres Herzens Gott anhangen und frei und ungestört im stillen Umgange mit ihm verweilen.

Wir haben nicht nur unsre Leidenschaften in uns, die uns so viel zu schaffen geben, sondern auch die vergänglichen Dinge außer uns, die uns zu viel herumtreiben.

Wie selten geschieht es, daß wir auch nur ein Laster vollkommen besiegen; und zum täglichen Fortschreiten im Guten haben wir zu wenig Eifer und Ernst; deswegen bleiben wir so kalt und lau.

3. Wären wir uns selbst vollkommen abgestorben und nicht so sehr in das Irdische verwickelt, dann könnten wir auch göttliche Dinge kosten und von dem, was man im Himmel schaut, hier schon etwas erfahren.

Das größte oder einzige Hindernis liegt in uns selbst, und das sind unsre Leidenschaften und bösen Lüste, von denen wir uns nicht losreißen; und dann sind wir zu weichlich und zu träge, auf der Bahn der Heiligen zu wandeln.

Sobald uns nur eine geringe Widerwärtigkeit entgegenkommt, so lassen wir gleich den Mut sinken und suchen uns wieder menschlichen Trost zu verschaffen.

4. Wären wir entschlossen und mutig genug, um wie Helden im Kampfe zu stehen, bald würden

wir die Hilfe des Herrn über uns vom Himmel kommen sehen.

Denn er ist immer bereit, denen, welche streiten und auf seine Gnade vertrauen, Hilfe zu senden; er, der uns ja selbst eben darum Gelegenheit zum Streite schafft, damit wir überwinden.

Wenn wir unsere Fortschritte in der Gottseligkeit nur in jene äußerlichen Übungen setzen, so wird es mit unsrer Andacht bald ganz ein Ende haben.

An die Wurzel müssen wir die Axt anlegen, damit wir von den Leidenschaften einmal frei werden und bleibenden Frieden des Gemüts erlangen.

5. Wenn wir in jedem Jahre nur ein einziges Laster ausrotteten, so würden wir bald vollkommene Christen sein.

Aber nun geschieht gewöhnlich das Gegenteil, und wir müssen leider! an uns wahrnehmen, daß wir im Anfange unserer Bekehrung viel eifriger und besser gewesen sind als wir jetzt, nach vielen Jahren, sind.

Der Eifer im Guten sollte mit jedem Tage in uns wachsen und wir immer größere Fortschritte machen; aber nun wird es schon für ein großes Wunder gehalten, wenn einer nur noch ein Fünklein des ersten Eifers gerettet und bewahret hat.

Wenn wir uns im Anfange nur ein wenig Gewalt antun möchten, so würden wir nachher alles noch so leicht und freudig vollbringen.

6. Es ist schwer, eine Gewohnheit ablegen: aber noch viel schwerer, seinen eigenen Willen brechen. Aber wenn du geringe und leichte Dinge nicht überwinden kannst, wirst du große und schwere besiegen?

Widerstehe gleich im Anfange, und ersticke die böse Neigung bei ihrer Geburt. Entwöhne dich gleich frühe von aller bösen Angewöhnung, die nach und nach immer stärker wird und daher schwer zu überwinden ist.

O! wenn du bedächtest, wieviel Frieden du dir selbst und wieviel Freude du andern bereitest, wenn du dich recht gut verhieltest; ich weiß gewiß, du würdest mit größerem Eifer darnach trachten, im Leben des Geistes fortzuschreiten.

Friede! Friede!

So lügt die Welt, denn es ist kein Friede bei ihr. Friede wohnt nur da, wo der Sitz des Glaubens ist, der die Welt überwindet; Frieden hat nur der, in dessen Herzen Jesus, der Friedensfürst, wohnet, der da sagt: Meinen Frieden lasse ich euch, meinen Frieden gebe ich euch, nicht wie die Welt gibt (Joh. 14, 27). Sein Friede ist höher als alle Vernunft — unerforschlich, aber doch genießbar, und bewahrt Herzen und Sinne in Christo Jesu (Phil. 4, 7). Er begleitet uns in diesem Leben, er geht mit uns in die Ewigkeit. Aber dieser Friede ist die köstliche Perle, für die du nicht mehr als alles hingeben — ja dich selbst verleugnen und darangeben mußt, wenn du sie erlangen willst. Diesen Frieden kennt nicht der Träge, Laue, Zerstreute, Ungebundene, Weichliche und Flatterhafte; dieser Friede kehrt nur ein bei dem, der Vergebung der Sünde in Jesu Blut erlangt hat (Röm. 5, 1), und bleibt nur bei dem, der die Reinigung seiner vorigen Sünden nicht vergißt (2. Petr. 1, 9), der sich reinigt von aller Befleckung des Fleisches und Geistes und die Heiligung vollbringt in der Furcht Gottes (2. Kor. 7, 1). Vgl. Ps. 72, 3. 119, 165; Jes. 48, 22. 53, 5; Joh. 16, 33; Röm. 8, 6; Kol. 3, 15; 2. Thess. 3, 16.

O selig Herz, wo Gottes Sohn
Sitzt als auf seinem Friedensthron!
Doch laß ihn erst die Feinde dämpfen;
Man kann nicht siegen ohne kämpfen.

Das 12. Hauptstück.

Nutzen der Trübsal.

Es ist uns sehr nützlich, wenn uns widerwärtige und lästige Dinge begegnen, die den Menschen gewöhnlich zu sich selbst bringen (ihn heimholen), daß er in sein Herz zurückkehrt und erkennen lernt, daß er hier nicht zu Hause, sondern ein Fremdling sei, und daß er seine Hoffnung auf kein Ding dieser Welt setze.

Es ist uns sehr heilsam, wenn wir manchmal Widersprüche erfahren, und die Leute böse und recht schlecht von uns denken, ob wir es gleich gut meinen und recht tun. Das erhält uns in der Demut und bewahrt uns vor der eitlen Ehrsucht.

Denn gerade dann, wenn uns die Leute öffentlich als schlechte Menschen ausschreien und wir jedermann verdächtig sind, gerade dann werden wir nur um so mehr zu Gott aufblicken, als den einzigen wahren Zeugen, der unser Herz am besten kennt und weiß, wie wir es meinen.

2. Eben darum sollte der Mensch so ganz und so fest in Gott gegründet sein, daß er nicht nötig hätte, bei Menschen Trost zu betteln.

Wenn ein Mensch, der das Gute ernstlich will, geplagt oder von bösen Gedanken angefochten wird, dann erkennt er deutlicher als je, daß ihm Gott unentbehrlich sei; dann erfährt er an sich selbst, daß er ohne Gott nichts Gutes vermöge.

Er trauert, er seufzet, er betet im tiefen Gefühle seines Elends. Überdrüssig seines Lebens, ruft er dem Tode, daß er kommen möchte, um bald aufgelöst zu werden und bei Christo zu sein.

Denn jetzt leuchtet es ihm hell ein, daß die vollkommene Sicherheit und der vollkommene Friede in dieser Welt keine bleibende Stätte habe.

Ohne Kreuz — ohne Krone.

Ohne Trübsal keine Palme. Wer sind die, welche weiße Kleider und Palmen tragen im Himmel? — die aus großer Trübsal kommen und ihre Kleider im Blute Jesu gewaschen haben (Off. 7, 14). Ist deine Frömmigkeit und dein Christentum so zärtlich und weichlich, daß es ohne Anfechtung, Widerspruch und Widerwärtigkeit bleibt, und du streckst deine Hand doch nach der unverwelklichen Krone aus, so höre, was ein Kämpfer spricht: Niemand wird gekrönet, er kämpfe denn — und zwar — recht. Ich habe einen guten Kampf gekämpft, — darum ist mir beigelegt die Krone der Gerechtigkeit (2. Tim. 2, 5. 4, 7. 8). Das Gold deines Glaubens ist nicht echt, wenn es bloß in der Sonne glänzt, aber im Feuer der Trübsal sich nicht bewährt. Willst du nichts leiden, sondern nur genießen, so hast du dein Gutes hier schon empfangen (Luk. 16, 25). Vgl. Apg. 14, 22. 17, 3; 1. Kor. 9, 25; 1. Petr. 5, 4; Röm. 5, 3. 4.

Wie Jesus ging, so gehn die Frommen;
Ein jedes Kreuz sei dir willkommen,
Geist- oder leiblich, groß und klein;
Greif zu, du trägst ja nicht allein.

Das 13. Hauptstück.

Wie man den Versuchungen begegnen soll.

Solange wir hier auf Erden leben, können wir den Versuchungen nicht entgehen.

Daher heißt es im Buche Hiob (7,1): Das Leben des Menschen auf Erden ist eine lautere Anfechtung.

Nur sei jeder wachsam über seine schwache Seite, bei der er gewöhnlich versucht wird; er wache und bete, daß der Satan nicht eine Hintertür offen finde, sich einzuschleichen und ihn zu hintergehen; denn dieser Feind schläft nicht, sondern geht immer einher und suchet, wen er verschlinge (1. Petr. 5, 8).

Es ist kein Mensch so vollkommen und kein Heiliger so heilig, der nicht noch manchmal versucht werden könnte. Ja, wir können ohne Versuchungen gar nicht sein.

2. Aber gerade die Versuchungen, sind sie auch noch so lästig und beschwerlich, können dem Men-

schen oft sehr heilsam und nützlich werden; denn Versuchungen sind es eben, die den Menschen demütigen, reinigen und belehren.

Alle Heilige mußten durch viele Versuchungen gehen, und eben dadurch haben sie so große Fortschritte gemacht; und die sich nicht darein finden und sie nicht ertragen konnten, sind abgefallen und verworfen worden.

Es ist kein Stand so heilig und kein Ort so verborgen, wo man nicht Versuchungen und Widerwärtigkeiten ausgesetzt wäre.

3. Kein Mensch ist ganz sicher vor Versuchungen, solange er hier lebt, denn der Keim der Versuchung liegt in uns selber, weil wir in Fleischeslust (in Sünden empfangen und) geboren werden (Ps. 51).

Ist eine Versuchung überwunden, so werden wir wieder von einer andern überfallen. An Leiden wird es uns nie fehlen, denn der ungestörte Genuß der Seligkeit ist uns verloren gegangen.

Viele wollen den Versuchungen ganz entfliehen, und gerade diese Flüchtlinge stürzen sich noch tiefer in die Versuchungen hinein.

Durch die Flucht allein können wir nicht überwinden, aber durch Geduld und wahre Demut werden wir allen unsern Feinden überlegen, und unüberwindlich sein.

4. Wer nur so äußerlich den Versuchungen auszuweichen sucht, und nicht die Wurzel der Versuchung selbst ausrottet, der wird es nicht

weit bringen; denn die Versuchungen werden ihn nur um so schneller wieder überfallen und ihm nur desto mehr zu schaffen machen.

Nach und nach, durch Geduld und Langmut, werden mit Gottes Hilfe die Versuchungen leichter überwunden, als wenn man mit Hartnäckigkeit und eigensinnigem Ungestüm dagegen angeht.

Bist du selbst versucht, so schäme dich nicht, bei Erfahrenen um Rat zu fragen; wenden sich aber andere Versuchte an dich, so verfahre nicht hart mit ihnen, sondern suche ihnen sanften Trost einzuflößen und behandle sie so, wie du, wenn du an ihrer Stelle wärest, behandelt zu werden wünschen würdest.

5. Die Quelle, aus der alle Versuchungen entspringen, ist die Unbeständigkeit des menschlichen Gemütes und der Mangel an Vertrauen zu Gott.

Denn wie ein Schiff ohne Steuermann von den schwankenden Wellen hin und her getrieben wird, so wird ein unstandhafter Mensch, der seinem Entschlusse untreu geworden ist, von mancherlei Versuchungen hin und her geworfen.

Das Feuer prüft das Eisen, die Versuchung den Gerechten.

Oft wissen wir selbst nicht, was wir können; die Versuchung offenbart, was wir sind.

6. Wachsamkeit ist uns immer nötig, aber nie mehr als im Anfange der Versuchung, weil da der Feind am leichtesten überwunden wird, wenn er nicht einmal zur Tür hereingelassen, sondern

gleich vor der Türschwelle, sobald er anklopft, zurückgedrängt wird.

Darum sagte jemand: Widerstehe gleich dem Anfange der Krankheit; denn, ist es mit ihr durch Länge der Zeit einmal zu weit gekommen, so kommt alle Arznei zu spät.

Anfangs ist es ein einfacher Gedanke, der in deinem Gemüte aufsteigt, dann kommt die Einbildungskraft dazu und verstärkt und belebt ihn. Dadurch wird die böse Lust erweckt und aus der Lust die böse Begierde geboren, und endlich kommt es zur vollen Einwilligung.

So dringt der Feind nach und nach von allen Seiten ein, wenn man ihm im Anfange nicht gleich Widerstand leistet.

Und je länger wir säumen zu widerstehen, desto schwächer werden wir täglich, desto mehr verstärkt sich der Feind gegen uns.

7. Einige haben im Anfange ihrer Bekehrung schwerere Versuchungen zu bekämpfen, andere am Ende; wieder andere haben in ihrem ganzen Leben nichts als Kampf und Streit.

Einige werden nur sehr leicht versucht, wie es Gottes Weisheit und Güte für gut findet, die alles nach dem Stande und Vermögen der Menschen abwägt und alles zum Heil seiner Auserwählten vorher bestimmt.

8. Darum sollen wir den Mut nicht verlieren, wenn wir versucht werden, desto eifriger zu Gott flehen, daß er uns in jeder Versuchung zu Hilfe

komme und nach dem Worte des Apostels Paulus (1. Kor. 10, 13) der Versuchung einen solchen Ausgang verschaffe, daß wir es ertragen können.

Demütigen wir uns also bei jeder Versuchung und Trübsal unter die gewaltige Hand Gottes (1. Petr. 5, 6); denn die Demütigen wird er erlösen und erhöhen.

9. Versuchungen und Trübsal sind der Prüfstein des Menschen, an dem man erfährt, wie weit man gekommen ist. Wer gut ist, wird dadurch noch besser und seine Tüchtigkeit wird offenbar.

Soll das etwas Großes sein, wenn der Mensch andächtig und brünstig im Geiste ist, solange ihn nichts drückt und beschwert? Wer aber in der Stunde der Trübsal geduldig ausharret und fest stehet, von dem kann man sich große Fortschritte versprechen.

Es gibt Menschen, die mit schweren Versuchungen noch verschont werden, weil sie schon in den geringen und täglichen Anfechtungen so oft überwunden werden. Das soll sie demütigen, daß sie, wenn einst große Versuchungen über sie kommen, sich selbst schon gar nichts zutrauen, da sie bei leichten Angriffen so viel Schwäche verraten.

Wachet und betet!

Das ist das einzige Mittel, welches uns der Weiseste und Beste ratet, um in Versuchungen nicht zu fallen; und es ist gewiß auch das beste Mittel, zu überwinden. Besonders wenn wir wachen in der Waffenrüstung, die Paulus Eph. 6, 10—18 beschreibt; so kann auch keine teuflische Versuchung uns schaden; sie muß uns vielmehr unendlich viel nützen. — Das verdorbene Fleisch ist so schwach und schwächend, so einverstanden mit dem Versucher und der Versuchung, daß der auch noch so willige Geist allemal unterliegt, wenn er nicht mit Kraft von oben angetan ist, wenn nicht der in uns wohnt, der stärker ist als der in der Welt, in der Hölle und im Fleische sein Reich und seine Gewalt hat (Joh. 4, 4). Vgl. Röm. 8, 37 – 39; Phil. 4, 13; Jak. 5, 16; 1. Kor. 10, 13; Hebr. 2, 18. 4, 15.

Der Sünden Macht ist dir zu groß;
Doch ist dir nah der Held im Streite;
Sink, schwaches Kind, in seinen Schoß;
Er kämpft — du, ohne Stören, leide.

Das 14. Hauptstück.

Richte nicht.

Schau auf dich selbst und hüte dich, die Handlungen anderer Menschen zu richten. Wer andere gern richtet, bemüht sich vergeblich, betrügt sich gewöhnlich und versündigt sich meistens. Wer aber sich selbst richtet und erforschet, treibt das nützlichste Geschäft, das ihm reichen Segen bringt.

Wir beurteilen eine Sache gewöhnlich, wie wir im Herzen für oder gegen sie eingenommen sind, und wir können nicht leicht ein wahres Urteil fällen, weil wir zu viel Eigenliebe haben.

Wäre Gott immer unser reines Augenmerk und das einzige Ziel unsers Strebens, so würden wir uns nicht so leicht von jedem sinnlichen Eindruck Sand in das Auge werfen lassen.

Aber so ist bald etwas in uns verborgen, bald dringt sich uns von außen etwas auf, das uns mit sich fortreißt (und den rechten Gesichtspunkt verrückt).

2. Viele suchen in allem, was sie anfangen, heimlich nur sich selbst, ohne es zu merken.

Sie scheinen den Frieden des Gemüts zu besitzen, solange alles nach ihrem Wunsche und Willen geht. Wenn aber die Sache anders ausfällt, als sie es wollten, so sind sie gleich aus der Fassung gebracht und machen finstere Gesichter.

Da es ebenso viele verschiedene Meinungen und Ansichten als Köpfe gibt, so entstehen selbst unter Freunden und Mitbürgern, unter Geistlichen und selbst unter Frommen so oft Mißverständnisse und Uneinigkeiten.

3. Eingewurzelte alte Gewohnheiten können wir sehr schwer ablegen, und niemand läßt sich gern weiter führen, als er selbst sieht.

Wenn du dich mehr auf deine Vernunft oder auf dein eigenes Wirken verläßt, als auf die Kraft, die Jesus Christus darreicht, so wird dir das wahre Licht selten und spät aufgehen. Denn Gott will, daß wir uns ihm in allem unbedingt unterwerfen und uns durch die Flammen der Liebe höher heben lassen, als unsere Vernunft reicht.

Drei Klippen –

sind aus dem Wege zu räumen, wenn dein Schifflein nicht scheitern und dein Glaube nicht Schiffbruch leiden soll.

1. Richte andere nicht, habe acht auf dich selbst. Statt in die Herzen anderer hineinsteigen und ihre Absichten richten zu wollen, sieh dich in dir selber um, so wirst du Ursache genug finden, mit andern Nachsicht zu haben, dich über dein eigenes Herz zu betrüben und für dich und andere um Gnade zu bitten, statt zu richten.

2. Suche dich selbst in keinem Ding, du findest nur Herzeleid.

3. Vertraue nicht auf deine eigene Vernunft und Kraft, denn sie können dir nicht aufhelfen, weil sie ebenso brechlich und schwach sind wie du, und mit dir gefallen sind.

Sieh also nicht auf andere, um sie zu richten, sieh auf dich selbst und zum Herrn auf, der dich und andere richtet, dir und allen helfen kann (Matth. 7, 1; Joh. 7, 24; Röm. 2, 1. 14, 4. 10, 13; Ps. 118, 8. 18, 31; 2. Kor. 3, 5).

Siehst du, daß andere Menschen fehlen,
So schließ die Augen davor zu;
Gedenk: wie steht's mit meiner Seelen?
Viel mehr und schlimmer fehlest du.

Das 15. Hauptstück.

Von den Werken der Liebe.

Böses darf man sich nie erlauben, und wenn man eine Welt dafür haben könnte, auch nicht einem Menschen zu gefallen, er sei wer er wolle.

Aber um jemand, der es bedarf, helfen zu können, darf man wohl bisweilen ein gutes Werk unterlassen, oder in ein besseres verwandeln.

Denn auf diese Weise (wenn du deinem leidenden Nächsten hilfst) wird das gute Werk im Grunde nicht unterlassen, sondern in ein besseres verwandelt.

Ohne Liebe sind alle äußeren Werke nichts nütze. Was aber aus Liebe geschieht, das ist durchaus fruchtbringend und gesegnet, so gering und ungeachtet es auch scheinen mag.

Denn auf der Wage Gottes wiegt das Gewicht der Liebe, womit jemand handelt, viel mehr als die Menge oder Größe der Werke, die er tut.

2. Viel tut, wer viel liebt.

Viel tut, wer eine Sache recht tut.

Recht tut, wer mehr dem allgemeinen Wohl, als seinem eignen Willen dient.

Oft scheint etwas lauter Liebe zu sein, und es ist doch eitel Fleisch; denn die natürliche Neigung, der Eigenwille, Lohnsucht, Bequemlichkeitsliebe wollen sich fast immer einschleichen.

3. Wer die wahre vollkommene Liebe besitzt, der sucht nie seinen eigenen Nutzen; sein einziger Wunsch ist, daß alles zur Ehre Gottes geschehe.

Er beneidet auch niemand, weil er keine Freude für sich allein haben will (sondern sich lieber anderer Freude freut). Auch mag er sich nicht in sich selbst freuen, sondern schwingt sich über alle Güter und will nur in Gott selig sein.

Er schreibt niemand etwas Gutes zu, sondern

MISERICORDIA
MEMEN
TO MO
RI
Gottes Liebe.
Nächsten Liebe.

führt alles so ganz auf Gott zurück, aus dem, als aus der Urquelle, alles Gute quillt, und in dem, als im Endpunkte, auch alle Heilige die genußreichste, selige Ruhe finden.

O! wer nur ein Fünklein der wahren Liebe hätte, der müßte es tief fühlen, daß alles Irdische voll Eitelkeit ist.

Liebe! wo find' ich dich?

In mir nicht — wie kann aus einer unreinen Quelle reines Wasser fließen? Die Eigenliebe vergiftet alles in mir. Ehe dieser dreiköpfige Drache: Augenlust, Fleischeslust und hoffärtiges Leben, getötet ist, kann die heilige Liebe nicht in mir wohnen. Was tötet diese Schlange? Der Blick auf den am Kreuz (Joh. 3, 14. 16). Denn das ist die Liebe, nicht daß wir Gott geliebet, sondern daß er uns geliebet und gesandt seinen Sohn ꝛc. Gott ist die Liebe, und wer in der Liebe bleibt, der bleibt in Gott und Gott in ihm. Liebe kann ich nur von der Liebe lernen, nur aus der Liebe schöpfen, die mich geliebet und sich selbst für mich hingegeben hat (1. Joh. 3, 7—10; Röm. 8, 35—39).

O Liebe! du unaussprechliche! die du Gott selber bist, und allein heiligest und beseligest, und ewig bist, komm in mein Herz, durchdringe, beherrsche und entzünde mein ganzes Wesen, sei mein Licht und Leben, mein ewiges Leben! Amen.

Die Liebe Jesu suchet Seelen
Und will sich gern auch dir vermählen.
Gefällt sie dir, so sage: Ja!
Tu auf dein Herz, so kommt sie nah.

Das 16. Hauptstück.

Trage die Fehler anderer.

Was der Mensch an sich oder an andern nicht zu bessern vermag, das muß er geduldig tragen, bis es Gott anders macht.

Denke du nur indessen, daß es so vielleicht besser sei zur Übung deiner Geduld, ohne welche unsere guten Werke nicht sonderlich gut und gewichtig sind.

Doch mußt du bei solchen Hindernissen fleißig auf deinen Knieen liegen und beten, daß dir Gott zu Hilfe komme, damit du sie mit sanftem Gemüte ertragen lernest.

2. Hast du einen einmal oder zweimal ermahnt, und er bessert sich nicht, so streite nicht mit ihm; sondern befiehl die ganze Sache Gott, daß sein Wille geschehe und seine Ehre in allen seinen Dienern befördert werden möge; denn Gott weiß auch Böses in Gutes zu verwandeln.

Lerne fremde Gebrechen und alle Schwachheiten, wie sie immer Namen haben, geduldig tragen; denn du hast auch vieles, das andere an dir tragen müssen.

Auch kannst du ja dich selbst nicht so machen, wie du dich gerne haben möchtest; wie kannst du denn andere ganz so haben wollen, daß du nichts mehr an ihnen auszusetzen hättest?

3. Das ist unser Fehler: Andere wollen wir gern ganz vollkommen haben, aber unsre eignen Gebrechen lassen wir ungebessert.

Wir sähen es gern, daß andere streng gezüchtigt werden: aber uns selbst wollen wir nicht züchtigen lassen.

Die große Freiheit, die sich andere herausnehmen dürfen, mißfällt uns; aber uns soll man nicht das geringste abschlagen, was wir begehren. Andere sollen streng nach den Gesetzen im Zaum gehalten werden, aber wir wollen auf keine Weise beschränkt werden.

So wird es offenbar, daß wir selten unsern Nächsten wie uns selbst lieben.

4. Wenn wir alle vollkommen wären, was hätten wir dann von andern für Gottes Sache zu leiden?

Nun aber hat es Gott also geordnet, daß wir lernen einer des andern Last tragen; denn ohne Fehler ist keiner; keiner ohne Bürde, keiner sich selbst genug; keiner in seiner eignen Sache weise genug; sondern wir müssen einander tragen, einander trösten, sowie auch helfen, belehren und ermahnen.

Die beste Gelegenheit zu erfahren, wie weit es einer in der Tugend gebracht habe, sind die vorkommenden Widerwärtigkeiten.

Denn die Gelegenheiten sind es wohl nicht, die den Menschen erst gebrechlich machen, sondern sie offenbaren nur, wie schwach er schon sei.

Stoß dich nicht!

Denn jeder Anstoß tut weh und tut — dir weh, weil du dich stößst; so wie jede Leidenschaft — Leiden schafft. Wenn sich Gott so oft an dir stoßen wollte, wie du dich stößst an andern, du wärest längst verstoßen in das ewige Verderben.

Der wahre Christ kennt sich, seine Schwächen und Fehler besser als fremde Gebrechen, jene drücken ihn mehr als diese. Er hat sich und sein eigenes Elend im Auge und seiner Brüder Fehler auf dem Rücken, er trägt sie, ohne sie zu sehen. Sie erinnern ihn nur an die seinigen, und zwar so, daß er jene vergißt. Er weiß oder glaubt, daß Gott und Menschen viel mehr an ihm zu tragen und ihm zu vergeben haben; darum entschuldigt er, hat Mitleiden, vergibt und sucht den Frieden in sich und außer sich mit allen Menschen durch die Liebe zu erhalten (Gal. 6, 1—5; Eph. 4, 32; Kol. 3, 13; Matth. 6, 14. 15. 18. 21. 22).

Willst du dein eignes Herz bewahren,
So laß das Seh'n auf andre fahren.
Wer viel von andern spricht und richt't,
Der kennet noch sich selber nicht.

Das 17. Hauptstück.

Von dem gottseligen Leben.

Du mußt noch in vielen Dingen deinen Eigensinn brechen lernen, wenn du Frieden und Eintracht mit andern bewahren willst.

Es ist nichts kleines, in einem Hause oder in einer Gemeine leben, wo mehrere Menschen zusammen wohnen, und da ohne Klage standhaft ausharren bis zum Tode.

Wohl dem, der da gut lebet und seinen Lauf selig vollendet.

Willst du fest stehen und Fortschritte machen im Guten, so mußt du dich als einen Fremdling und Pilger auf Erden ansehen.

Ja, du mußt ein Tor werden um Christi willen (in den Augen der Menschen), wenn du ein wahrhaft gottseliges Leben führen willst.

2. Die Veränderung der Kleidung, lange oder kurze Haare, (Mantel und Kragen) trägt sehr wenig bei. Aber die Besserung des Wandels und eine gänzliche Ertötung der bösen Neigungen, das macht den frommen Mann.

Wer etwas anderes sucht, als Gott allein und das Heil seiner Seele, der wird nichts finden als Trübsal und Herzeleid.

Du wirst auch den Frieden nicht lange bewahren können, wenn du dich nicht bestrebst, der Geringste und Aller Knecht zu sein.

3. Zu dienen bist du gekommen, nicht zu herrschen. Bedenke, wozu du berufen bist, zum Leiden und Arbeiten, nicht zum Müßiggehen oder unnützen Geplauder.

Hier ist der Ort, wo die Menschen geprüft werden, wie das Gold im Glutofen.

Darin kann keiner aushalten, wenn er sich nicht von ganzem Herzen um Gottes willen demütigt.

Gilt das auch mir?

Ja, auch dir und deinem Nachbar und allen, die da selig werden wollen. Ehemals glaubte man — und die Welt glaubt's noch — die Gottseligkeit sei nur eine Sache für Mönche und Geistliche, könne nur innerhalb der Klostermauern oder im schwarzen Rocke geübt werden. Christus aber sagt ohne Unterschied zu allen: Wer mein Jünger sein will, der verleugne sich selbst, nehme sein Kreuz auf sich und folge mir nach. Wer nicht allem absagt, was er hat, wer Vater und Mutter rc. mehr liebet als mich, ist meiner nicht wert. Paulus schreibt für jeden: Übe dich in der Gottseligkeit, sie ist zu allem nütze und hat die Verheißung der Seligkeit in diesem und in dem andern Leben. Ja, das Evangelium ist eine Kraft Gottes, selig zu machen alle, die daran glauben. Und glauben muß doch jeder Christ. Was ich euch sage, das sage ich allen: Wachet! spricht Christus (Mark. 13, 37). Es darf also keiner eine Ausnahme machen; wir müssen alle unserm großen, herrlichen Beruf: in Gott selig zu sein, ein verborgenes Leben mit Christo in Gott zu führen, nachkommen, müssen nicht nur den äußern Wandel, sondern den innern Sinn ändern, Christo gleichförmig werden, die Eigenliebe, Selbstsucht und den irdischen Sinn durch den Geist, der uns gegeben ist von Gott, töten; denn die Gottseligkeit ist ein Tempel Gottes, der nur auf den Trümmern der Götzen unserer Eigenliebe und Selbstsucht aufgerichtet werden kann (1. Tim. 4, 8. 6, 5—14; 2. Tim. 3, 5. 12; Tit. 2, 11. 12; Röm. 1, 16; Matth. 10, 37—39; Luk. 14, 26—33).

Ein bloßer Wunsch: Ach, wär' ich so!
Wird dich nicht fromm noch selig machen.
Willst du des Kleinods werden froh,
Mach Ernst mit Streben, Beten, Wachen.

Das 18. Hauptstück.

Von den Beispielen der heiligen Väter.

Schau hin auf die lebendigen Beispiele der heiligen Väter, in welchen die wahre Vollkommenheit und Gottseligkeit so hell leuchtet, und du wirst sehen, wie wenig und fast gar nichts das ist, was wir tun.

Ach! was ist unser Leben, wenn wir es mit jenen vergleichen?

Die Heiligen, die wahren Freunde Christi, haben diesem, ihrem Herrn, gedient in Hunger und Durst, in Frost und Blöße, in Arbeit und Mühe, in Wachen und Fasten, in heiligen Gebeten und Betrachtungen, in mancherlei Verfolgung und Schmach.

O! wie viele und schwere Leiden duldeten die Apostel, die Märtyrer, die Bekenner der Wahrheit, die heiligen Jungfrauen und alle andern, die den Fußstapfen Christi nachfolgen wollten!

Sie haben ihr Leben in dieser Welt nicht geliebt, um das ewige Leben zu erlangen.

Wie streng und abgeschieden von der Welt lebten die heiligen Väter in der Einöde! Welch lange und schwere Versuchungen haben sie erduldet? Wie oft wurden sie von dem Feinde geplagt! Wie viele und inbrünstige Gebete haben sie Gott dargebracht! Wie streng war nicht ihre Enthaltsamkeit! Wie groß und glühend ihr Eifer, im Leben des Geistes zu wachsen! Wie heldenmütig ihr Kampf, die Laster auszurotten! Wie rein und gerade zu Gott gerichtet ihr Streben und ihre Absicht.

Am Tage arbeiteten sie, die Nächte widmeten sie dem Gebete oder dem Umgange mit Gott; wiewohl sie selbst bei der Handarbeit das innerliche Gebet des Herzens nicht unterlassen haben.

3. Alle Zeit wendeten sie nützlich an; jede Stunde, in der sie mit Gott Umgang hatten, schien ihnen zu kurz zu sein, und die süße Freude der Beschauung Gottes war oft so groß, daß sie die Bedürfnisse leiblicher Erquickung leicht vergessen konnten.

Allen Reichtümern, Würden, Ehren, Freunden und Verwandten hatten sie entsagt und wollten von der Welt nichts mehr haben, als kaum das, was zur Erhaltung des Lebens höchst nötig ist, und selbst mit diesem Höchstnötigen dem Leibe dienen zu müssen, war ihnen Plage.

Sie waren also arm an irdischen Dingen, aber wie reich an Gnade und Tugenden!

Äußerlich darbten sie, aber innerlich erfüllte und erquickte sie göttliche Gnade und göttliche Kraft.

4. Fremde dieser Welt, waren sie Gottes innigste und vertrauteste Freunde.

In ihren eignen Augen schienen sie nichts zu sein, in den Augen der Welt verächtlich; aber in Gottes Augen waren sie köstlich und auserwählt.

Auf dem guten Grunde der wahren Demut standen sie, in einfältigem Gehorsam lebten sie, in Liebe und Geduld wandelten sie; und so nahmen sie täglich am Geiste zu und fanden immer größere Gnade bei Gott.

Allen Frommen zum Beispiel hingestellt, sollten sie uns viel mehr zum Eifer im Guten auffordern, als die Zahl der Lauen zur Trägheit verführt.

5. O! wie glühend war der Eifer aller dieser Gottseligen in den ersten Zeiten ihres frommen Vereins zu einem Gott geweihten Leben!

Wie innig ihre Andacht beim Gebete! Welch ein Wetteifer in der Tugend! Welch strenge Zucht herrschte unter ihnen! Welche Ehrfurcht, welcher Gehorsam gegen die Vorschriften ihres Meisters blühte in allen!

Die Fußstapfen, die sie uns hinterlassen haben, bezeugen es uns, daß sie wahrhaft heilige und vollkommene Männer waren, die so tapfer gekämpfet und die Welt überwunden haben.

Jetzt hält man denjenigen schon für einen großen Mann, der nur die Gesetze nicht übertritt, der das, was ihm zustößt, geduldig tragen kann.

6. O! wie lau, wie nachlässig sind wir in unserm Berufe; wie frühe haben wir die erste Liebe und Inbrunst verlassen, daß es uns vor Lauheit und aus Lässigkeit fast zu leben verdrießt!

Möchte doch der Eifer, besser zu werden, in dir nicht gänzlich einschlummern, da du so viele Beispiele gottseliger Menschen gesehen hast!

Entweder — oder.

Welche helle Himmelslichter unter dem ungeschlachten Geschlecht dieser Welt! Welche Leuchttürme, die auf dem gefahrvollen Meer dieses Lebens den Weg in den Hafen der Ruhe zeigen! — Entweder reizen sie dich, daß du errötest und folgst, oder sie verdammen deine Feigheit und Trägheit. Solche Beispiele müssen uns ermutigen, oder sie werden uns einst anklagen; denn sie waren Menschen wie wir, lebten in demselben Fleische und in derselben Welt wie wir. Sage nicht: ich bin zu schwach, ich kann ihnen nicht folgen. Das wußten und sagten sie auch — und doch konnten und taten sie es. Wodurch? durch Christum, der sie stark machte, durch Gottes Gnade, die ihnen alles Vermögen darreichte. Sie rufen uns einladend zu: Seid unsere Nachfolger, gleichwie wir Christi. Glaubst du der Schrift, wenn sie dir bezeugt, daß du schwach bist und nichts aus dir selbst vermagst, so glaube ihr auch, wenn sie dir verheißt, daß Gott in den Schwachen mächtig ist und das Wollen und Vollbringen gibt! Wer Gottes Gnade und Christi Kraft ebenso gut kennt als seine Schwachheit, der ist stark in dem Herrn und in der Macht seiner Stärke; dem ist kein Ding unmöglich (Phil. 2, 12. 13. 3, 17, 18, 20. 4, 13; Eph. 5, 1; 1. Kor. 4, 16. 11, 1; Hebr. 6, 12; 1. Thess. 1, 6).

In Jesum kehre nur hinein
Und mach dich ihm im Geist gemein.
So wird dir Jesu Sinn und Leben
Und Jesus selber ganz gegeben.

Das 19. Hauptstück.

Von den Übungen der Gottseligkeit.

Das Leben eines Gottseligen muß sich durch standhafte Übung jeder Tugend auszeichnen, damit er in seinem Innern ganz das sei, was er äußerlich vor den Augen der Menschen zu sein scheint.

Ja wohl, weit mehr Gutes muß in seinem Innern sein, als äußerlich gesehen werden kann. Denn unser Aufseher (inspector) ist Gott (der in die Herzen schaut), den wir überall, wo wir auch sind, mit tiefster Ehrfurcht vor Augen haben, und vor dessen Angesicht wir überall, rein wie Engel, wandeln sollen.

Jeden Tag müssen wir unsre Entschlüsse erneuern und uns zum ernsten Eifer erwecken, als wenn wir erst heute anfingen, uns zu bekehren. Jeden Tag sollen wir zu Ihm flehen:

Stehe du mir bei, Herr, mein Gott! in meinem guten Vorsatze, und in deinem heiligen Dienste! Gib du mir die Gnade, daß ich heute als wie von neuem und einmal recht ernstlich anfange; denn, was ich bisher getan habe, ist doch noch alles nichts.

2. Wie unser Vorsatz, so unser Fortschreiten auf dem Wege der Besserung. Wer schnell und recht fortschreiten will, muß viel Fleiß anwenden.

Denn wenn schon der, der einen festen Entschluß gefaßt hat, dennoch wieder schwach wird und abweicht; was wird aus dem werden, der nur selten, oder nur mit halbem, schwankendem Willen sich zum Guten entschließt.

Es geschieht auf mancherlei Weise, daß wir unsern Entschlüssen untreu werden; und daher kann auch eine geringe Übung kaum ohne einigen Schaden unterlassen werden.

Die Gerechten bauen ihre Vorsätze mehr auf die Gnade Gottes, auf die sie bei allem, was sie nur unternehmen, vertrauen, als auf ihre eigene Weisheit.

Denn der Mensch denkt's, aber Gott lenkt's, und die Wege des Menschen sind nicht in seiner Gewalt (Spr. 16, 1. 9; Jerem. 10, 23).

3. Wenn du deine gewöhnliche Übung der Andacht bisweilen unterläßt, aus einem noch edlern Triebe der Gottseligkeit, oder um Brüdern nützlich zu sein, so kannst du sie ja leicht wieder nachholen.

Wenn man aber aus Überdruß des Gemütes oder aus Nachlässigkeit so leicht davon abgeht, so ist es sehr strafbar, und man wird bald fühlen, wie sehr das schadet.

Ach! wir mögen uns anstrengen, so viel wir können, wir werden dennoch nur noch zu oft und zu leicht zurückbleiben. Unser Vorsatz muß aber dessenungeachtet immer auf etwas Bestimmtes gehen, und zwar besonders gegen das, was uns am meisten hindert.

Unser Äußeres und Inneres müssen wir mit gleicher Sorgfalt erforschen und in Ordnung bringen, weil beides zum Fortschreiten auf dem Wege der Besserung sehr zuträglich ist.

4. Wenn du dich nicht immer in deinem Innern gesammelt erhalten kannst, so sammle dich doch wenigstens zweimal am Tage, morgens und abends.

Des Morgens fasse gute Entschlüsse, und am Abende prüfe deinen Wandel, wie du den Tag über dich betragen hast in deinen Worten, Werken und Gedanken; denn vielleicht hast du in alledem öfters gegen Gott und deinen Nächsten dich versündigt.

Rüste dich wie ein Mann gegen die listigen Anläufe des Teufels, bezähme die Lust nach Speise und Trank, so wirst du alle Neigungen des Fleisches leichter im Zaume halten können.

Sei nie müßig, sondern lies oder schreibe, oder bete, oder betrachte, oder beschäftige dich mit einer nützlichen Arbeit.

Doch leibliche Übungen muß man mit Vorsicht vornehmen, und es sind nicht alle für alle in gleichem Maße ratsam.

5. Was nicht allgemein von allen getan wird, muß man nicht äußerlich zur Schau ausstellen; denn, was man besonders tut, das wird sicherer im geheimen und im stillen getan.

Doch hüte dich, daß du nicht träge bist zu den gemeinsamen, und rüstiger zu den besondern Übungen; sondern erst, wenn du treu und vollkommen erfüllt hast, was du zu tun schuldig bist und dir aufgetragen ist, erst dann, wenn dir anders noch eine Zeit übrig ist, magst du ganz dein sein und dich dir selbst hingeben, wie es deine besondere Andacht fordert.

Es ist nicht jede Übung für alle, sondern diese ist jenem, jene diesem zuträglicher.

Auch sind nach dem Verhältnisse der Zeiten einige Übungen angemessener als andere; denn einige gefallen uns besser an Festtagen, andere mehr an gemeinen Tagen.

Andere bedürfen wir mehr zur Zeit der Versuchung, andere zur Zeit des Friedens und der Ruhe.

Andere Gedanken lieben wir mehr, wenn wir traurig sind, andere, wenn wir fröhlich im Herrn sind.

6. An den Hauptfesten sollen wir die Geistesübungen erneuern und den Beistand des Herrn inbrünstiger erflehen.

Von Festtag zu Festtag müssen wir Entschlüsse fassen, gerade als ob wir auf das nächste Fest aus dieser Welt wandern und den ewigen Festtag im Himmel mitfeiern würden.

Darum sollen wir uns auf Gott gewidmete Tage sorgfältig vorbereiten, sie mit besonderer Andacht zubringen und alle unsre Pflichten genauer beobachten, als ob wir nun bald den Lohn unserer Arbeit von Gott empfangen würden.

7. Wird es noch weiter hinausgeschoben, so laßt uns denken, wir seien noch nicht hinlänglich vorbereitet, noch nicht würdig der großen Herr-

lichkeit, die an uns offenbar werden wird zur bestimmten Zeit. Wir müssen uns deshalb auf unsern Heimgang besser vorbereiten.

Selig ist der Knecht (heißt es bei Luk. 12, 43), den der Herr, wann er kommen wird, wachend findet. Wahrlich, ich sage euch: über all seine Güter wird er ihn setzen.

Die Treue im Kleinen

wird alles ererben. Bedenke: Alle Güter und Reichtümer der unermeßlichen Herrlichkeit Gottes sollen dein sein, wenn du treu im Kleinen bist und treu bis ans Ende beharrst! Laß dir das, was in diesem Abschnitte von der Übung der Gottseligkeit gesagt ist, nicht zu viel sein, denn es ist wenig, ja nichts im Vergleich mit dem künftigen Erbe und mit dem, was der Herr der Herrlichkeit für dich und deine Sünde getan, geübt und gelitten hat! Willst du müde werden, sieh auf ihn und seine Nachfolger, wie er und sie Tag und Nacht wachten und beteten, Armut, Schmach, Mangel und Schmerz, blutige Marter und den bittersten Tod erlitten haben. Sieh nach Gethsemane und Golgatha. Wieviel hat es ihn gekostet, daß du erlöset bist — und nun kannst du alle seine Güter ererben durch seine Gnade — nicht um deiner Treue willen. Aber dennoch mußt du treu sein, oder den Lohn mit den Treulosen und Verächtern, mit den Lauen und mutwilligen Sündern teilen, die die Gnade Gottes vergeblich empfingen oder sie auf Mutwillen zogen.

Laß dir's nicht zu viel sein; der Herr gibt unendlich mehr als er fordert. Sei getreu bis in den Tod, so wird er dir die Krone des Lebens geben (Offb. 2, 10. 21, 7. 8; Hebr. 12, 1—15; Juda 4; 2. Kor. 6, 1).

Sei stets dem Zug der Gnade treu,
Und keine Müh' noch Leiden scheu;
Was heut ist schwer, wird morgen leicht;
Ein tapfrer Sinn die Kron' erreicht.

Das 20. Hauptstück.

Von der Liebe zur Einsamkeit und Stille.

Suche dir eine schickliche Zeit aus, wo du bei dir und in dir selbst allein sein kannst, und da bedenke recht oft, wie Gott schon so wohlgetan hat.

Neugier und unnützes Grübeln laß beiseite, und lies nur von solchen Gegenständen, dadurch viel mehr dein Herz zerknirscht als dein Verstand beschäftigt wird.

Wenn du dich den überflüssigen Gesprächen, dem müßigen Umherlaufen, sowie dem neugierigen Horchen auf Zeitungen und Tagesgerüchte entzögest, so würdest du Zeit genug übrig haben, heilsamen Betrachtungen obzuliegen.

Die größten Heiligen mieden, wo sie nur konnten, die Gesellschaft der Menschen, um desto mehr in stillem Umgange mit Gott leben zu können.

2. Es sagte jemand: So oft ich unter Menschen gewesen bin, war ich weniger Mensch, da ich heimging. Dies erfahren wir fast allezeit, wenn wir lange plaudern.

Es ist leichter, ganz schweigen, als sich im Reden mäßigen.

Es ist leichter, zu Hause verborgen bleiben, als außer dem Hause sich rein bewahren.

Wer also zum innern geistigen Leben gelangen will, der muß sich mit Jesu vom großen Haufen entfernen.

3. Es kann keiner sicher (ohne sich zu schaden) öffentlich erscheinen, als der lieber daheim und verborgen bliebe.

Es kann keiner sicher der Erste sein, als der lieber der Letzte wäre.

Es kann keiner sicher befehlen, als der Gehorsam gelernt hat.

Es kann keiner sicher sich freuen, als der das Zeugnis des guten Gewissens für sich hat.

Es kann keiner sicher reden, als der lieber schwiege.

Und selbst die Sicherheit der Heiligen war doch voll Gottesfurcht.

Und wenn sie gleich durch den Glanz großer Tugenden und Gnade leuchteten, so waren sie deswegen nicht weniger wachsam und demütig in sich.

Nicht so die Gottlosen; die sind voll Sicherheit, voll von Stolz und anmaßendem Selbstvertrauen, das sich aber am Ende in schrecklichen Selbstbetrug verwandelt.

Versprich dir nie eine völlige Sicherheit in diesem Leben, wenn du auch noch so fromm und heilig scheinest.

4. Nicht selten sind eben die, welche in den

Augen der Menschen die besten scheinen, am tiefsten gefallen, weil sie sich selbst zu sehr vertrauten.

Deswegen ist es für viele heilsamer, daß sie nicht gänzlich von Versuchungen verschont bleiben, sondern öfter davon bestürmt werden; damit sie nicht in zu große Sicherheit fallen und durch Stolz sich aufblähen, oder leichtsinnig werden und sich nach äußerem Troste umsehen.

O! welch ein ruhiges Gewissen würdest du dir bewahren, wenn du keine vergängliche Freude suchtest und mit der Welt nichts mehr zu schaffen haben möchtest!

O! welche Fülle des Friedens und der Ruhe würdest du besitzen, wenn du dich entschließen könntest, alle eitle Sorge abzuschneiden, nie anderes zu denken, als was heilsam und göttlich ist, und deine ganze Hoffnung auf Gott zu setzen!

5. Des himmlischen Trostes ist doch kein Mensch wert, als der in der heiligen Zerknirschung sich wohl geübt hat.

Willst du im Innersten deines Herzens zerknirscht werden, so geh' in deine Kammer und verschließe sie vor dem Geräusche der Welt, wie geschrieben steht: (Ps. 4, 5) In euern Kammern redet mit euern Herzen, daß sie zerknirscht werden.

In deinem Stübchen wirst du finden, was du draußen gewöhnlich verlierest.

Je öfter und länger du dein Stübchen hütest, desto leichter wird es dir werden. Je weniger du darin bleibst, desto überdrüssiger wird es dir werden. Wenn du es gleich im Anfange deiner Bekehrung gerne bewohnst und hütest, so wird es dir endlich wie ein lieber Freund, ein süßer Tröster werden.

6. Stille und ruhig sein ist sehr förderlich für eine fromme Seele.

Sie lernt da Blicke tun in die Geheimnisse der Schrift; da entdeckt sie die Bäche der Tränen, in denen sie sich alle Nächte wäscht und reinigt, damit sie mit ihrem Schöpfer um so vertraulicher umgehen möge, je weiter sie sich von allem Geräusche der Welt entfernt hält.

Wer sich also von seinen Bekannten und Freunden zurückzieht, zu dem nahen sich Gott und seine heiligen Engel.

Besser ist's (mit Christo in Gott) verborgen bleiben und für sein Heil sorgen, als öffentlich Wunder tun und dabei sich selbst vernachlässigen.

7. Es ist sehr lobenswert an einem gottseligen Menschen, wenn er selten ausgeht, sich nicht gerne sehen läßt, und auch andere nicht sehen will.

Warum willst du sehen, was du nicht haben darfst? Die Welt vergeht mit ihrer Lust (1. Joh. 2, 17).

Die sinnlichen Begierden treiben dich hinaus, umherzugehen (zu spazieren); aber wenn die Stunde geschlagen hat, was bringst du mit nach Hause? Was anders, als ein beschwertes Gewissen und ein zerstreutes Herz!

Auf einen lustigen Ausgang folgt gewöhnlich eine traurige Rückkehr, und auf eine lustige Nacht ein trauriger Morgen.

So schleicht sich jede sinnliche Freude schmeichelnd und kosend ein, aber am Ende beißt und tötet sie.

Was könntest du auch anderswo sehen, das du zu Hause nicht sähest? Sieh', Himmel und Erde und alle Elemente sind vor dir; und daraus ist alles gemacht.

Was anders kannst du denn anderswo sehen, das da bleibend wäre unter der Sonne?

Du meinst vielleicht, doch noch dich satt zu sehen, aber so weit wirst du es nicht bringen.

Wenn du alles in aller Welt sehen könntest, was wäre es anders als ein eitles Gaffen?

Hebe dein Auge zu Gott empor und bete für deine Sünden und Versäumnisse.

Laß das Eitle den Eitlen; du aber sei auf das bedacht, was dir der Herr geboten hat.

Schließ hinter dir die Türe zu, und lade Jesum, deinen Geliebten, zu dir.

Bleib' bei ihm in deinem Stübchen, denn du wirst nirgends anderswo solchen Frieden finden (wie bei ihm allein).

Wärest du nicht ausgegangen und hättest du dir den Kopf nicht vollschwatzen lassen, so wärest du ungestört in deinem Frieden geblieben. Seitdem es dich gelüstet, auch bisweilen Neuigkeiten zu hören, hast du immer auch Unruhe in deinem Herzen zu leiden.

Das Kämmerlein wird uns vom Herrn selbst empfohlen, und es empfiehlt sich selbst, wenn man es kennen lernt. Ohne Innigkeit, ohne Herzensgebet und Umgang mit dem Herrn, ohne verborgenes Leben mit Christo in Gott kann unmöglich etwas aus dir werden. Das Reich Gottes ist inwendig in uns und kann von außen nicht gefunden werden. Darum retiriere dich, hinein! hinein! ins Inwendige, in die Stille zu Gott (Ps. 62, 2. 6. 65, 1). Diese Innigkeit und Stille des Herzens muß aber im Geräusche der Geschäfte, wie in der Einsamkeit, so viel möglich bewahret werden, daß man auch sagen kann: ich habe den Herrn allezeit vor Augen — Er in mir und ich in ihm. So hat man sich das rechte Kämmerlein gebaut, wo man allezeit beten, sich in der Gegenwart des Herrn sammeln und, obwohl noch auf Erden, doch im Himmel wandeln kann. Nur wenn alles in dir schweigt, kannst du Gottes Stimme im Herzen hören, die so wundervoll, so freundlich, so entzückend ist, daß die Seele nichs anderes mehr hören und wissen möchte; daß sie alle Schleier zu zerreißen und nur sein Angesicht zu schauen verlangt (Jak. 4, 8; Matth. 6, 6; Kol. 3, 3; Ps. 16, 8. 42, 2. 3. 55, 7. 8. 84, 2—5; Luk. 17, 21).

Schließ zu die Türen deiner Sinnen,
Gib Kreatur und alles dran!
Im Kämmerlein, im Herzen drinnen
Schweig still, bet' Gott im Geiste an!

Das 21. Hauptstück.

Von der Zerknirschung des Herzens.

Wenn du besser werden willst, so bewahre dich in der Furcht Gottes und sei nicht zu frei, sondern halte alle deine Sinne in der Zucht und überlaß dich nicht törichter Freude.

Laß lieber dein Herz zerknirscht werden, so wirst du die wahre Andacht und Innigkeit finden. Die Zerknirschung ist der Schlüssel zu einem reichen Schatze des Guten, den aber Leichtfertigkeit schnell wieder zu verlieren pflegt.

Es ist zu verwundern, wie ein Mensch je in diesem Leben recht froh werden kann, wenn er bedenkt, daß er hier nicht zu Hause ist, sondern außer seiner Heimat umherirrt, wo so viele Gefahren seine Seele umgeben.

2. Der Leichtsinn unseres Herzens und die Gleichgültigkeit gegen unsere Gebrechen ist so groß, daß wir nicht einmal fühlen, was unsern Seelen schadet, sondern oft noch lachen, wo wir billig weinen sollten.

Es ist einmal keine wahre Freiheit und keine wahre Freude zu finden, als in der Furcht Gottes und in einem guten Gewissen.

O! glücklich ist, wer allem, was seinen innern Frieden störet und ihn zerstreut, Abschied geben und sich in sein Herz sammeln kann zur heiligen Zerknirschung.

O! glücklich derjenige, der sich losreißt von allem, was sein Gewissen beflecken oder beschweren kann!

Streite männlich. Gewohnheit wird durch Gewohnheit überwunden.

Laß du nur die Leute ihre Wege gehen, so

werden sie dich wohl auch deine Wege wandeln und deine Geschäfte treiben lassen.

3. Lade dir fremde Dinge nicht selbst auf den Hals und verwickle dich nicht in die Angelegenheiten der Großen.

Dein Auge sei immer nur auf dich selbst gerichtet, und vor allen deinen Lieben sei du selbst immer der erste, dem du besondere Ermahnungen zu geben hast.

Wenn dir die Menschen eben nicht sehr günstig sind, so laß dich das nicht sehr betrüben; aber das müsse dir schwer auf dem Herzen liegen, daß du nicht so gut und so vorsichtig wandelst, wie ein Diener Gottes und ein wahrhaft gottseliger Christ wandeln soll.

Es ist für den Menschen oft heilsamer und sicherer, daß er nicht viel Tröstliches in diesem Leben zu genießen habe, besonders nach dem Fleische.

Wenn wir aber an göttlichem Troste Mangel leiden, oder ihn nur selten genießen, daran sind wir selbst schuld; weil wir uns um die Zerknirschung des Herzens so wenig bekümmern und die eitlen, leeren, äußerlichen Vergnügungen nicht gänzlich verabschieden.

4. Das sollst du einsehen, daß du des göttlichen Trostes nie würdig bist und daß du vielmehr Kreuz und Leiden verdient hast.

Wenn ein Mensch vollkommen zerknirscht (vom Gefühl der Reue und Demut ganz durchdrungen

REVE

und zerschlagen) ist, dann wird ihm die ganze Welt zur Last und Bitterkeit.

Ein guter Mensch findet immer Dinge genug, die ihm sein Herz verwunden und seine Augen naß machen.

Er mag sich selbst oder seinen Nächsten betrachten, so sieht er bald, daß hier kein Mensch ohne Plage lebt.

Und je genauer er sich selbst beobachtet, desto größer ist sein Schmerz.

Was uns billig am meisten schmerzt und das Herz zerknirscht, das sind unsere Sünden und Laster, in welchen wir so tief begraben und gebunden liegen, daß wir uns selten zu himmlischen Dingen erheben können.

5. Wenn du vertrauter wärest mit dem Gedanken an deinen nahen Tod, als mit dem Wunsche eines langen Lebens, so würdest du dir ohne Zweifel deine Besserung mehr angelegen sein lassen.

Wenn du auch die künftigen Strafen der Hölle und andere Gerichte Gottes über die Sünder besser zu Herzen nähmest, so glaube ich, du würdest alle Mühe und Schmerzen (im Kampfe mit der Sünde) gern ertragen und den strengsten Ernst nicht scheuen.

Allein, weil wir dies alles nicht zu Herzen fassen, uns selbst noch zu sehr schmeicheln und schmeicheln lassen, so bleiben wir immer so kalt und träge.

6. Oft ist es Mangel an Geist, daß der elende Leib sich so leicht beklagt.

Flehe daher in Demut zu Gott, daß er dir den Geist der wahren Zerknirschung verleihe. Sprich mit dem Propheten: Speise mich, o Herr, mit Tränenbrot und tränke mich mit dem Tranke der Zähren in vollem Maße (Ps. 80, 6).

Als die Traurigen, und doch immer fröhlich.
(2. Kor. 6, 10.)

Die Traurigkeit, die Christus selig preist (Matth. 5, 4) und Paulus göttlich heißt (2. Kor. 7, 10), weil sie eine Reue bewirkt, die niemand gereut, diese Traurigkeit, diese Reue ist der erste und letzte Schritt zum Heil; denn solange wir im Leibe wallen, fehlen wir alle gar mannigfaltig und sind nicht ganz, nicht vollkommen — und darüber können wir doch nicht gleichgültig sein und uns freuen, sondern müssen traurig und zerknirscht sein und bleiben, bis wir erlöset sind von dem Leibe dieses Todes. Aber diese Traurigkeit wird darum selig und göttlich genannt, weil sie zugleich voll Trost und Freude, voll Leben und Seligkeit ist. „Denn wenn ich wein' ums Seligsein in seiner lieben Nähe, ist's schon immer ein Beweis, daß er vor mir stehe.“ „Man hat ihn, wo man um ihn weint.“ „O weinte ich herzinniglich nach ihm nur unverrücklich, so wär' ich an Seel' und Leib unaussprechlich glücklich“, wie jenes Weib (Luk. 7, 47), wie jener Mann auf dem Baume (Luk. 19), wie alle, die in der ersten oder letzten Stunde zu ihm mit Reue kamen und um Gnade weinten (Luk. 18, 10 ff. 22, 62. 23, 42; Luk. 15).

Wer immer an sein Elend denket,
Verlieret alle Lust und Mut;
Wer innig sich in Jesum senket,
Bei seinem Elend Wunder tut.

Das 22. Hauptstück.

Ein Blick auf das menschliche Elend.

Elend bist und bleibest du, wo du immer sein und wohin du dich immer wenden magst, wenn du dich nicht zu Gott wendest und bekehrst.

Warum wirst du gleich so gestört, wenn dir etwas nicht nach deinem Wunsch und Willen von statten geht? Wo ist der Mensch, der alles hat, wie er es will, so daß ihm kein Wunsch mehr übrig bleibt? Ich nicht, und du nicht, und kein Mensch auf Erden.

Kein Mensch in der Welt ist ohne Trübsal, so daß ihm nicht manchmal die Welt zu enge würde, er sei König oder Papst.

Doch ja, ich will dir sagen, wer am besten daran ist. Gewiß nur der, welcher gelernt hat, um Gottes Willen etwas zu leiden.

2. Es gibt viele schwache und kleine Seelen, die da sagen: Sieh', wie glücklich lebt jener! Wie reich, wie groß, wie mächtig, wie erhaben ist er!

Laß du diese sein, was sie sind, und schaue du nur auf die Güter des Himmels; dann wirst du einsehen lernen, daß alle diese zeitlichen Güter keine wahren Güter, sondern sehr unsicher und vielmehr Plagen als Wohltaten sind, weil doch kein Mensch, der sie besitzt, von Sorge und Furcht frei bleiben kann.

Das ist nicht das wahre Glück des Menschen,

Überfluß an zeitlichen Gütern haben. Es ist genug für ihn, wenn er sein notdürftiges Auskommen hat. Es ist wohl ein rechtes Elend, auf Erden leben.

Je geistiger ein Mensch leben will, desto bitterer wird ihm das gegenwärtige Leben, weil er dann um so tiefer fühlt und um so heller sieht, wie gebrechlich und verdorben das menschliche Wesen ist.

Denn essen, trinken, wachen, schlafen, ruhen, arbeiten und andere Bedürfnisse der menschlichen Natur befriedigen zu müssen, das ist wahrlich recht erbärmlich und keine geringe Plage für einen gottseligen Menschen, der lieber schon vollendet und von aller Sünde frei sein möchte.

3. Ja wahrhaftig, sehr beschwerlich sind für den innerlichen Menschen die leiblichen Bedürfnisse in dieser Welt.

Darum bittet der Prophet so angelegentlich, daß er davon befreit werden möchte: Herr! rette mich aus meinen Nöten! (Ps. 52, 17).

Aber wehe denen, die ihr Elend nicht einmal erkennen; und zweimal wehe denen, die dieses elende und hinfällige Leben sogar lieb haben!

Denn es gibt ja leider Menschen genug, die, wenn sie sich gleich kaum den notdürftigsten Unterhalt durch mühsame Arbeit oder durch Betteln erwerben können, doch so ganz an diesem Leben hängen, daß sie sich um das Himmelreich gar nicht kümmern würden, wenn sie nur immer hier leben könnten.

4. O! welche törichte und ungläubige (heidnische) Herzen, die so tief im Irdischen versunken sind, daß sie für nichts mehr Sinn haben als für das Sinnliche!

Aber die Elenden! Wie bitter werden sie am Ende noch fühlen müssen, daß all das eitel und nichtig ist, was sie so leidenschaftlich liebten.

Die Heiligen Gottes hingegen und alle wahren Freunde Christi sahen nicht auf das, was dem Fleische gefällt, noch was diese kurze Zeit blühet (und dann welket); nein, ihre ganze Hoffnung und ihr Augenmerk war auf ewige Güter gerichtet.

Aufwärts strebte all ihr Verlangen, zu den bleibenden und unsichtbaren Schätzen, damit sie nicht durch Liebe des Sichtbaren zu dem Niedrigen herabgezogen würden.

5. Laß dir, lieber Bruder, nur die Zuversicht nicht entfallen, daß auch du noch im Leben des Geistes wachsen könnest. Noch ist Zeit und Stunde da.

Warum willst du deinen Entschluß immer auf morgen verschieben? Auf! Auf! erhebe dich und fange in diesem Augenblick an und sprich: Jetzt ist die Zeit zu wirken, jetzt ist die Zeit zu streiten, jetzt ist die gelegenste Zeit zu meiner Besserung.

Wenn du dich übel befindest und zu leiden hast, das ist eben die rechte Zeit für dich, wo du am Geiste zunehmen kannst.

Du mußt durch Feuer und Wasser gehen, wenn du in das Land der Erquickung kommen willst.

Wenn du dir nicht selbst Gewalt antust, so wirst du auch nicht ein einziges Laster besiegen.

Solange wir in dieser gebrechlichen Hütte wohnen, können wir von der Sünde nicht ganz frei bleiben, nicht ohne Überdruß und Schmerz leben.

Wir möchten wohl gern von allem Elende frei sein; aber nachdem wir durch die Sünde die Unschuld verloren haben, so ist mit ihr die wahre Seligkeit von uns geflohen.

Darum ist uns nichts nötiger, als daß wir in Geduld festhalten und auf Gottes Barmherzigkeit warten, bis es mit allem Bösen ein Ende haben und dieses sterbliche Wesen von dem Leben verschlungen wird.

6. O! wie groß ist die menschliche Gebrechlichkeit! Wie geneigt, immer zu sündigen!

Heute bekennst du deine Sünde; morgen begehst du wieder, was du heute als Sünde bekannt hast.

Jetzt fassest du den festen Entschluß, dich zu hüten; und es vergeht keine Stunde, so handelst du wieder, als wenn du nie an einen Entschluß gedacht hättest.

Was ist also billiger und uns angemessener, als daß wir uns demütigen und nie große Gedanken von uns selbst in uns aufkommen lassen, weil wir gar so gebrechlich und wankelmütig sind?

Ach! wie schnell wird durch Nachlässigkeit wieder

verdorben, was man mit vieler Mühe durch Gnade endlich kaum zustande gebracht hat.

7. Was wird es denn am Ende mit uns werden, da wir schon so frühe erkalten?

Weh' uns, wenn wir schon die Hände in den Schoß legen, als wenn bereits Friede und Sicherheit wäre, da noch keine Spur wahrer Heiligkeit in unserm ganzen Wandel wahrzunehmen ist.

Es wäre daher nichts nötiger, als daß wir wiederum wie gute Schüler aufs neue anfingen und uns zu einem heiligen Wandel anleiten ließen, ob etwa Hoffnung wäre, daß wir uns künftig besserten und im Leben des Geistes weiter kämen.

Die ewigen Anfänger.

„Sei immerdar ein Anfänger", sagt Tauler, so wie hier unser lieber Thomas von Kempis. Und wer von uns kann sagen, daß er schon fertig sei und nicht nötig habe, täglich von neuem anzufangen? Da Ignatius zur Marter geführt wurde, sagte er: „Jetzt fange ich an, ein Jünger — und ein schmackhaftes Brot Gottes zu werden, wenn ich von den Zähnen der wilden Tiere zermahlen werde."

Willst du aber täglich recht anfangen, dich im Glauben, in der Liebe, in der Geduld und Gottseligkeit zu üben, d. h. dich täglich erneuern im Geiste deines Gemüts — so fange mit dem rechten Anfänger und Vollender deines Glaubens an. Blick' auf ihn und lies, betrachte und übe (Hebr. 12).

Nun eins noch: Kennst du das Leiden der innigen Christen, das im 3. Hauptstück und kurz zuvor genannt ist? Oder ist dir das Genannte noch Lust und hast du das Elend noch lieb, so hast du wohl vor allem nötig, von neuem anzufangen — und zwar mit dem und in dem, der da sagt: Ich bin das A und das O, der Anfang und das Ende (Offb. 1, 8. 3, 14; Phil. 1, 6; 1. Kor. 15, 58; 1. Theff. 4, 1. 10).

Tracht' immer völliger zu werden,
Solang du lebest hier auf Erden,
Denk': Heute will ich fangen an,
Ich hab' bisher noch nichts getan.

Das 23. Hauptstück.

Von der Betrachtung des Todes.

Schnell, sehr schnell wird es mit dir hienieden ein Ende haben. Darum siehe dich um, wie es mit dir stehe.

Denn sieh', heute ist der Mensch und morgen ist er nicht mehr, und ist er einmal aus den Augen der Menschen, so ist er auch sogleich aus ihrem Sinn.

O! wie abgestumpft, wie hart ist das Herz des Menschen, daß es allein auf das Gegenwärtige bedacht ist und nicht vielmehr auf das Zukünftige hinausblickt!

Du sollst dich in allem, was du tust und denkst, so verhalten, als wenn du gleich sterben müßtest.

Wenn du ein gutes Gewissen hättest, so würdest du den Tod nicht sonderlich fürchten.

Was fliehest du den Tod? Fliehe lieber die Sünde!

Wenn du heute nicht bereit bist, wie wirst du es morgen sein?

Der morgende Tag ist ein ungewisser Tag; oder weißt du gewiß, daß du morgen noch leben wirst?

2. Was nützt es doch, wenn wir lange leben und uns so wenig bessern?

Ach! ein langes Leben macht gewöhnlich nicht besser, sondern vermehrt oft nur die Zahl der Sünden.

Hätten wir doch nur einen Tag recht gelebt in dieser Welt!

Viele zählen (nicht ohne Eitelkeit) die Jahre seit ihrer Bekehrung; aber Früchte der Besserung können wir oft nicht viele zählen.

Wenn dir das Sterben so furchtbar erscheint, so dürfte es wohl gefährlicher für dich sein, länger zu leben.

Selig, wer die Stunde des Todes immer im Auge behält und sich täglich zum Sterben bereitet!

Wenn du einen Menschen sterben gesehen hast oder siehst, so denke, daß auch du denselben Weg gehen mußt.

3. Jeden Morgen denke, daß du vielleicht den Abend nicht mehr erleben werdest.

Und hast du den Abend erreicht, so wage es nicht, dir noch den Morgen zu versprechen.

Sei also immer bereit und befleißige dich, so zu leben, daß dich der Tod nie unbereitet überfallen kann.

Es sterben doch so viele plötzlich und unversehens dahin; denn des Menschen Sohn kommt

zu einer Stunde, da man es nicht meint (Matth. 24, 42. 44).

Wenn jene letzte Stunde kommt, dann wird dir dein ganzes vergangenes Leben in einem andern Lichte erscheinen, und du wirst nicht wenig Reue fühlen, daß du so nachlässig und träge gewesen bist.

4. Wie glücklich und weise ist ein Mensch, der sich jetzt bestrebt, so zu leben, wie er im Tode wünschen wird erfunden zu werden!

Was aber große Zuversicht und Freude zum Sterben verschafft, ist — vollkommene Verschmähung der Welt, ein brennendes Verlangen, in allen Tugenden zu wachsen, Liebe zur Zucht, ernste Buße, williger Gehorsam, Verleugnung seiner selbst und Erduldung jeder Widerwärtigkeit aus Liebe zu Christus.

Viel Gutes kannst du wirken, solange du gesund bist; was du aber, wenn du einmal erkrankest, noch ausrichten wirst, weiß ich nicht.

Krankheit macht wenige besser, so wie viel wallfahrten selten heilig macht.

5. Vertraue nicht auf Freunde und Verwandte und verschiebe dein Heil nicht auf die Zukunft; denn schneller, als du es glauben kannst, werden die Menschen deiner vergessen.

Besser ist es, daß du jetzt, da es noch Zeit ist, dich vorsehest und etwas Gutes vorausschickest, als daß du auf die Hilfe anderer wartest.

Wenn du nicht selbst jetzt gleich für dich sorgest, wer wird in Zukunft für dich sorgen?

Jetzt ist sehr köstliche Zeit, jetzt sind Tage des Heils, jetzt sind angenehme Tage (2. Kor. 6, 2).

Aber wehe, wehe dir, daß du diese köstlichen Tage nicht nützlicher anwendest, da du dir jetzt einen Schatz sammeln könntest, von dem du ewig zu leben hättest!

Ach! es werden Tage kommen, wo du auch nur eine Stunde noch zu haben wünschen wirst, um dich bessern zu können, und wer weiß, ob du sie erlangen wirst.

6. Sieh' doch, mein Lieber! aus welcher Gefahr könntest du dich jetzt befreien, welcher Angst dich entreißen, wenn du nur jetzt immer dem Tode ins Auge schauen und ihm mit Bewußtsein deiner Sterblichkeit entgegengehen möchtest.

So lerne denn jetzt also leben, daß dir die Stunde des Todes viel mehr Freude als Furcht verursacht.

Lerne jetzt der Welt sterben, damit du dann anfangest zu leben mit Christo.

Lerne jetzt alles verschmähen, damit du dann frei zu Christo heimgehen könnest.

Züchtige jetzt deinen Leib durch Buße, damit du dann gewisse Zuversicht festhalten könnest.

7. Du Tor! Wie kannst du dir versprechen, lange zu leben, da du keinen Tag sicher bist zu sterben?

Wie viele haben sich schon betrogen, indem sie zu einer Stunde, da sie gar nicht daran dachten, vom Lande der Lebendigen weggerissen wurden!

Wie oft hast du erzählen hören: Dieser ist durchs Schwert umgekommen, jener ertrunken, dieser ist vom Dache gefallen und hat den Hals gebrochen, jener erstickte bei Tische, der starb beim Spiele.

Einer kam durchs Feuer um, ein anderer durchs Schwert, einer durch die Pest, ein anderer wurde totgeschlagen. Und so macht allen der Tod ein

Ende und das Leben des Menschen schwindet wie ein Schatten dahin (Hiob 14, 1. 2).

8. Wer wird deiner nach dem Tode gedenken, wer für dich beten?

Auf! also, mein Lieber, auf! Die Hand ans Werk! jetzt tue, was du tun kannst; denn du weißt nicht, wann du sterben mußt, weißt nicht, was nach dem Tode deiner wartet.

Jetzt, da du noch Zeit hast, sammle dir unsterbliche Reichtümer!

Denke allein auf dein Heil! Laß dir nichts am Herzen liegen, als was Gottes ist.

Mache dir jetzt zu Freunden die Heiligen Gottes; ehrwürdig seien sie dir, aber handle auch wie sie, damit, wann du abscheidest aus diesem Leben, sie dich in die ewigen Hütten aufnehmen.

9. Vergiß nicht, daß du Fremdling und Gast auf Erden bist, den die Händel der Welt nichts angehen.

Frei bleibe dein Gemüt und immer zu Gott empor gehoben; denn du hast hier doch keine bleibende Stätte.

Dorthin schicke täglich deine Gebete und Seufzer, begleitet mit Tränen, damit dein Geist gewürdigt werde, nach dem Tode selig zum Herrn heimzugehen. Amen.

Töte den Tod —

sonst tötet er dich. Töte die Sünde, den Stachel des Todes, so hast du weder Tod noch Gericht zu fürchten. Das heißt: Stirb täglich — dir selbst, der Sünde

und der Welt, ergreife Christum und laß ihn dein Leben sein, so ist Sterben dein Gewinn, und du hast Lust — statt Furcht — abzuscheiden und bei Christo zu sein; denn Christus hat den Tod getötet, dem, der des Todes Gewalt hatte, die Macht zu schrecken genommen, hat die Sünde getilgt und Leben und unvergängliches Wesen ans Licht gebracht.

Der Leichtsinn tötet nicht — sondern verscheucht nur den Tod, den Gedanken an den Tod, der aber immer wieder sich aufdringt und Schrecken einjagt. Bei jedem Todesfall erneuert sich dieser Schreck. Was ist doch der Mensch! sagst du, wie plötzlich ist's um ihn geschehen! Und kaum gesagt, ist es wieder vergessen, und der Tod oder der Gedanke an den Tod wird früher begraben als der Tode beerdigt. Was ist der Mensch! sagst du; und du bist auch ein Mensch, dem dasselbe bevorsteht — und lebst so sicher! (Ps. 39. 90; Phil. 1, 20—23; Kol. 3, 1—12; Joh. 5, 24. 8, 52; Hebr. 2, 14. 15; 1. Kor. 5, 55).

Heute! heute!
Verschwende nicht die Zeit des Lebens,
Gott gibt kein'n Augenblick vergebens;
Sei stets im Wachen und Gebet;
Wer nun nicht läuft, der kommt zu spät.

Das 24. Hauptstück.

Gericht und Strafe der Sünde.

In all deinem Tun schau auf das Ende und denke, wie du bestehen werdest vor dem strengen Richter, dem nichts verborgen ist, der durch Geschenke nicht bestochen werden kann, der keine Entschuldigung annimmt, der richtet, wie es die Gerechtigkeit fordert.

O! du elender, törichter Sünder! Was wirst du Gott antworten, der alle deine Sünden weiß, da du schon vor dem Anblicke eines zornigen Menschen zitterst?

Warum bereitest du dich nicht auf den Tag des Gerichts, wo keiner den andern entschuldigen oder verteidigen kann, wo jeder für sich selbst genug zu tun haben wird?

Jetzt ist dein Bemühen nicht fruchtlos, jetzt werden deine Tränen Gnade finden, jetzt werden deine Seufzer erhört, jetzt kann dein Schmerz und deine Reue

(durch Glauben) Gerechtigkeit erlangen und dir zur Läuterung und Reinigung dienen.

2. Ein großes und heilsames Läuterungsfeuer hat ein Mensch, der Geduld übt, der Kränkungen trägt und dabei sich mehr um des andern Bosheit als um des eignen erlittenen Unrechts willen kränkt; der für seine Feinde aufrichtig betet, die Beleidigungen von Herzen verzeiht und die Beleidiger selbst zuerst um Vergebung bittet; der sich leichter zum Mitleiden als zum Zorn bewegen läßt; der sich selbst oft Gewalt antut und das Fleisch vollkommen dem Geiste zu unterwerfen strebt.

Besser ist es, jetzt sich von Sünden reinigen und die Laster ausrotten, als die Reinigung in die Ewigkeit verschieben wollen. Wahrhaftig, wir betrügen uns selbst durch die ungeordnete Liebe, die wir zu unserm Fleische unterhalten.

3. Was anders wird dich denn einst brennen, als deine Sünden?

Je mehr du dich jetzt schonst und dem Fleische nachgibst, desto härter wirst du nachher gestraft werden, desto mehr Stoff zum Brennen sammelst du für das ewige Feuer.

Worin der Mensch gesündigt hat, darin wird er auch gestraft werden.

Dort wird die Trägen (der Verlust der Zeit) wie brennende Stacheln peinigen; die Unmäßigen nie zu stillender Hunger und Durst quälen; die Freunde der Wollust der Schwefelpfuhl züchtigen;

TVBA MIRVM
SPARGENS SONVM
PER SEPVLCHRA
REGIONVM COGET
ANTE THR

die Neidischen ewige Traurigkeit und Unfriede verfolgen.

4. Jedes Laster wird seine eigene Marter finden. Die Zänkischen und Zornigen werden vor Schmerzen wie tolle Hunde heulen, die Hoffärtigen mit Schande bedeckt, die Geizigen mit Elend und Dürftigkeit gedrückt werden.

Dort wird die Strafe von einer Stunde schwerer sein, als hier ein Jahrhundert in der bittersten Herzenszerknirschung durchlebt.

Dort wird keine Ruhe, kein Trost sein für die Verdammten. Hier genießt man doch bisweilen Ruhestunden nach der Arbeit und Trost in den Armen der Freundschaft.

5. Darum laß dir hier bange sein, und traure jetzt um deiner Sünden willen, damit du am Tage des Gerichts freudig bestehst mit allen Heiligen.

Denn dort werden die Gerechten mit großer Freudigkeit stehen gegen die, welche sie in diesem Leben geängstigt nnd gedrückt haben (Weisheit 5, 1).

Dann wird, wer sich jetzt demütig den Urteilen der Menschen unterwirft, sich erheben, um andere zu richten.

Dann wird der Arme und Demütige mit großer Zuversicht auftreten, aber zittern wird der Hoffärtige.

Dann wird endlich offenbar werden, daß nur der weise war in dieser Welt, welcher gelernt hat, sich um Christi willen als einen Toren verschmähen zu lassen.

6. Dann wird jede Trübsal, die wir geduldig

ertragen haben, in Herrlichkeit verwandelt werden, und alle Bosheit wird verstummen.

Dann wird sich freuen der Fromme und trauern jeder Gottlose.

Dann wird, wer sein Fleisch hier gekreuzigt hat, mehr Freude und Jubel ernten, als der es durch Befriedigung der Lüste wohl genährt hat.

Dann wird glänzen der schlechte Kittel des Armen, und das feine Gewand des Reichen häßlich erscheinen.

Dann wird die arme, niedrige Hütte besser gefallen, als jetzt der goldene Palast.

Dann wird standhafte Geduld mehr gewinnen, als alle Macht der Welt.

7. Dann wird der einfältig Gehorsame mehr erhoben werden, als alle Arglist der Welt.

Dann wird das reine, gute Gewissen größere Seligkeit genießen, als alle Philosophie der Gelehrten.

Dann wird die Verachtung des Reichtums mehr Wert haben, als alle Schätze der Reichen dieser Welt.

Dann wird dir ein andächtiges Gebet mehr Trost verschaffen, als jetzt ein niedliches Freudenmahl.

Dann wird dir das fromme Stillschweigen, das du hier geübt hast, mehr Freude bringen, als dir jetzt eine lange Unterhaltung gewähren kann.

Dann werden gute Werke mehr gelten, als viele schöne Worte.

Dann wird ein strenges Leben und eine ernste

Ich bin's, an den ihr geglaubt, auf den ihr gehofft habet.

Ich bin's, an den ihr nicht geglaubt, den ihr gehasset habet!

Buße mehr erfreuen, als alle Vergnügungen der Welt.

8. Lerne jetzt geringe Leiden dulden, damit du einst von größeren verschonst bleiben mögest.

Zeige jetzt schon, was du einst zu leiden vermögest.

Wenn du jetzt so kleine kurze Leiden nicht ertragen kannst, wie wirst du alsdann ewige Pein erdulden können?

Wenn dich jetzt ein geringes Leiden schon ungeduldig macht, was wird die Hölle aus dir machen? Sieh, zwei Himmel kannst du nicht haben; hier die Freuden der Welt genießen, und dort auch mit Christo regieren, das geht einmal nicht.

Wenn du bis heute immer in lauter Ehren und Wollüsten gelebt hättest, was würde dir alles dieses helfen, wenn du diesen Augenblick sterben müßtest?

9. Es ist also alles Eitelkeit, außer Gott lieben und ihm allein dienen.

Denn, wer Gott von ganzem Herzen liebt, der fürchtet weder Tod noch Strafe, weder Gericht noch Hölle. Denn die vollkommene Liebe verschafft ihm einen freien, sichern Zutritt zu Gott.

Wer aber noch mit Lust sündiget, bei dem ist es sehr natürlich, daß er Tod und Gericht fürchtet.

Denn wenn dich die Liebe noch nicht vom Bösen abhalten kann, so laß dich doch wenigstens durch die Furcht der Hölle abschrecken.

Wer aber die Furcht Gottes verläßt, der wird

nicht lange im Guten beharren, sondern eher, als er glaubt, in die Stricke des Teufels fallen.

O Ewigkeit! du Donnerwort!

Zehntausend Donnerschläge sind gegen dich kaum einer! Und doch hört dich die Welt — der Mensch nicht, dessen Herz und Ohr dick geworden ist wie Schmer. Hörst du aber die Posaune Gottes, und läßt sie in dein Herz hineindonnern, so daß du erwachst vom Schlafe und aufstehst vom Tode, so wird dich Christus erleuchten, dir vergeben, dich heiligen und beseligen, und das Donnerwort — Ewigkeit — verwandelt sich in ein Freudenwort, daß du kein süßeres, erfreulicheres Wort hören oder sprechen kannst, als: Ewigkeit, o selige Ewigkeit! meine Heimat! mein Vaterland! mein Erbe! mein Himmel! Denn dieselbe Posaune des Erzengels, die die Gottlosen schreckt und ruft zum Gericht und zur Verdammnis, erfreut und ruft die Gerechten zur ewigen Freude und Seligkeit. „So schick dein Herz stets dort hinein, wo du ewig wünschst zu sein." Als Fremdling und Pilger auf Erden, und als Bürger des Himmels und Hausgenosse Gottes — sei dein Wandel im Himmel, von dannen du erwartest den Heiland rc. (Phil. 3, 18—21; Matth. 24, 27. 30. 31; Joh. 5, 28. 29; 1. Kor. 15, 55—58).

Er, er sei deines Geistes Sonne,
Die dich durchstrahlt mit Licht und Wonne;
Ganz heiter, stille, froh und rein,
So muß dein Seelenhimmel sein.

Das 25. Hauptstück.

Dein ganzes Leben muß ganz anders werden.

Sei wachsam und eifrig im Dienste Gottes, und bedenke oft: Warum bin ich da? Warum habe ich der Welt den Scheidebrief gegeben? Nicht wahr, um Gott allein zu leben und ein geistiger Mensch zu werden? (der sich vom Geiste Gottes treiben läßt).

So laß denn das feurige Verlangen, besser zu werden, nie erlöschen. Den Lohn deiner Mühe wirst du bald ernten, und dann werden Furcht und Schmerz fern von dir weichen.

Eine kurze Zeit mußt du dich jetzt noch mühen, dann aber wirst du eine lange Ruhe, ja eine ewige Freude finden.

Wenn du treu und eifrig beharren wirst im Gutestun, so wird sich Gott auch gewiß treu und reich im Vergelten beweisen.

Du darfst allerdings hoffen, daß du die Siegeskrone erlangen werdest; aber die Hoffnung soll dich nicht in Sicherheit einwiegen, damit du nicht träge oder gar stolz werdest.

2. Ich kenne jemand, der tief bekümmert zwischen Furcht und Hoffnung schwebte, und das sehr oft. Es kam endlich mit ihm so weit, daß ihn der Kummer fast verzehrte; da warf er sich in einer Kirche vor dem Altare innig betend nieder, dachte bei sich und sprach: „O! wenn ich doch nur einmal

OTTES LIEBE
ÜBER ALLES
NÄCHSTEN LIEBE
WIE DICH SELBS
DIE LETZTEN DINGE
EGO

gewiß wüßte, ob ich beharren werde bis ans Ende!" Und alsobald vernahm er in seinem Innern die göttliche Antwort: „Und wenn du nun das wüßtest, was wolltest du alsdann tun? Tue jetzt, was du alsdann zu tun im Sinne hast, so wirst du Ruhe haben."

Und sieh, von dem Augenblicke an fühlte er sich so getröstet und gestärkt, daß er sich ganz dem Willen Gottes überlassen konnte, und weg war Angst und Zweifel.

Er wollte nun nicht mehr neugierig ergrübeln, was mit ihm in Zukunft werden würde, sondern vielmehr befliß er sich zu erforschen, was Gottes heiliger und vollkommener Wille sei, um alles Gute anzufangen und zu vollenden.

3. Hoffe auf den Herrn, und tue Gutes, sagt der Prophet (Ps. 37, 3), bleibe im Lande und nähre dich redlich.

Aber gerade dieses eine ist es, was so viele vom Fortgange im Guten und von der ernstlichen Besserung abschreckt; sie scheuen die Schwierigkeiten und die Mühe des Kampfes.

Und in den Tugenden können nur die am meisten Fortschritte machen, welche gerade das, was ihnen am meisten Kampf und Widerstand verursacht, am heldenmütigsten zu überwinden streben.

Denn je mehr einer sich selbst besiegt und durch den Geist ertötet, desto mehr nimmt er an Tugend und Gnade zu.

4. Zwar haben nicht alle gleichviel zu überwinden und zu ertöten; wer aber mit ernstem Wett-

eifer nach Gottseligkeit strebt, wird rüstiger fortschreiten, wenn er auch mehr Leidenschaften zu

überwinden hat, als ein anderer, der eine bessere Gemütsart besitzt, aber mit wenigem Eifer der Tugend nachstrebt.

Zwei Dinge gibt es, die unsere Besserung besonders befördern helfen. Das erste ist: sich mit Gewalt von dem losreißen, wozu die Natur uns unordentlich hinreißen will. Das zweite: mit standhaftem Eifer dem Guten nachstreben, an dem man den größten Mangel leidet.

Auch das, was dir an andern am meisten mißfällt, meide und überwinde du vor allem an dir selbst. Sei du überall nur darauf bedacht, im Guten gefördert zu werden. Siehst oder hörest du etwas Gutes an andern, so laß es dir ein erweckendes Beispiel sein, das dich zur Nachahmung anfeuere.

Wenn du aber etwas Tadelhaftes bemerkest, so hüte dich, es nachzutun; oder, wenn du es selbst schon getan hast, so bessere schnell deinen eignen Fehler (statt ihn an andern zu tadeln).

Denn wie dein Auge auf andere schaut, so schauen andere auf dich.

5. O! wie lieblich und angenehm ist es doch, eifrige und gottselige, wohlgesittete und zuchtliebende Brüder zu sehen!

Wie traurig und niederschlagend, solche zu sehen, die unordentlich wandeln und sich nicht überwinden, wozu sie berufen sind.

Wie schädlich ist's, das vernachlässigen, wozu wir durch Beruf und Vorsatz gebunden sind, und dagegen an unerlaubte Dinge sein Herz hängen!

6. Denke an deinen gefaßten Entschluß, und stelle dir das Bild des Gekreuzigten vor.

Da magst du wohl schamrot werden, wenn du in diesen Spiegel, in das Leben Jesu Christi schaust: daß du dich so wenig bemüht hast, ihm ähnlich zu werden, obwohl du schon lange den Weg Gottes erwählt hast.

Ein gottseliger Mensch, der sich mit Eifer und Andacht in dem heiligsten Leben und Leiden des Herrn übt, der wird darin alles überschwenglich finden, was ihm nützlich und unentbehrlich ist; er wird keine Ursache haben, außer Jesus etwas Besseres zu suchen.

O! wenn Jesus, der Gekreuzigte, in unserm Herzen lebte, wie bald und wie reichlich würden wir alles gelernt haben, was wir zu wissen nötig haben!

7. Ein eifriger, wahrhaft gottseliger Christ trägt alles, was ihm auferlegt wird, und nimmt alles auf sich, wie es kommt.

Ein nachlässiger und lauer Christ findet alles beschwerlich, und überall ist ihm zu enge, weil er den innern Trost nicht besitzt und den äußern nicht suchen darf, oder nicht finden kann.

Ein Frommer, der der Zucht aus der Schule läuft, läuft in sein Verderben hinein.

Wer immer nur den leichtern und weitern Weg aufsucht, dem wird es nirgends weit genug, sondern überall zu enge sein und nie an Druck fehlen, weil ihm bald dies, bald jenes mißfallen wird.

8. O! wie viele fromme, Gott ergebene Menschen gibt es, die viel rauhere Wege gehen und schweren Züchtigungen sich willig unterwerfen!

Sie kommen selten in Gesellschaft, abgeschieden und getrennt von Menschen (wenigstens von bessern), genießen schlechte Kost, decken sich mit grobem oder sehr geringem Kleide, müssen viel arbeiten, wenig sprechen, lange wachen, frühe aufstehen, beten lange und lesen oft, und halten sich streng an ihre Ordnung und Zucht.

Sieh' auf die verschiedenen Frommen des Alten und Neuen Bundes, männlichen und weiblichen Geschlechts (und den Herrn selbst), wie sie Nächte im Gebete durchwachten, und den Herrn mit heiligen Gesängen lobten.

Und noch hat Gott seine Stillen im Lande, die ihm eifrig dienen, Tag und Nacht.

Welche Schande wäre es für dich, wenn du in einer so heiligen Sache schläfrig bleiben könntest, wo so viele fromme Seelen Gott eifrig zu preisen sich bestreben!

9. O! hättest du doch nichts andres zu tun als den Herrn, unsern Gott, mit Mund und Herzen zu loben.

O! möchtest du nie des Essens, des Trinkens und des Schlafens bedürfen, könntest du immer nur Gott loben und dein Leben nur geistigen Übungen widmen; wie viel seliger würdest du sein, als jetzt, da du nur dem Fleische dienst, und dessen verschiedene Bedürfnisse befriedigst.

O! möchten sie gar nicht sein, diese Bedürfnisse des Fleisches! Möchten wir doch immer nur unsern Geist nähren, und unsere Seele erquicken dürfen! Aber ach! dieser selige Genuß wird uns so selten zuteil.

10. Wenn es der Mensch einmal so weit bringt, daß er seinen Trost nicht mehr bei den armen Kreaturen betteln muß, dann, dann fängt er erst recht an, die Freundlichkeit Gottes zu schmecken; dann ist er in sich selbst (weil Gott in ihm ist)

ORATIO
MEDITATIO

vollkommen vergnügt und befriedigt; unbekümmert, wie es draußen gehen oder stehen mag.

Dann wird ihn nichts Großes erfreuen und nichts Kleines traurig machen können; denn er hat sich ganz und zuversichtlich in Gott hinein versetzt, der ihm nun alles in allem ist, dem nichts verderben noch sterben kann, dem alle Dinge leben und auf jeden Wink unverweilt gehorchen müssen.

11. Denk' immer an das Ende, und daß verlorne Zeit verloren ist — unwiederbringlich.

Ohne Eifer und Fleiß wirst du keine Tugend erlangen.

Sobald du anfängst zu erkalten, sobald fängst du auch an elend zu sein.

Wenn du aber das Feuer des Eifers gleich brennend unterhältst, wirst du großen Frieden finden, und alle Mühe erleichtert fühlen; denn die Gnade Gottes und Lust und Liebe zur Tugend machen alles leicht.

Ein eifriger und fleißiger Mensch ist zu allem rüstig und bereit.

Den Lastern und Leidenschaften Widerstand leisten, ist ein schweres Stück Arbeit; schwerer, als ununterbrochen die schwerste Handarbeit treiben.

Wer geringe Fehler nicht achtet, wird bald in große fallen.

Freude wird jedesmal dein Abendbrot sein, wenn du den Tag nützlich zugebracht hast.

Wache über dich selbst; wecke dich selbst auf;

ermahne dich selbst; und wie es auch immer mit andern geht, versäume du nur dich selbst nicht.

Du wirst nur so weit im Guten fortschreiten, als du dir selbst Gewalt antust.

Was fehlt mir noch?

Nicht mehr als alles — ganz anders muß es mit dir werden! Oder bist du, wie es dieses Kapitel — wie es die Schrift selbst fordert? Hast du es schon ergriffen? bist du schon vollkommen? (Phil. 3, 12). Kannst du vor dem Flammenauge stehen? hast du die erste Liebe nicht verlassen? oder je gehabt? (Offb. 1, 14. 2, 4). Bist du durch und durch geheiligt? gewaschen? (1. Thess. 5, 23; Ps. 51, 9; Jes. 4, 4; Hebr. 10, 22; Offb. 7, 14). Viele waschen ihren ganzen Leib täglich — aber die Seele? O möchten alle so viel halten auf die Reinigung und Gesundheit der Seele, als sie auf die Gesundheit und Reinlichkeit des Leibes und der Kleider halten! Wie rein wären die Herzen, Gott zu schauen (Matth. 5, 20. 18, 3).

Auswendig haßt man alle Flecken,
Inwendig bleibt der Unflat stecken.
Räum' aus dein Herz und halt es rein,
Der Himmelskönig will hinein.

Zweites Buch.

Ermahnungen,
die uns in uns selbst hineinweisen.

Zweites Buch.

Das 1. Hauptstück.

Christus in uns.

Das Reich Gottes ist in euch! spricht der Herr (Lukas 17, 21). Wende dich also von ganzem Herzen zu dem Herrn, und verlaß diese elende Welt, so wird deine Seele Ruhe finden.

Lerne das Äußere verschmähen, und gib dich ganz dem Innern hin, so wirst du das Reich Gottes in dein Herz kommen sehen.

Denn das Reich Gottes ist Friede und Freude im Heiligen Geiste (Röm. 14, 17), welcher den Gottlosen nicht gegeben werden kann.

Christus wird zu dir kommen und dir seinen Trost mitteilen, wenn du ihm in deinem Inwendigen eine würdige Wohnung bereitest.

Inwendig, inwendig ist all seine Herrlichkeit und Schönheit zu finden; inwendig, inwendig hat er seine Lust zu bleiben.

Einen innigen Menschen, der in seinem Herzen zu Hause ist, pflegt Jesus oft heimzusuchen, freundlich sich mit ihm zu unterhalten, ihn lieblich zu trösten, ihn mit Friede zu erfüllen, und so vertraulich mit ihm umzugehen, daß man sich nicht genug darüber verwundern kann.

2. Wohlan, treue Seele! bereite diesem Bräutigam dein Herz, denn er will sich zu dir herablassen, will zu dir kommen und in dir wohnen, wie er selbst spricht (Joh. 14, 23): Wer mich liebet, der hält mein Wort, und mein Vater wird ihn lieben, und wir werden zu ihm kommen und Wohnung bei ihm machen.

So mache denn Christo Platz in deinem Herzen, und versage allen übrigen Dingen den Eingang in dasselbe.

Wenn du Christum in dir hast, so bist du reich und bedarfst nichts weiteres.

Er wird dein Versorger und in allem dein treuer Sachwalter sein, daß du nicht nötig haben wirst, auf Menschen zu bauen; denn die Menschen sind sehr veränderlich, und schnell dahin.

Christus aber bleibt ewig und hält fest als dein treuester Freund bis ans Ende.

3. Der Mensch ist brechlich und sterblich; setze kein großes Vertrauen auf ihn, wenn er dir auch noch so lieb und nützlich wäre.

Auch mußt du dich nicht sehr betrüben, wenn dir bisweilen ein Mensch widerspricht und entgegenarbeitet.

Es sei dir vielmehr eine ausgemachte Sache: Die heute für dich sind, können morgen wider dich sein, aber auch umgekehrt: Denn die Menschen ändern sich wie der Wind.

Setze du dein ganzes Vertrauen auf Gott. Er sei deine Furcht und deine Liebe.

Gegrüßet seiest du, der Juden König!

Er wird für dich stehen und antworten; er wird alles wohl machen, wie es für dich am besten ist.

Du hast hier ja doch keine bleibende Stätte, und bist hier, wo du immer sein magst, doch nur ein Fremdling und Pilger und wirst niemals und nirgends Ruhe finden, wenn du dich nicht innigst mit Christo vereinigest.

4. Was schaust du hier viel umher? Hier ist nicht das Land der Ruhe für dich.

Im Himmlischen suche Ruhe, dort findest du sie.

Alle irdischen Dinge sollst du nur im Vorbeigehen ansehen (kaum eines Blickes würdigen).

Alle Dinge vergehen, und auch du mit ihnen.

Sieh' zu, daß du dich nicht daran hängest, damit du nicht davon eingenommen und gefangen werdest und mit zugrunde gehest.

Zu Gott, dem Allerhöchsten, erhebe stets deine Gedanken, und zu Christus wende dich im Gebete ohne Unterlaß.

Kannst du nicht hohe und himmlische Dinge erforschen, so suche viel lieber deine Ruhe im Leiden Christi, und baue dir eine Wohnung in seinen heiligen Wunden.

Denn, wenn du zu den köstlichen Wunden und Leidensmalen Jesu Christi mit inniger Andacht deine Zuflucht nimmst, so wirst du darin in allen Leiden und Anfechtungen große Stärke finden; wirst um die Schmähungen der Menschen dich wenig mehr kümmern, und die Lästerworte der Verleumder leicht ertragen.

5. War doch selbst Christus in der Welt von den Menschen verschmäht und in seiner größten Not unter Spott und Lästerungen von seinen Bekannten und Freunden verlassen.

Christus wollte leiden und verschmäht werden; und du wagst es, dich darüber zu beklagen?

Christus hatte seine Widersacher und Widersprecher; und du willst alle Menschen zu Freunden und Wohltätern haben?

Wofür sollte denn deine Geduld gekrönt werden, wenn sie nicht dulden will oder ihr keine Widerwärtigkeit begegnen darf?

Wenn du nichts Widriges leiden willst, wie kannst du denn ein Freund Christi sein?

Dulde also mit Christus und für Christus, wenn du mit Christo herrschen willst (Röm. 8, 19).

6. Wärest du einmal vollkommen eingegangen in das Allerinnerste Jesu und hättest du nur ein Fünklein von seiner brennenden Liebe geschmeckt, o! dann würde dir ein eigner Vorteil oder Nachteil nicht mehr am Herzen liegen.

Du würdest dich vielmehr freuen (um Christi willen) geschmäht und gelästert zu werden; denn die Liebe zu Jesus macht, daß der Mensch sich selbst verschmäht.

Ein wahrer Liebhaber Jesu (und der Wahrheit) und ein recht inniger Mensch ist frei von allen unordentlichen Neigungen und kann sich daher ungehindert zu Gott wenden, ja er kann sich über sich selbst erheben im Geiste und eine heilbringende Ruhe genießen.

7. Wahrhaft weise und von Gott, nicht von Menschen, gelehrt ist nur der, welcher allen Dingen gleich abfühlt, wie und was sie sind, ohne darauf zu achten, was andere davon halten oder sagen.

Wer in sich, innerlich, zu leben gelernt hat und den Wert der Dinge nicht nach dem äußern Schein beurteilt, der fragt nach keinem besondern Orte und wartet nicht auf gelegnere Zeiten, um die Übungen der Gottseligkeit vorzunehmen.

Ein inniger Mensch sammelt sich schnell wieder, weil er sich nie so ganz verliert in das Äußere. (Wer nicht weit ausgeht, hat nicht weit heim.)

Äußerliche Arbeiten und die von Zeit zu Zeit notwendigen Beschäftigungen hindern ihn nicht (in seinem innern Umgange mit Gott).

Denn wie die Dinge an ihn kommen, so weiß er sich in sie zu schicken.

Wer im innern Wandel festen Fuß gefaßt und eine rechte Hausordnung in sich eingeführt hat, der richtet sich nach den elenden und verkehrten Bewegungen der Menschen (oder nach ihren Komplimenten) nicht.

Der Mensch wird nur zerstört und zerstreut, wenn er die Dinge in sein Herz aufnimmt.

8. Wenn es mit dir recht stünde und du wohl geläutert wärest, so würde dir alles zum Besten und zum Fortgange dienen.

Nur deshalb mißfallen dir so viele Dinge und

bringen dich oft aus der Fassung, weil du dir selbst noch nicht vollkommen gestorben bist und noch nicht allem Irdischen Abschied gegeben hast.

Nichts befleckt und verwickelt das Herz des Menschen so sehr, als die unlautere Liebe und Anhänglichkeit an die Geschöpfe.

Wenn du auf äußere Tröstungen Verzicht tun kannst, so wirst du himmlische Dinge schauen und innerlich oft bis zur Jubelfreude dich beseligt fühlen.

Der Herzensfreund.

Kehre ein! kehre ein in dein Herz, es wartet ein Freund deiner drinnen, der nicht höher, besser und erwünschter sein könnte, er will in dir wohnen und wandeln, er will dein alles sein. Ohne ihn kannst du nichts, mit ihm alles. Willst du Weisheit? Er ist deine Weisheit; willst du Gerechtigkeit? Er ist deine Gerechtigkeit; willst du Heiligung? Er ist deine Heiligung; willst du Erlösung? Er ist deine Erlösung — deine Auferstehung und dein ewiges Leben. Warum irrst du außer dir ohne ihn umher? suchst Ruhe und findest sie nicht. Was du immer auswendig suchen magst, es sei Reichtum, Ehre, Lust und Freude, oder was es sei — das findest du alles besser und schöner und reichlicher in dir, wenn du Jesum in deinem Herzen hast. Diese Inwohnung Jesu ist das Geheimnis aller Geheimnisse, in dem alle Schätze der Weisheit und Erkenntnis verborgen liegen (Kol. 1, 27. 2, 2. 3; Eph. 3, 17; Joh. 6, 56. 15, 4. rc.).

Sieh, Jesus wartet deiner drinnen,
Und du läufst aus mit deinen Sinnen.
Ach, laß ihn nicht alleine stehen,
Kehr ein, er möchte weiter gehen.

Das 2. Hauptstück.

Demut unterwirft sich gern.

Laß dir nur das nicht so sehr zu Herzen gehen, ob ein Mensch (sei er wer er wolle) für dich oder wider dich sei; sondern darauf sei dein Tun und dein Sorgen gerichtet, daß Gott auf deiner Seite sei, in allem, was du tust.

Bewahre du nur immer ein gutes Gewissen, so wird Gott schon dein Verteidiger sein.

Denn wem Gott helfen will, dem kann auch die verkehrteste Verkehrtheit nichts schaden.

Wenn du schweigen und leiden kannst, so wird dir die Hilfe des Herrn nicht ausbleiben.

Du wirst's sehen, er weiß am besten Zeit und Weise, wann und wie dir zu helfen sei.

Darum überlaß du dich nur ihm.

Denn helfen und aus aller Not befreien, das ist Gottes Sache.

2. Um in der Demut befördert zu werden, ist es sehr nützlich und heilsam, daß unsere Gebrechen andern bekannt und von ihnen gestraft werden.

Wenn der Mensch seiner Fehler wegen sich demütigt, besänftigt er andere leicht und leistet auf beste Weise Genugtuung denen, die über ihn zürnen.

Den Demütigen schützt und rettet Gott; den Demütigen liebt und tröstet er; zu dem Demütigen neigt er sich hin; dem Demütigen schenkt er große Gnade, und nach der Unterdrückung erhebt er ihn zu großer Herrlichkeit.

Dem Demütigen offenbart er seine Geheimnisse und ladet und ziehet ihn freundlich zu sich.

Der Demütige kann auch bei Schmach und Verachtung den Frieden wohl bewahren; denn Gott ist sein Grund, auf dem er steht, nicht die Welt.

Glaube doch nicht, daß du im Guten Fortschritte gemacht habest, wenn du dich nicht als den Geringsten aller Geringen fühlst.

Das Leichteste und Schwerste.

Kinder können's — Männer nicht. Was uns, weil wir so große Sünder und so abhängig von Gott sind, das Leichteste und das Natürlichste sein soll, wird uns das Schwerste — die Demut, die Unterwerfung und Beugung vor Gott und Menschen. Christus mußte ein Kind nehmen und es seinen hoffärtigen Jüngern zum Muster vorstellen und es ihnen zur Bedingnis machen, so wie ein Kind zu werden, wenn sie in das Reich Gottes eingehen wollten. Also Kinder können es, und Männer lernen es schwer und sterben wohl, ehe sie es ganz gelernt haben, nichts zu sein und auch nichts scheinen zu wollen. Denn mancher demütigt sich wohl vor Gott und vor sich selbst, aber nicht vor andern, oder kann sich doch nicht von andern demütigen lassen. Das kostet Gebet und unverwandten Glaubensblick auf Christum, den Demütigsten (Hebr. 12, 2. 3; Luk. 22, 24—27; Matth. 18, 1—4. 20, 23—28; Phil. 2, 3; 1. Petr. 5, 5).

Gott nahm die Menschheit an auf Erden,
Doch wollt Er Kind und Knecht hier werden.
Durch Demut, Kindlichkeit allein
Kannst du mit Gott vereinigt sein.

Das 3. Hauptstück.

Von guten und friedfertigen Menschen.

Trachte du zuerst, den Frieden in dir selbst zu besitzen, dann magst du auch bei andern Frieden stiften.

Ein Mensch, der den Frieden in sich hat und in andern herstellt, ist nützlicher, als ein großer Gelehrter.

Ein leidenschaftlicher Mensch verkehrt auch das Gute zum Bösen und glaubt immer lieber das Böse.

Ein guter und friedfertiger Mensch deutet und lenket alles zum Guten.

Wer fest im innern Frieden steht, ist arglos, denkt von keinem Arges.

Wer aber in sich selbst unzufrieden und stürmisch ist, der wird von mancherlei argwöhnischen Gedanken hin und her gejagt und läßt weder sich noch andern Ruhe.

Er sagt und tut oft, was er nicht sagen und nicht tun sollte, und unterläßt dann wieder, was er zu seinem eignen Vorteil tun sollte.

Er sieht nur auf das, was andere tun sollten, und vernachlässigt dabei, was er tun müßte.

2. Dein Eifer fange daher zuerst bei dir selbst an; dann mag er sich auch mit allem Rechte zu deinem Nächsten wenden.

Deine Handlungen weißt du alle so gut zu entschuldigen und ihnen eine so schöne Farbe zu geben, und die Enschuldigungen anderer willst du gar nicht gelten lassen.

Besser und billiger wäre es, daß du dich selbst anklagtest und deine Brüder entschuldigtest.

Du willst, daß man dich tragen soll; so trage du auch andere.

Sieh' doch, wie weit du noch entfernt bist von der wahren Liebe und Demut, die über keinen Menschen zürnen oder unwillig werden kann, als über einen — über sich selbst.

3. Das ist nichts Großes, mit guten und sanftmütigen Menschen gern umgehen; denn das ist allen von Natur aus leicht und angenehm.

Das hat jeder gern, daß man ihn in seiner Ruhe nicht störe, und jedermann liebt die, welche ihm immer recht geben, mehr als andere.

Aber mit harten und verkehrten, mit zuchtlosen Menschen oder mit denen, die uns immer widersprechen, in Frieden leben können, das ist eine große Gnade, das ist löblich, männlich und groß.

4. Es gibt Menschen, die den Frieden in sich und den Frieden mit andern zu erhalten wissen.

Es gibt aber auch solche (Un-)Menschen, die weder sich selbst den Frieden gönnen, noch andere in Frieden lassen.

Sie sind andern lästig, sich selbst aber noch mehr.

Endlich gibt es auch Menschen, die in sich den Frieden bewahren und in andern den Frieden wieder herzustellen suchen.

Doch was ist all unser Friede in diesem elenden Leben; — mehr ein demütiges Tragen und Dulden, als ein Nichtempfinden des Widerwärtigen.

Wo ist der neugeborene König der Juden?
Wir haben seinen Stern gesehen im Morgenland,
und sind gekommen, ihn anzubeten.

Je besser einer leiden gelernt hat, desto größern Frieden besitzt er; und der ist dann ein Überwinder seiner selbst, ein Herr über die Welt, ein Freund Christi und ein Erbe des Himmels.

Der Friedensthron.

Dein Geist soll noch auf dieser Erden.
Ein Friedensthron der Gottheit werden
Denk doch, wie still, wie sanft und rein,
Wie eins mit Christo mußt du sein!

Ist Christus, der Friedensfürst, in dir, so ist der göttliche Friedensthron bald fertig und das Reich des Friedens in dir aufgerichtet. Ohne Christus, den König des Friedens, den Überwinder aller Feinde und aller Friedensstörer in und außer uns, kann kein Friede in und außer uns bestehen. Er, nur Er ist unser Friede. Nur der hat und hält Frieden mit sich, mit Gott und mit andern, welchem Christus den Frieden gibt und erhält. Darum wende dich zu ihm, halte dich an ihn, bleibe in ihm, so bleibet Friede, das Friedensreich und Friedensregiment in dir (Matth. 5, 9; Eph. 2, 14; Kol. 2, 15; Joh. 14, 27; Röm. 12, 18; Hebr. 12, 14).

Mensch, suchst du Ruhe, laß dein Treiben,
Wer Ruhe sucht, muß ruhig bleiben;
Laß eignes Wollen, eignes Tun,
Und halt Gott still, so kannst du ruhn.

Das 4. Hauptstück.

Rein sei dein Herz und einfältig dein Auge.

Zwei Flügel sind es, auf denen der Mensch über das Irdische sich erheben kann, Einfalt und

Reinheit; Einfalt in der Absicht, Reinheit in der Liebe oder Neigung.

Einfalt suchet Gott; Reinheit ergreift und genießt ihn.

Keine gute (äußere) Handlung kann dich (im Genusse Gottes) stören, wenn du innerlich frei bist von ungeordneten Neigungen.

Frei in deinem Innern bist du nur dann, wenn du nichts anders suchest und im Sinn hast, als Gott zu gefallen und deinem Nächsten zu nützen.

2. Wäre dein Herz ohne Falsch, dann würde dir ein jedes Geschöpf ein Spiegel des Lebens und ein Buch heiliger Lehre sein (du würdest überall Gott schauen und überall Gottes Wort lesen können).

Denn es ist kein Geschöpf so klein und unbedeutend, daß sich nicht die Güte Gottes darin spiegelte und darstellte.

Wärest du innerlich gut und rein, dann würdest du alles leicht sehen und wohl verstehen.

Ein reines Herz durchdringt Himmel und Hölle (mit seinem hellen Blicke).

Wie jeder in seinem Innern ist, so ist sein Urteil über äußere Dinge.

Ist irgend eine wahre Freude in der Welt, so ist sie gewiß nirgends anders, als in einem reinen Herzen zu finden.

Und ist irgendwo Plage und Angst, so weiß es gewiß niemand besser, als ein böses Gewissen.

3. Wie das Eisen im Feuer den Rost verliert, und durch und durch glühend wird, so wird ein

Mensch, der sich ganz zu Gott wendet, von allen Schlacken der Sünde gereinigt und in einen neuen Menschen verwandelt.

Wenn der Mensch anfängt lau zu werden, so scheut er jede geringe Mühe, und jede äußere Tröstung ist ihm willkommen.

Aber wenn er einmal anfängt, sich vollkommen zu besiegen und auf dem Wege Gottes zu wandeln, dann achtet er das für leicht oder gar nichts, was ihm vorher eine unerträgliche Last schien.

Klein und rein — wie Tautröpflein.

Die Unschuld war im Stall geboren,
Sie — die im Paradies verloren.
Soll sie in dir geboren sein,
Werd auch einfältig, klein und rein.

Die Sonne spiegelt sich im kleinen Tautröpflein, weil es rein und klar ist, und nicht im großen Meer, weil es unruhig ist und Unflat ausschäumt. Wem gleicht dein Herz? ist es klein und rein, klar und helle, wie ein Tautröpflein, durch Glaube und Liebe, durch Demut und Einfalt, so spiegelt sich gewiß die Sonne der Gerechtigkeit, Christus in dir ab, und schaut aus dir heraus, wie die große Sonne aus dem kleinen Tröpflein. Ist dein Herz dem ungestümen, unruhigen Meer ähnlich, so bist du finster, wüst und leer, ohne Gott, ohne Christus, ohne Licht und Leben.

Gott, Christus liebt, herzt, segnet das Kleine und Lautere, sieht an das Niedrige und Einfältige, erwählt, was da verachtet und nichts ist, auf daß er zu schanden mache, was groß und etwas sein will (Matth. 18, 3; Mark. 10, 16; Luk. 1, 48; 1. Kor. 1, 27. 5, 8; 2. Kor. 11, 3; Matth. 6, 22. 5, 8).

Das 5. Hauptstück.

Habe acht auf dich selbst.

Wir dürfen uns selbst nicht zu viel trauen, denn gar oft fehlt uns die Gnade und der (reine, göttliche) Sinn.

Nur ein kleines Fünklein Licht ist in uns, und dies verlieren wir oft schnell durch unsre Nachlässigkeit (weil wir es nicht sorgfältig pflegen).

Oft bemerken wir es nicht einmal, daß wir in unserm Innern so gar blind sind.

Oft handeln wir schlecht und machen die schlechte Tat noch schlechter, indem wir sie entschuldigen.

Oft ist es bloß Leidenschaft, was uns inwendig so sehr treibt, und wir halten es für göttlichen Eifer.

Kleine Fehler strafen wir an andern sehr scharf, uns selbst übersehen wir große Laster.

Nur zu schnell fühlen wir, was wir von andern zu leiden haben, und wissen es sehr hoch anzurechnen; was aber andere von uns zu leiden haben, bringen wir gar nicht in Anschlag.

Wer auf sich selbst acht hat, und seine Handlungen immer auf der Wage der Gerechtigkeit abwiegt, der wird weder Zeit noch Ursache finden, andere hart zu richten.

2. Ein inniger Mensch setzt die Sorge für sich selbst allen andern Sorgen vor; und wer auf sich ein wachsames Auge hat, der kann leicht von andern schweigen.

Du wirst nie ein innerlicher, gottseliger Mensch werden, wenn du nicht von andern schweigen lernest und dein Auge ganz besonders auf dich selber richtest.

Wenn du nur dich selbst und Gott allein im Auge behältst, dann wird das, was du außer dir wahrnimmst, keinen großen Eindruck auf dich machen.

Wo bist du denn, wenn du nicht in dir — dir selbst nicht gegenwärtig bist?

Und wenn du nun alles durchlaufen und dich selbst darüber vernachlässigt hast, was hilft es dir?

Wenn du den Frieden und die wahre Vereinigung (mit Gott) erlangen willst, mußt du alles, was dich nicht angeht, fahren lassen, Gott allein im Auge behalten und dich selbst immer bewachen.

3. Du wirst sehr zunehmen, wenn du dich von allen zeitlichen Sorgen scheidest und geschieden erhältst.

Du wirst aber sehr abnehmen und zurückkommen, wenn dir etwas Zeitliches am Herzen liegt.

Nichts sei in deinem Auge erhaben, nichts groß, nichts anziehend, nichts lieblich, als Gott allein und was aus Gott ist.

Eitel sei dir alles, was dir immer irgend ein Geschöpf zum Troste darreicht.

Eine Gott liebende Seele verschmäht alles, um Gott ganz allein zu besitzen (Phil. 3, 8).

Gott, der Ewige und Unermeßliche, der Alleserfüllende, ist allein der wahre Trost der Seele, allein die wahre Freude des Herzens (Ps. 73, 25).

Vergiß dich selber nicht.

Willst du alles rein und recht haben, so kehre und fege zuerst vor deiner Tür, ehe du in des Nachbars Haus gehst, um bei ihm aufzuräumen. Warum bleibst du in dem Kote stecken, aus welchem du deinen Bruder herausziehen willst? Warum siehst du den Splitter in seinem Auge, und dein Balken drückt dich nicht? — O! wir hätten alle genug mit uns selbst zu tun, genug auf uns selbst acht zu haben. Wir haben an den zwei Augen lange nicht genug für uns selbst und müssen uns noch andere, bessere, hellere, unparteiischere ausbitten von dem, der Augensalbe und erleuchtete Augen verspricht und gibt, wenn wir bitten, um uns selbst recht zu beobachten und zu erkennen (1. Tim. 4, 16; Apg. 20, 28; Matth. 7, 3; Eph. 1, 18; Offb. 3, 18).

Wer andre will und soll erbauen,
Muß viel in seinen Busen schauen;
Pflanz' selber in dein Herz zuvor
Das, was du andern bringst ins Ohr.

Das 6. Hauptstück.

Die Freude eines guten Gewissens.

Der Ruhm eines guten Menschen ist das Zeugnis eines guten Gewissens (2. Kor. 1, 12).

Bewahre immer ein gutes Gewissen, und du wirst immer Freude haben.

Ein gutes Gewissen kann sehr viel tragen und mitten in Widerwärtigkeiten sehr fröhlich sein.

Ein böses Gewissen ist voll Furcht und Unruhe.

Sanft kannst du ruhen, wenn dir dein Herz keine Vorwürfe macht.

Freue dich nie, als wenn du Gutes getan hast.

Die Bösen haben keine wahre Freude, fühlen nicht den innern Frieden. Kein Friede den Gottlosen, spricht der Herr.

Und wenn sie auch sagen: „Wir haben Friede; uns kann es nicht böse ergehen; wer darf es wagen, uns zu schaden?", so glaub' es ihnen nicht: denn plötzlich bricht der Zorn Gottes los, und zu nichts werden ihre Taten und stolzen Gedanken.

2. Wer Liebe hat, kann sich auch leicht der Trübsale rühmen; denn sich also rühmen, heißt eigentlich sich des Kreuzes unsers Herrn rühmen.

Vergänglich ist die Ehre, die Menschen voneinander nehmen und einander geben.

Der Ehre der Welt folgt immer Traurigkeit auf dem Fuße nach.

Die Guten haben ihren Ruhm in ihrem Gewissen, nicht im Munde der Menschen.

Die Freude der Gerechten kommt von Gott und ist in Gott; sie freuen sich nur der Wahrheit.

Wer die wahre, ewige Ehre ernstlich sucht, der bekümmert sich nicht um die zeitliche.

Und wer noch zeitliche Ehre sucht oder nicht von ganzem Herzen verachtet, der verrät dadurch, daß ihm an der himmlischen wenig gelegen sei.

Große Ruhe des Herzens besitzt, wer weder Lob noch Tadel der Menschen achtet.

3. Wer ein ruhiges Gewissen hat, der ist mit allem zufrieden und leicht beruhigt.

Du wirst nicht heiliger, wenn man dich lobt, und nicht schlechter, wenn man dich schmäht.

Was du bist, das bist du. Und wenn dich die Menschen gleich groß nennen, so macht dich das doch nicht größer, als du in den Augen Gottes bist.

Wenn du darauf siehest, wie du inwendig in dir selbst bist, so wirst du dich wenig darum kümmern, was die Menschen äußerlich aus dir machen.

Der Mensch sieht in das Gesicht, Gott in das Herz (1. Sam. 16, 7); der Mensch betrachtet nur die Tat, Gott wiegt die Absicht.

Immer recht tun, dabei gering von sich denken, ist ein sicherer Beweis einer demütigen Seele.

Keinen Trost von Geschöpfen betteln, ist ein Zeichen großer Reinheit und innerer Zuversicht.

4. Wer kein Zeugnis von außen für sich sucht, beweist, daß er sich ganz Gott ergeben hat; denn

nicht der, welcher sich selbst lobt, ist bewährt, sondern der, welchen Gott lobt (2. Kor. 10, 18).

Innerlich mit Gott wandeln und sich durch keine Neigungen von außen gefangen nehmen lassen, das ist der rechte Zustand eines innern Menschen.

Wo ist Ruhe? wo ist Friede?

Im guten Gewissen? Wer hat ein gutes Gewissen? Keiner, wenn Gott Sünde zurechnet (Ps. 130, 3); und jeder, dem die Sünde vergeben und die Übertretung bedecket ist (Ps. 32, 1). Tue Buße und glaube an den Herrn Jesum Christum, so hast du ein gutes Gewissen und Frieden mit Gott. Dieser Friede schließt aber die innern Unruhen und Kämpfe nicht aus, welche Versuchungen und Geistesleiden verursachen; denn gerade ein geängstetes, zerbrochenes, zerknirschtes Herz ist ein Opfer, das Gott gefällt (Ps. 51, 19. 34, 19. 147; Jes. 66, 2).

„Unruhig", sagt Augustin, „ist mein Herz, bis es ruht in dir, mein Gott." Ein unruhiges Herz oder böses Gewissen, welches die Ruhe außer sich, in den Kreaturen sucht, findet keine Ruhe ewiglich. Wer den Frieden mit Gott nicht in sich findet, findet ihn nirgends. Das Herz mit bösem Gewissen ohne Gnade ist eine Hölle, dem ungestümen, aufgeregten Meere gleich. Das Herz des Begnadigten ist der Himmel, in dem Gott wohnt, da es heißt: Schmecket und sehet, wie freundlich der Herr ist (Ps. 34, 9; Apg. 24, 16; Hebr. 9, 10. 10, 22; 1. Tim. 3, 9. 4, 2. 1, 5. 19; 1. Petr. 3, 16. 21).

In Jesu hat 's Gesetz ein Ende,
Gewissensunruh, Furcht und Fluch.
Aus dir und allem dich hinwende,
Und still sein Herz im Herzen such'.

Das 7. Hauptstück.

Von der Liebe Jesu Christi.

Selig, wer da weiß, was es heißt, Jesum lieben und um Jesu willen sich selbst verschmähen.

Man muß das Liebste, um des Geliebten willen, verlassen; denn Jesus will allein und über alles geliebt sein.

Die Liebe zu den Geschöpfen ist trüglich und unstet; die Liebe Jesu aber ist treu und standhaft.

Wer sich an ein Geschöpf hängt, fällt mit dem hinfälligen Geschöpf.

Wer Jesum ergreift, steht ewig fest.

Ihn liebe, ihn suche stets zum Freunde zu haben; denn wenn alle dich verlassen, verläßt dich Jesus nicht. Und am Ende, wo alles vergeht, läßt er dich nicht verloren gehen.

Von allem übrigen mußt du dich einmal trennen, du magst wollen oder nicht.

2. Halte dich an Jesus im Leben und im Sterben und überlaß dich seiner Treue; denn wenn alle menschliche Hilfe aufhört, kann er allein dir noch helfen.

Dein Geliebter ist von der Art, daß er deine Liebe mit keinem andern teilen will; er will dein Herz allein für sich haben und darin wie ein König auf seinem eignen Throne Alleinherrscher sein.

O! wenn du dich von allen Geschöpfen ganz ausleeren könntest, wie gern würde er in dir wohnen.

Du wirst sehen, daß alles lauter Verlust ist, was du außer Jesu auf Menschen bauest.

Vertraue nicht und stütze dich nicht auf ein Schilfrohr, das von jedem Winde schwanket; denn alles Fleisch ist Heu, und alle Herrlichkeit des Fleisches fällt wie eine Heublume dahin (Jesaj. 40, 6. 8).

Du wirst leicht betrogen, wenn du bei den

Menschen nur auf das schaust, was sie von außen scheinen.

Wenn du bei andern nur Trost und Gewinn für dich suchst, so wirst du meistenteils dafür Verlust und Schaden finden.

Wenn du in allem nur Jesum suchst, so wirst du auch Jesum in allem finden.

Suchst du aber nur dich selbst, so wirst du dich selbst wohl auch finden, aber zu deinem Verderben.

Denn wer Jesum nicht sucht, schadet sich selbst ungleich mehr, als die ganze Welt und alle seine Feinde ihm schaden könnten.

Das Süßeste, Seligste und Köstlichste.

Was geht über die Liebe Jesu?

Ihn lieben ist der Seele Leben,
Ihn lieben ist der Sünde Tod,
Lieb' Ihn — doch liebe nichts daneben,
Sonst schmeckst du nicht das Himmelsbrot.

Jesum lieben nur allein
Ist so viel als selig sein.

Jesu Liebe macht die Zeit
Gleich der süßen Ewigkeit.

Wir wollen lieben und geliebt werden. Dieses Bedürfnis befriedigt allein die Liebe Jesu, der uns zuvor geliebet hat, ewig lieben wird und uns nicht genommen werden kann. Die Menschen der Welt hängen sich an vergängliche Kreaturen, die ihnen entfliehen und genommen werden: dadurch entfernen sie sich immer mehr von der Quelle der wahren Liebe, der unendlichen Liebe.

Wer aber Jesum liebt, sucht ihm ähnlich zu werden, die Liebe bildet sich gern nach dem Geliebten, sie will in demselben Maße lieben, womit sie geliebt wird, sie will ihn unermeßlich lieben, will so gesinnt sein, wie er gesinnt war (Phil. 2, 5; 1. Joh. 4, 19; Joh. 14, 21. 15, 10).

Das 8. Hauptstück.

Vertraulicher Umgang mit Jesu.

Wenn Jesu dir nahe ist, so ist alles gut und alles Schwere leicht.

Wenn aber Jesus nicht bei dir ist, so ist alles hart und schwer.

Wenn Jesus im Innern sich nicht hören läßt, so schlägt kein Trost an.

Wenn Jesus nur ein Wort (in die Seele) spricht, so fühlt man sich reichlich getröstet.

Stand nicht Maria sogleich auf von der Stelle, da sie weinte, als ihr Martha sagte: der Meister ist da und ruft dich?

Glückliche Stunde, wenn Jesus ruft von den Tränen zur Geistesfreude!

Wie bist du so trocken und hart, wenn Jesus nicht bei dir ist.

Wie töricht und eitel bist du, wenn du etwas außer Jesus suchst.

Jesum nicht haben, Jesum nicht suchen, ist ein größerer Schaden, als wenn du die ganze Welt verloren hättest.

2. Was kann dir denn die Welt geben ohne Jesus?

Ohne Jesus sein, ist ein Höllenleben. Mit Jesus umgehen, ist ein Paradies voll süßer Freude.

Wenn Jesus bei dir ist, kann dir kein Feind schaden.

Wer Jesum findet, hat einen köstlichen Schatz gefunden, hat das Gut aller Güter gefunden.

Wer Jesum verliert, der hat zu viel verloren, mehr als die ganze Welt.

Der Ärmste aller Armen ist der, der ohne Jesus lebt; der Reichste aller Reichen, wer mit Jesu vertraulich umgeht.

3. Es ist eine große Kunst, mit Jesu umzugehen wissen, und eine große Weisheit, die Nähe Jesu zu bewahren.

Sei du nur demütig und friedsam, so wird Jesus gewiß bei dir sein.

Sei innig und stille, so wird Jesus auch bei dir bleiben.

Du kannst Jesum schnell aus dir vertreiben und seine Gnade verlieren, du darfst dich nur zu äußerlichen Dingen wenden.

Und wenn du Jesum vertrieben und verloren hast, zu wem willst du dann deine Zuflucht nehmen? Wo wirst du wieder einen solchen Freund finden?

Ohne Freund kannst du doch nicht leben, und wenn Jesus dir nicht vor allen der liebste Freund ist, so wirst du nur zu traurig und trostlos sein. Du handelst also sehr töricht, wenn du auf etwas anderes dein Vertrauen und deine Freude gründest, als auf Jesum.

„Aber Ich habe meinen König eingesetzt auf meinen heiligen Berg Zion."

Ich will von der Weise predigen, daß der Herr zu mir gesagt hat: „Du bist mein Sohn, heute habe ich dich gezeuget."

Psalm 2, 6. 7.

4. Man soll lieber die ganze Welt zum Feinde haben wollen, als Jesum beleidigen.

Aus allen deinen Lieben soll dir Jesus der Liebste sein. Alle müssen um Jesu willen geliebt werden; Jesus aber um seiner selbst willen.

Jesus Christus verdient vor allen allein und besonders geliebt zu werden, weil er allein, vor allen andern gut und treu erfunden worden.

Um seinetwillen und in ihm müssen dir aber auch alle Freunde und Feinde lieb sein. Für alle sollst du zu ihm beten, daß ihn alle erkennen und lieben lernen.

5. Laß die selbstsüchtige Begierde, vor andern gelobt und geliebt zu werden, nie in deinem Herzen aufkommen, denn das gebührt nur Gott, der seinesgleichen nicht hat.

Du sollst auch nicht wünschen, daß du irgend eines Menschen Herz (wie ein Abgott) einnehmest und besitzest, noch daß dein Herz von der Anhänglichkeit an einen andern eingenommen und besessen werde.

Jesus, Jesus, nichts als Jesus, wohne in dir und in jedem guten Menschen.

Sei rein und frei in deinem Innern, ohne dich an ein Geschöpf zu hängen.

Du mußt dein Herz nackt und rein zu Gott erheben, wenn du erfahren und schauen willst, wie freundlich der Herr ist.

6. Und dahin wirst du gewiß nicht kommen, wenn dir nicht seine Gnade zuvorkommt und dich

einwärts zieht, damit du, von allen Dingen ausgeleert und losgerissen, dich einzig mit dem Einzigen vereinigen mögest.

Denn wenn Gottes Gnade einem Menschen zuteil wird, so kann er alles; weicht sie aber wieder von ihm, dann ist er wieder der arme, elende Mensch und gleichsam wie verlassen und preisgegeben, um von allen Seiten gegeißelt zu werden.

Wenn es mit dir dahin kommt, so werde deshalb nicht mutlos und verzweifle nicht, sondern vielmehr halte dich mit unveränderlichem Mute zu jedem Willen Gottes bereit; und was immer über dich kommen mag, das trage zur Ehre Jesu. Denn auf den Winter folgt der Frühling; wenn die Nacht vorüber ist, kehrt der helle Tag zurück, und nach stürmischem Wetter erscheint der heitere Himmel.

Die beste Gesellschaft.

Liebst du Besuch — Gesellschaft — Umgang? Es bietet sich dir einer an, des Name über alle Namen ist; der beständig in dir wohnen und bei dir bleiben will. Er sucht deinen Umgang, deine Gesellschaft, deine Herzensfreundschaft. Ohne Herzensfreund kann, wer ein Herz hat, nicht leben. Und im Herzen ist und wohnt keiner als Jesus. Er verdient also diesen Namen ganz allein.

„Bleibet in mir, so bleibe ich in euch.“ Damit hat er Herzensfreundschaft mit uns gestiftet, die keiner treuer hält als Er. „Er bleibt alle Tage bei uns, bis ans Ende.“ O daß wir im Umgange mit ihm, im Bleiben in ihm so treu wären wie Er! Welche heilige, selige Gemeinschaft wäre dieses! (Joh. 14, 15, 1—14; Matth. 28, 20).

Wo läufst du hin zu eitlen Dingen?
Wie kannst du's übers Herze bringen,
Daß du läßt deinen Freund allein?
Er will so gern mit dir umgehen,
Sollst du ihn denn nicht auch ansehen?
Er ist dir nah, kehr nur hinein!

Das 9. Hauptstück.

Von der Trostlosigkeit.

Es ist nicht schwer, den menschlichen Trost verschmähen, solange man von Gott getröstet ist.

Aber das ist groß, sehr groß, des menschlichen und des göttlichen Trostes zugleich entbehren können und um der göttlichen Ehre willen die völlige Entblößung, wo aller Trost aus dem Herzen wie verbannt ist, willig tragen, sich selbst in keinem Dinge suchen noch auf eigenes Verdienst Rechnung machen.

Was ist es denn Großes, wenn du freudig und innig sein kannst, solange du das sanfte Wehen der Gnade fühlst? Solche Gnadenstunden haben alle gern.

Lieblich und sanft fährt man dahin, wenn einen die Gnade Gottes auf ihren Flügeln trägt.

Es ist auch kein Wunder (und doch —!), daß man die Last nicht fühlt, wenn man von dem Allmächtigen auf den Händen getragen und von dem höchsten Führer geführt wird.

2. Wir entsagen nicht freiwillig allem menschlichen Troste, sondern behalten uns gern etwas

zurück, denn es ist sehr schwer für den Menschen, sich selbst ganz auszuziehen.

Laurentius, der fromme Blutzeuge Christi, hat die Welt überwunden, wie sein Priester, weil er alles, was ihm die Welt Reizendes darbot, verachtete; darum konnte er es aus Liebe zu Christus mit Gleichgültigkeit ertragen, daß der Bischof Sixtus, so sehr er ihn liebte, von ihm getrennt wurde. So hat also in ihm die Liebe Gottes über die Liebe zum Menschen den Sieg davongetragen, und das Wohlgefallen Gottes war ihm lieber als Menschentrost.

So sollst auch du deinen Freund, so lieb und unentbehrlich er dir sein mag, aus Liebe zu Gott verlassen können (wenn er dir entrissen wird).

Auch sollst du dich nicht so sehr betrüben, wenn ein Freund dich verläßt; denn du weißt ja, daß wir endlich alle voneinander getrennt werden.

3. Lange und viel muß der Mensch gegen sich selbst in seinem Innern kämpfen, bis er sich selbst vollkommen überwinden mit all seiner Liebe und Begierde in Gott eindringen lernt.

Solange der Mensch auf Stelzen des Selbstvertrauens steht, stolpert er gleich wieder und nimmt seine Zuflucht zu Menschentrost.

Wer aber Christum wahrhaftig liebt und ernstlich nach Gottseligkeit strebt, der sieht sich nicht mehr nach jenen Tröstungen und süßen Empfindungen um; er will lieber in starken Prüfungen geübt werden und um Christi willen harte Arbeiten auf sich nehmen.

4. Wenn dir also der Trost des Geistes von Gott geschenkt wird, so nimm ihn mit Dank an.

Vergiß aber nicht, daß es ein lauteres Gnadengeschenk Gottes und nicht dein Verdienst ist.

Erhebe dich nicht und freue dich nicht zu sehr darüber.

Laß dich auch nicht von eitler Selbstgefälligkeit aufblähen; vielmehr soll dich die Gabe Gottes demütiger und behutsamer machen, so daß du in allen deinen Handlungen dich vor dir selbst fürchtest und über dich wachest; denn, Lieber! jene schöne Stunde der süßen Gnade geht schnell vorüber und die Stunde der Versuchung folgt ihr auf dem Fuße nach.

Wenn dir nun wirklich der Trost genommen ist, so verzweifle nicht, sondern warte in Demut und Geduld, bis du wieder einen Besuch aus dem Himmel bekommst; denn Gott ist mächtig genug, dir noch größere Gnade und reichlicheren Trost wiederum zu schenken.

Dieser Wechsel ist denen, die in den Wegen Gottes erfahren sind, gar nichts Neues und nichts Fremdes.

Mußten ja selbst große Heilige und die alten Propheten solche abwechselnde Zustände ihres Innern erfahren.

5. Daher sprach einer im Genusse der Gnade: „Ich sagte, da mir's wohlging (da ich die

Fülle der Gnade genoß): ich werde nicht wanken in Ewigkeit“ (Ps. 30, 7).

Was er aber erfuhr, daß das Gefühl der Gnade ihn verlassen hatte, beschreibt er gleich darauf, indem er spricht: „Du wandtest dein Angesicht von mir, da ward ich verwirrt.“ Deswegen verzagte er aber nicht, sondern flehte nur um so dringender den Herrn an: „Zu dir, Herr! will ich schreien; zu meinem Gott will ich flehen.“

Endlich erhält er auch die Früchte seines Gebets und bezeugt, daß er erhört worden: „Erhöret hat mich der Herr, und hat sich meiner erbarmet. Der Herr ist mein Helfer geworden!“ Und worin bestand die Hilfe? „Verwandelt hast du“, spricht er, „meine Klagen in Jubel, und hast mich mit Freude umgürtet.“

Wenn große Heilige solche Erfahrungen gemacht haben, so dürfen wir Arme und Schwache nicht verzagen, wenn wir uns bald sehr eifrig und bald wieder sehr kalt fühlen; denn der Geist kommt und geht wie er will und wie er's für gut findet. Darum sagte der selige Hiob: „Du suchest ihn frühe heim, und prüfst ihn, ehe er's denkt“ (Hiob 7, 18).

6. Warum soll ich denn also hoffen? Worauf meine Zuversicht bauen? Worauf anders, als bloß auf die große Barmherzigkeit Gottes und allein auf die Gnade des Himmels?

Denn wenn ich auch gute Menschen um mich

habe, oder fromme Brüder und treue Freunde, oder heilige Bücher, schöne Abhandlungen (Traktätlein), oder liebliche Gesänge und geistvolle Lieder: das alles hilft im Grunde doch nicht viel, und ich finde wenig Geschmack daran, wenn ich, der Gnade beraubt, in meiner eignen Armut mir selbst überlassen bin.

In diesem Zustande ist kein besseres Mittel, als geduldig harren, und durch Verleugnung seiner selbst sich in den göttlichen Willen ergeben.

7. Ich habe noch nie einen so frommen und gottseligen Menschen gefunden, der nicht bisweilen eine Entfernung der Gnade und eine Abnahme seines Eifers gespürt hätte.

Kein Heilger war je so hoch entzückt oder so sehr erleuchtet, daß er nicht vor oder nachher versucht worden wäre.

Keiner ist wert der hohen Gottesbeschauung, der nicht um Gottes willen geübt ist durch Anfechtung.

Die vorangehende Prüfung ist allzeit ein Vorbote der darauf folgenden Tröstung.

Nur denen, die durch Versuchungen bewährt sind, ist die himmlische Tröstung verheißen. „Wer überwindet", sagt Christus, „dem will ich vom Baume des Lebens zu essen geben" (Offb. 2, 7).

8. Auch wird dem Menschen die göttliche Tröstung nur darum gegeben, daß er neue Stärke erhalte, neue Widerwärtigkeiten zu ertragen.

Die Versuchung folgt der Tröstung auf dem Fuße nach, damit sich der Mensch des Guten wegen nicht erhebe.

Der Teufel schläft nicht, und das Fleisch ist noch nicht tot; darum lege die Hände nicht in den Schoß, sondern rüste dich zum Kampfe; denn zur Rechten und zur Linken stehen Feinde gegen dich, die nie ruhen.

Besser als alle Gaben.

Offenbarung, Wundergaben,
Trost und Süßigkeiten haben,
Ehre, Welt und Geld verachten,
Vieles wissen und betrachten,
Fasten, lesen, singen, beten,
Ja mit Engelzungen reden;
Alles dieses acht' ich nicht,
Wo man nicht den Willen bricht.

Es ist schwer, ohne Geschmack, dürr und trocken, im Gebet aushalten, die Freundlichkeit des Herrn nicht schmecken, sondern mit Christo wie verlassen sein, wie Paulus nicht von den Faustschlägen des Satans erlöst werden, es ist schwer, aber heilsam; denn man muß glauben lernen, ohne Fühlen, sich an der Gnade genügen lassen, wenn sie sich auch verbirgt — sich an den Unsichtbaren halten, als sehe man ihn; hoffen, wo nichts zu hoffen ist — kurz seinen Isaak — den eignen Willen schlachten und sich dem Herrn ergeben, der seliglich führt wenngleich wunderlich (Matth. 9, 15; Ps. 22, 1; 2. Kor. 12, 7—10; Phil. 1, 29; Hebr. 11, 27; Röm. 4, 18).

Das 10. Hauptstück.

Dankbarkeit für die Gnade Gottes.

Warum suchst du Ruhe, da du geboren bist zur Arbeit?

Sei mehr auf Leiden als auf Tröstungen, mehr auf Kreuztragen als auf Vergnügungen gefaßt.

Denn wo wäre selbst unter den Weltmenschen einer zu finden, der nicht auch gern geistliche Tröstungen und Freuden genösse, wenn er sie immer haben könnte?

Die Tröstungen des Geistes übertreffen unstreitig alle Freuden der Welt und alle Wollüste des Fleisches.

Denn alle Freuden der Welt sind entweder schändlich oder eitel.

Die Freuden des Geistes dagegen sind allein zugleich sehr angenehm und sehr ehrbar und rein, sind aus Tugenden geboren und von Gott in reine Herzen eingesenkt.

Doch diese göttlichen Tröstungen kann kein Mensch nach seiner Willkür genießen, wann und so oft er sie haben will; denn die Stunde der Versuchung bleibt nie lange aus.

Ein großes Hindernis der göttlichen Heimsuchung ist die falsche Freiheit des Gemütes und das große Vertrauen auf sich selbst.

Gott tut wohl, indem er die Gnade seiner Tröstungen sendet; aber der Mensch tut sehr übel, wenn er Gott nicht dafür herzlich dankt, und sie ihm ganz zuschreibt, und also Gott nicht wiedergibt, was Gottes ist.

Und das ist es eben, was die Quelle verstopft, daß die Gnaden Gottes nicht ungehindert in uns einfließen können: wir sind undankbar gegen den Urheber der Gnade, und lassen nicht alle Gaben in die Quelle, aus der sie geflossen sind, wieder zurückfließen.

Das ist nun einmal so, daß, wer für die empfangene Gnade recht zu danken weiß, immer neue Gnade empfängt. Es wird dem Stolzen genommen und dem Demütigen zugelegt.

3. Ich möchte ja keine Tröstung, die mir die Zerknirschung des Herzens wegnähme. Ich wünschte selbst die Beschauung Gottes nicht, wenn sie mich zur Selbsterhebung führte.

Denn es ist nicht alles, was hoch ist, auch heilig, nicht alles Reizende rein; nicht alles Angenehme gut, nicht alles, was uns gefällt, auch Gott gefällig.

Lieber empfange ich eine Gnade, die mich demütiger und wachsamer macht, daß ich immer tüchtiger werde, mich selbst zu verbessern.

Wer durch die geschenkte Gnade verständig, und durch die Zucht der entzogenen Gnade klug geworden ist, der wird es nicht wagen, sich etwas Gutes zuzuschreiben, sondern lieber seine Armut und Blöße erkennen.

Gib Gott, was Gottes ist, und dir, was dein ist; das heißt: danke Gott für seine Gnade, dir aber lege allein die Schuld bei und fühle, daß dir nichts als Strafe für deine Schuld gebühre.

4. Setze du dich immer ganz unten an, so wirst du zum Höchsten erhoben werden; denn das Höchste kann ohne das Unterste nicht bestehen.

Die Heiligen, die vor Gott als die Größten geachtet wurden, waren in ihren eignen Augen die Geringsten, und je mehr Gott sie verherrlichte, desto mehr demütigten sie sich.

Wenn die Wahrheit und Herrlichkeit Gottes ein Herz einmal erfüllt hat, findet die Begierde nach eitler Ehre keinen Platz mehr.

Wer in Gott tiefgegründet und befestigt ist, wie kann der noch durch Hoffart sich erheben?

Die, welche alles Gute, was sie empfangen haben, Gott allein ganz zuschreiben, suchen nicht die Ehre, die ein Mensch vom andern nimmt, sondern nur die Ehre, die von Gott allein kommt; haben kein anderes Verlangen, als daß Gott in ihnen und in allen Heiligen über alles gelobt werde; und das ist ihr Ziel, das sie nicht aus dem Auge verlieren.

5. Sei also dankbar für das Geringste, so wirst du Großes zu empfangen gewürdigt werden. Das Geringste sei dir ebenso teuer und lieb als das Größte, und das Verachtete laß dir ein besonderes Geschenk sein.

Wenn man auf die Größe des Gebers Rücksicht nimmt, so ist keine Gabe gering, kein Geschenk verächtlich.

Denn, was dir der Allerhöchste gibt, das ist nicht geringe. Und wenn er Strafe und Schläge austeilt, so müssen wir es uns als eine gute Gabe gefallen lassen; denn es ist doch alles für unser Heil berechnet, was er immer über uns kommen läßt.

Wer nun die Gnade Gottes sich beständig erhalten will, der sei dankbar, wenn sie ihm gegeben wird, geduldig, wenn sie ihm entzogen wird; er bete, daß sie wiederkomme; er sei demütig und wachsam, daß er sie nicht wieder verliere.

Gut genug für den Bettler!

Zum Schlechtsten muß dein Herz sich neigen,
Doch nicht, was Sonderlichs zu zeigen;
Das Mindste dir noch Gnade sei;
Beim Kleinen bleibst du besser frei.

(1. Mos. 32, 10; 2. Sam. 7, 18.)

Wenn du Gott gibst, was Gottes ist, und dir, was dein ist, so bleibt dir nichts als die Sünde, also keine Ursache, stolz zu sein oder unzufrieden mit seinen Gaben. Nur Dank und Anbetung muß dich erfüllen, auch für die geringste Gabe, ja für die Geduld und Langmut, die dich so lange trägt und erhält bei all deiner Schwachheit. Jede Gabe und Gnade Gottes ist eine Stärkung deiner Schwachheit, eine Wirkung seiner freien Güte und immer größer, als du es verdienst. Schäme dich, beuge dich, Gott so voll Güte und Gnade und dich so voll Undank und Bosheit zu sehen. Gott suchte dich, ehe du an ihn dachtest, er tritt dir ins Angesicht entgegen, wenn du ihm den Rücken kehrst, er überhäuft dich mit Gnaden, sobald du ihm dein Herz auftust. Darum fall nieder, bete an und sprich: Wie soll ich dem Herrn vergelten alle seine Wohltat? (Ps. 116, 12; 5. Mos. 32, 6; Ps. 106, 1 ff. 44, 9; 1. Thess. 5, 18).

Gießt Gott viel Gaben in dich ein,
So gieß sie wieder in die Quelle:
So bleiben Gottes Gaben rein,
Und du im Nichts, an deiner Stelle.

Das 11. Hauptstück.

Viele Christen, aber wenig Freunde des Kreuzes Christi.

Jesus hat jetzt viele, die in seinem himmlischen Reiche gern obenan sitzen möchten, aber wenige, die mit ihm das Kreuz hier tragen wollen; viele, die immer nach Tröstungen lüstern sind, aber wenige, die gern leiden wollen; viele Tischgenossen, aber wenig Freunde der Enthaltsamkeit.

Alle möchten sich gern mit Christo freuen, aber wenige wollen für ihn etwas leiden.

Viele folgen Jesu nach bis zum Brotbrechen, aber wenige bis zum Trinken des Leidenskelches.

Viele verehren seine Wunder, aber wenige folgen ihm bis zur Schmach des Kreuzes.

2. Viele lieben Jesum, solange sie nichts Widriges zu leiden haben; viele loben und preisen ihn, solange sie süße Tröstungen von ihm empfangen; sobald sich aber Jesus ihnen verbirgt und sie nur ein wenig verläßt, da ist des Klagens kein Ende, oder sie verlieren gar allen Mut.

Die aber Jesum um Jesu willen, und nicht um irgend eines Trostes willen lieb haben, die loben ihn mitten in der Trübsal und Angst ihres Herzens, wie im Genusse der höchsten Freude.

Und wenn er ihnen auch nie einen Trost geben wollte, sie würden ihn doch immer loben und ihm allzeit danken.

3. O, wieviel vermag die reine Liebe zu Jesus, die frei ist von Eigennutz und Eigenliebe!

Sind nicht alle lauter Mietlinge und Lohnknechte, die immer nur Tröstungen wollen?

Beweisen sie nicht, daß sie sich selbst mehr als Jesum lieben, die immer nur auf ihren eignen Nutzen und Gewinn bedacht sind?

Wo findet man einen Menschen, der Gott umsonst dienen mag?

4. Es ist keine größere Seltenheit in der Welt, als ein ganz geistiger Mensch, der von allem ent-

blößt ist (an keinem Dinge hängt). Oder, wo findet man einen wahrhaft Armen im Geiste, der ganz frei und los ist von allen Kreaturen?

Er ist so selten und so teuer, wie eine köstliche Perle, die mit großem Aufwand von den äußersten Grenzen herbeigeschafft werden muß.

Wenn der Mensch alle seine Habe dafür gibt, so ist es soviel als nichts; und wenn er die strengste Buße tut, so ist es auch noch sehr wenig.

Wenn er in allen Wissenschaften bewandert wäre, so ist er doch noch fern, und wenn er eine große Tugend und brennende Andacht hätte, so fehlte ihm noch vieles; doch eigentlich nur eines, aber das eine, das vor vielem andern höchst notwendig ist.

Was ist dieses?

Daß er, nachdem er alles andere verlassen hat, auch sich selbst verläßt, ganz von sich selbst ausgeht und aller Eigenliebe auf immer und ohne Vorbehalt den Abschied gibt.

Und wenn er alles getan hat, was er tun sollte, so muß es ihm doch so sein, als hätte er nichts getan.

5. Der Mensch soll nichts für groß achten, was er tut, wenn es auch wirklich groß wäre, sondern sich mit aufrichtigem Herzen für einen unnützen Knecht halten, wie die Wahrheit spricht: „Wenn ihr alles getan habt, was euch befohlen ist, so sprechet, wir sind unnütze Knechte" (Luk. 17, 10).

So kann der Mensch wahrhaft arm und bloß

INRI

im Geiste sein und mit dem Propheten sprechen: ich bin einsam und arm (Ps. 25, 16).

Des ungeachtet ist niemand reicher, niemand mächtiger, niemand freier als der, welcher gelernt hat, sich und alle Dinge zu verlassen, und sich an die unterste Stelle zu setzen.

Willst du Christum ohne Kreuz?

Und rühmst dich seines Kreuzes! Ist es doch seine erste Bedingnis, wenn er Jünger wirbt: Wer mir folgen will, der nehme sein Kreuz, verleugne sich selbst und folge mir nach (Mark. 8, 34). Freunde des Kreuzes Christi sind nur die, welche die Schmach, die Leiden und Schmerzen in seiner Nachfolge lieben. Feinde des Kreuzes Christi sind alle, die ohne Leiden und Verleugnung, ohne Anfechtung und Trübsal selig werden und in das Reich Christi eingehen wollen. Nur wenn wir mit Christo leiden, werden wir auch mit ihm verherrlicht werden. Kreuzflüchtige Fromme sind nicht in Christo fromm, nicht wahre Christen. Denn wer in Christo fromm leben will, muß leiden — Verfolgung von innen und außen. Du fliehst das Kreuz, dessen du dich rühmst, du hassest das Kreuz, durch welches du doch selig werden willst, denn wenn du nicht mit Christo gekreuzigt werden willst, ist Christus nicht für dich gekreuzigt. Du kannst Christum nicht anders als an und mit seinem Kreuze haben. Du willst Christum ergreifen und sein Kreuz wegwerfen? Ohne Kreuz, ohne Christus. Ohne Kreuzliebe, ohne wahre Christusliebe (2. Tim. 2, 12. 3, 12; Röm. 8, 17. 35; Matth. 13, 21; Phil. 1, 29).

Das Kreuz zu rühmen, wenn es fern,
Tut auch die Eigenliebe gern.
Das Kreuz zu lieben, wenn man's hat,
Das kann alleine Gottes Gnad'.

Das 12. Hauptstück.

Das Kreuz — der Königsweg zum Himmel.

Verleugne dich selbst, nimm dein Kreuz auf dich und folge Jesu nach (Matth. 16, 24). Das ist ein hartes Wort, das viele nicht hören mögen. Aber wieviel härter wird jenes letzte Wort für ihre Ohren sein, wenn sie dann hören müssen: Weichet von mir, ihr Verfluchten, gehet hin in das ewige Feuer! (Matth. 25, 41).

Wer jetzt das Wort vom Kreuze gern hört und ihm folgt, der wird einst das Wort der ewigen Verdammnis nicht zu hören und nicht zu fürchten haben.

Daß Zeichen des Kreuzes wird am Himmel erscheinen, wenn der Herr zum Gerichte kommt. Dann werden alle Freunde des Kreuzes, die Christo hier in diesem Leben gleichförmig geworden sind, zu Christus, dem Richter, mit großer Zuversicht hinzutreten.

2. Warum scheuest du denn also das Kreuz zu tragen, da doch das Kreuz, wie ein gebahnter Weg, zum Himmelreiche führt?

Im Kreuz ist Heil, im Kreuz ist Leben, im Kreuz ist Schutz vor den Feinden; im Kreuz ist die Fülle der himmlischen Süßigkeit, im Kreuz ist Stärke des Gemütes; im Kreuz ist Freude des Geistes, im Kreuz ist die höchste Tugend; die vollendete Heiligung ist im Kreuze zu finden.

Es ist kein Heil für die Seele, keine Hoffnung des ewigen Lebens anderswo, als im Kreuze.

Nimm also dein Kreuz auf dich und folge Jesu nach, und du wirst zum ewigen Leben eingehen.

Ging er doch selbst voraus und trug das Kreuz voran und starb sogar für dich am Kreuze, damit auch du dein Kreuz tragen und am Kreuz gern sterben möchtest.

Denn wenn du mit Christus am Kreuze stirbst, so wirst du auch mit ihm leben. Leidest du hier mit ihm, so wirst du dort verherrlicht werden mit ihm.

3. Sieh, im Kreuze liegt alles, am Sterben hängt das Ganze.

Es ist kein andrer Weg zum Leben und zum

wahren innern Frieden, als der Weg des heiligen Kreuzes und des täglichen Sterbens.

Geh hin, wohin du willst, suche was du willst, du wirst keinen höheren Weg nach oben, und keinen sichereren Weg von unten finden, als den Weg des heiligen Kreuzes.

Ordne und richte alles nach deinem Willen und Wunsche, und du wirst doch finden, daß es immer etwas für dich zu leiden gibt, mit Willen oder Unwillen.

Und so wirst du immer ein Kreuz finden; denn entweder wirst du Schmerzen am Leibe, oder eine Geistesplage an der Seele zu dulden haben.

4. Bald fühlst du dich von deinem Gott verlassen, bald von deinem Nächsten getrübt, und was das Schlimmste ist, oft bist du dir selbst zur schwersten Last, ohne irgend ein Mittel oder einen Trost zu finden, wodurch du dir Rettung oder Linderung verschaffen könntest; sondern du mußt leiden, solange Gott will.

Denn Gott will, daß du auch ohne Trost leiden lernest, daß du dich ihm ganz unterwerfest und durch die Trübsal demütiger werdest.

Niemand kann das Leiden Christi so herzlich nachempfinden, als der ähnliche Leiden mit ihm ertragen hat.

5. Ein Kreuz ist also überall für dich fertig und wartet überall schon auf dich. Du kannst ihm nicht entfliehen, wo du immer hinlaufen magst; denn wo du immer hinläufst, so nimmst du dich

selbst mit dir, und daher wirst du dich selbst auch überall finden.

Wende dich nach oben, wende dich nach unten, kehre dich nach innen, oder drehe dich nach außen; nach allen Richtungen und Wendungen wirst du ein Kreuz finden, und überall, wo du immer bist, Geduld nötig haben, wenn du anders den innern Frieden bewahren und die ewige Krone erkämpfen willst.

Trägst du dein Kreuz willig, so wird das Kreuz auch dich tragen und dich zu dem erwünschten Ziele hinführen, wo nämlich alles Leiden sein Ziel und Ende hat. Hier aber hat das Leiden kein Ende.

Trägst du dein Kreuz unwillig, so machst du aus einem Kreuze zwei, machst dir die Last nur schwerer, und tragen mußt du es doch.

Wirfst du ein Kreuz ab, so wirst du ohne Zweifel gleich wieder ein anderes auf dem Halse fühlen, das vielleicht schwerer ist, als das weggeworfene.

6. Glaubst du denn, du werdest dem Kreuze entgehen können, was kein Sterblicher noch vermochte?

Welcher aus allen Heiligen war ohne Kreuz und Trübsal in dieser Welt? Selbst unser Herr Jesus war nicht eine Stunde ohne Schmerz und ohne Leiden, solange er auf Erden wandelte. **Denn Christus mußte leiden und von den Toten auferstehen und also in seine Herrlichkeit eingehen** (Luk. 24, 26).

Was willst denn du einen andern Weg suchen, als diesen königlichen Weg des heiligen Kreuzes?

7. Das ganze Leben Christi war lauter Kreuz und Marter, und du willst lauter Ruhe und Freude haben?

Du irrest, du irrest, wenn du etwas anderes suchest als Leiden und Trübsal, denn es ist dies sterbliche Leben voll Elend und mit Kreuz allenthalben umzeichnet.

Je weiter einer im Geiste gekommen ist, desto schwerer Kreuz wird er auf seinem Wege finden; denn je mehr die Liebe zum Himmel wächst, desto peinlicher wird ihm die Fremdlingschaft.

8. Doch wer so mancherlei zu leiden hat, der wird auch nicht ohne lindernden Trost gelassen, weil er an dem Baume seines Kreuzes, das er geduldig trägt, viele schöne Früchte hervorwachsen sieht. Denn, da er sich freiwillig dem Kreuze unterwirft, so wird durch das Leiden Zuversicht erweckt und durch Zuversicht selbst die Last in göttlichen Trost verwandelt; und je mehr das Fleisch durch Leiden geschwächt wird, desto mehr wird der Geist durch innerliche Tröstungen gestärkt.

Und manchmal wird der Geist durch die Liebe und Begierde zu den Leiden und Widerwärtigkeiten, wegen ihrer Gleichförmigkeit mit dem Kreuze Christi, so gestärkt, daß er gar nicht ohne Trübsal und Schmerz sein möchte, weil er glaubt, Gott desto mehr zu gefallen, je mehr und schwerere Leiden er für Gott ertragen könne.

9. Dies ist aber nicht des Menschen Kraft und Tugend, sondern die Gnade Christi, die in dem gebrechlichen Fleische so viel vermag und wirket, daß der Mensch das, was er von Natur immer scheut und flieht, mit brennendem Eifer des Geistes ergreift und vollbringt.

Es ist nicht des Menschen Sache, das Kreuz tragen, das Kreuz sogar lieben; das Fleisch züchtigen und unter dem Joche halten; die Ehre fliehen, die Schmähungen willig tragen; sich selbst verachten und sich von andern gern verachten lassen; alles Widrige zu seinem Nachteil leiden und nichts von dem Glücke dieser Welt verlangen.

Wenn du auf dich selbst siehst, wirst du von allem dem nichts vermögen aus dir selbst; wenn du aber auf den Herrn vertrauest, so wird die Stärke vom Himmel dargereicht und Welt und Fleisch deiner Herrschaft unterworfen werden.

Auch den Feind, den Teufel darfst du nicht fürchten, wenn du mit Glauben bewaffnet bist und das Kreuz Christi zum Schilde hast.

10. Mache dich also gefaßt, als ein guter, treuer Knecht Jesu Christi das Kreuz deines Herrn ihm heldenmütig nachzutragen, der ja aus Liebe zu dir am Kreuze starb.

Bereite dich vor, viel Widriges und mancherlei Drangsale zu ertragen in diesem Leben. Denn so wird es mit dir gehen, wo du immer bist; und so wirst du es in der Tat überall finden, wo du dich immer verbirgst. Es muß auch so sein, und es ist nun einmal kein anderes Mittel, den Verfolgungen der Bösen und überhaupt dem Leiden zu entgehen, als daß du leidest.

11. Trinke also den Kelch des Herrn mit herzlicher Liebe, wenn du sein Freund sein und teil mit ihm haben willst.

Die Tröstungen überlasse Gott; er mache es damit, wie es ihm gefällt.

Du aber schicke dich an, Leiden zu erdulden, und halte sie für die größten Tröstungen; denn die Leiden dieser Zeit sind nicht zu vergleichen mit der zukünftigen Herrlichkeit; du könntest diese nie verdienen, wenn du auch alle Leiden allein zu erdulden vermöchtest.

Wenn es einmal bei dir so weit gekommen ist, daß dir die bittern Leiden süß schmecken um Christi willen, dann darfst du glauben, daß es gut mit dir stehe, dann hast du das Paradies auf dieser Erde gefunden.

Solange dich aber die Leiden schwer drücken und du ihnen gern entfliehen möchtest, so lange wirst du immer die liebe Not haben, denn das Leiden wird dir überall nachlaufen und dich überall einholen, wo du immer hinfliehen magst.

12. Wenn du dich nur darauf gefaßt machst, worauf du gefaßt sein sollst, nämlich zum Leiden und Sterben, so wird es mit dir bald besser werden und du wirst den Frieden finden.

Wärest du gleich mit Paulus in den dritten Himmel entzückt, so wärest du doch vor Widerwärtigkeiten nicht sicher; du müßtest dennoch leiden. Denn von Paulus sprach ja Christus: „Ich will ihm zeigen, wieviel er um meines Namens willen wird leiden müssen“ (Apg. 9, 16).

Es bleibt dir also nichts übrig, als zu leiden, wenn du Jesum lieben und ohne Unterlaß ihm dienen willst.

13. O möchtest du nur würdig sein, um des Namens Jesu willen etwas zu leiden! Welch eine große Herrlichkeit würde dir zuteil werden! Welche Freude würden alle Heiligen Gottes daran haben! Welche Erbauung dein Nächster! Die Geduld empfehlen alle, obgleich nur wenige dulden wollen.

Allerdings solltest du gern ein wenig leiden um Christi willen, da viele viel schwerere Leiden um der Welt willen gerne dulden.

Das soll dir einmal gewiß sein, daß du ein Sterbensleben hier führen mußt (daß sterben dein Leben, oder dein Leben ein lauteres Sterben sein soll); denn je mehr einer sich selbst stirbt, desto mehr fängt er an Gott zu leben.

14. Niemand ist fähig zu verstehen Himmlisches, als der sich dazu versteht, um Christi willen zu leiden Widriges.

Nichts ist Gott angenehmer, nichts dir heilsamer in dieser Welt, als gern für Christus leiden.

Und wenn dir freie Wahl gelassen würde, so solltest du lieber wünschen, Widriges um Christi willen zu leiden, als mit vielen Tröstungen erquickt zu werden; denn durch Leiden würdest du Christo ähnlicher und allen Heiligen gleichförmiger.

Unser Verdienst und unser Wachstum im Leben des Geistes besteht nicht im Genusse vieler Süßigkeiten und Tröstungen, sondern im Erdulden schwerer Leiden und großer Trübsale.

15. Wenn es etwas Besseres und Nützlicheres für das Heil der Menschen gäbe, als das Leiden, so hätte es uns Christus gewiß mit Wort und Beispiel angezeigt. Denn sowohl seine Jünger, die ihm nachfolgten, als alle andern, die ihm nachfolgen wollten, hat er offenbar nur dazu angewiesen, das Kreuz zu tragen, indem er sprach: Wenn mir jemand nachfolgen will, der verleugne sich selbst, nehme sein Kreuz auf sich und folge mir nach (Luk. 9, 23).

Wenn man also alles durchlesen und durchforscht hat, so bleibt es bei diesem Schlusse: (Apg. 14, 22)

Daß wir durch viele Trübsale in das Reich Gottes eingehen müssen.

Was willst du mehr?

Was soll man hinzufügen? Es ist alles gesagt, so schön und christlich gesagt, daß nichts fehlt, als daß du das Kreuz auf dich nimmst und es Christo nach- und mit Christo trägst, um dich als einen wahren Jünger darzustellen. — Nur eins noch:

Dieser königliche Weg ist jetzt so wenig beliebt und betreten, daß er kaum mehr kennbar und zu finden ist. „Nur wenige sind ihrer, die ihn finden.“ Man wählt sich lieber den breiten, unköniglichen Weg, „auf dem viele wandeln“ (Matth. 7, 13. 14).

Es muß, wer Gottes Reich will sehen,
Dem Lamm, durch 's Lammes Weg, nachgehen.
Man muß nicht die Beschwerlichkeit
Des Christentums allein betrachten;
Es ist ein Tröpflein Seligkeit
Mehr als ein Meer von Kreuz zu achten.

Drittes Buch.

Von dem innern Troste.

Drittes Buch.

Das 1. Hauptstück.

Herzensgespräch zwischen Christus und der Seele.

Ich will nun hören, was der Herr, mein Gott, in mir spricht (Ps. 85, 9).

Selig die Seele, die den Herrn in ihrem Herzen reden höret und aus seinem eignen Munde Worte des Trostes vernimmt!

Selig die Ohren, die das leise Wehen des göttlichen Geistes vernehmen und auf das Geräusch dieser Welt nicht achten!

Ja wahrhaftig, selig die Ohren, die nicht horchen auf die Stimme, die von außen erschallt, sondern auf die Wahrheit, die inwendig lehret!

Selig die Augen, die geschlossen für alle äußeren Dinge, nur für das Innere offen und wachsam sind!

Selig alle, die in das Innere eindringen und durch tägliche Übungen sich immer mehr bereiten, himmlische Geheimnisse zu vernehmen!

Selig, die sich ganz Gott widmen und von allen Hindernissen der Welt sich losreißen!

Das merke dir, meine Seele, und verschließe die

Tore deiner Sinnlichkeit, damit du hören kannst, was der Herr, dein Gott, in dir redet.

So spricht der Herr, dein Geliebter: Ich bin dein Heil, dein Friede und dein Leben; halte dich zu mir, so wirst du Frieden finden. Verlaß alles Vergängliche und suche das Ewige.

Was sind alle vergänglichen Dinge anders, als verführerische Netze? Und was helfen dir alle Geschöpfe, wenn du vom Schöpfer verlassen bist? Entsage also allem und ergib dich wieder deinem Schöpfer, um ihm allein zu gefallen und ihm treu zu bleiben, damit du die wahre Seligkeit ergreifen mögest.

Das Schibboleth.

An der Aussprache kennt man den Landsmann, wo er zu Hause ist. Ich will sagen: Selig ist, wer hier den Verfasser versteht, wer in dem Lande zu Hause ist, wer das innere Leben, den Umgang mit dem Herzensfreund, das Gespräch der Seele mit Christus im Inwendigen, von dem hier die Rede ist, kennt und erfahren hat! Da gilt: „Wohl allen, die in deinem Hause wohnen, die loben dich immerdar, in deren Herzen sind gebahnte Wege“ (Ps. 84). Der Herr schreit nicht auf der Gasse, man hört seine Stimme nicht auf dem Markte (Matth. 12, 19); sondern es heißt: „ich will sie in die Einsamkeit führen und ihnen zu Herzen reden“ (Hos. 2, 14). Eine innige Seele will — zwar nichts Neues, nichts anderes als der Herr in seinem äußern Worte spricht, aber sie will ihn selber hören, was er zu ihr innerlich spricht, will die Vergebung ihrer Sünde, die Versicherung seiner Gnade, das Zeugnis ihrer Kind-

Eins ist not!

schaft 2c. von ihm selbst vernehmen; will mit ihrem Gott und Heiland allein sein, aufmerksam und getreu den Regungen seiner Gnade, den Eindrücken seiner Gegenwart, den Wirkungen seiner Liebe — will, was er will und versprochen hat, mit ihm Abendmahl halten, und daß er sich ihr selbst offenbare (Joh. 14, 21; Offb. 3, 20). Er spricht in dir, du aber hörst ihn nicht oder nur im Vorbeigehen, wenn dein Herz von Leidenschaften bewegt, von Außendingen zerstreut, nicht in sich gesammelt und stille dem Herrn ist. Du mußt die Stille lieben, dich in seiner Gegenwart halten, in seiner Liebe nähren, in allem nur für ihn, von ihm und in ihm leben, mußt ein innerer Mensch sein.

Je mehr ich bleib mit Jesu einsam,
Je mehr er sich mir macht gemeinsam;
Wenn er und ich nur sind allein
In meines Herzens Kämmerlein,
So hab ich ihn im tiefen Frieden:
Drum bleib ich gerne abgeschieden.

Das 2. Hauptstück.

Die Wahrheit spricht in uns, ohne Wortgeräusch.

Rede, o Herr! denn sieh! dein Knecht höret (1. Sam. 3, 9).

Dein Knecht bin ich; gib mir Verstand, daß ich erkenne deine Zeugnisse (Ps. 119, 125).

Neige mein Herz zu den Worten deines Mundes, und wie Tau fließe deine Rede.

Einst sprachen die Kinder Israel zu Moses: Rede du mit uns, so wollen wir hören;

aber der Herr rede ja nicht zu uns, sonst möchten wir sterben (2. Mos. 20, 19).

So sage ich nicht, o Herr! Nein, nicht also; sondern lieber bitte ich, wie Samuel, der Prophet, mit Demut und innigem Verlangen: Rede du, o Herr! dein Knecht höret. Nicht Moses, nicht einer der Propheten rede zu mir; du, o Herr! mein Gott! denn du bist das Licht der Propheten; du hast ihnen eingegeben, was sie geredet haben; du kannst mich allein, ohne sie, vollkommen unterrichten, sie aber würden ohne dich nichts ausrichten.

2. Sie können wohl den Schall der Worte hervorbringen, aber den Geist vermögen sie nicht mitzuteilen.

Sie sprechen sehr schön; aber wenn du schweigst, können ihre Worte das Herz nicht entzünden.

Buchstaben können sie geben, aber den Sinn öffnest nur du. Geheimnisse tragen sie vor; du aber schließest den Verstand auf, das Geheimnisvolle zu enthüllen. Gebote verkündigen sie; du aber gibst Kraft, sie zu erfüllen.

Sie zeigen den Weg; aber du stärkst die schwachen Füße, darauf zu wandeln. Sie wirken nur von außen; du aber unterrichtest und erleuchtest die Herzen.

Sie begießen äußerlich, du gibst innerlich das Gedeihen.

Sie schreien nur in die Ohren; du gibst Verstand in das Herz, daß man das Gehörte verstehe.

3. So rede denn nicht Moses zu mir, sondern du mein Herr und Gott, du ewige Wahrheit; damit ich nicht etwa sterbe und ohne Früchte bleibe, wenn ich nur durch das Wort von außen ermahnet und nicht inwendig entzündet würde; und damit mir nicht zum Gerichte werde das Wort, das ich bloß äußerlich gehört und nicht befolget, erkannt, aber nicht geliebet, geglaubt, aber nicht gehalten habe.

Rede also, o Herr! zu mir; dein Knecht höret; denn du hast Worte des ewigen Lebens.

Rede zu mir, damit meine Seele getröstet, mein ganzes Leben gebessert und dein Name verherrlicht und ewig gepriesen werde.

Bleib in Ruh, Gott spricht dir zu.

Dein Seelenfreund, o Seel, ist ja nicht fern;
Sei innig still, so spricht er zu dir gern.
Er ist in dir, halt dich nur abgeschieden;
Sein Sprechen salbt das Herz mit tiefem Frieden.

Sollte der, welcher die Zunge und Sprache gibt, nicht sprechen, nicht antworten, wenn die Seinigen ihn fragen? Wir verstehen weder Moses, noch die Propheten, noch die Apostel, wir wissen die Schrift nicht, wie die Jünger nach Emmaus, bis er mit uns redet und sie uns öffnet. Aber wenn er im Herzen wohnt, leuchtet und lehrt, dann gehen die Augen auf, das Herz brennt und wir verstehen ihn, sein Wort, die Apostel und Propheten. Wir verstehen keinen Prediger, keinen Lehrer, kein Buch, wenn der Herr nicht in uns — uns lehrt, erleuchtet und zum Herzen spricht (Luk. 24, 32; Habak. 2, 20).

Rede, liebster Herr, ich höre,
Was ich wissen soll, mich lehre!
Wie ein Kindlein ich mich still
Bei dir niedersetzen will.
Menschenweisheit ist Gewirr,
Unsre Bilder krank und dürr;
Deine Salbung flößt allein
Wahrheit, Kraft und Wesen ein.

Das 3. Hauptstück.

Gottes Wort muß mit Demut gehört und mit Treue bewahrt werden.

Mein Sohn! höre meine Worte, Worte voll Süßigkeit und Lieblichkeit, die alle Weisheit und Wissenschaft der Gelehrten und Weisen dieser Welt himmelweit übertreffen.

Meine Worte sind Geist und Leben; kein menschlicher Verstand kann sie erschöpfen, noch ihren Wert erkennen. Man muß sie nicht zur eitlen Belustigung der Neugierde mißbrauchen, sondern mit tiefer Stille des Geistes anhören und mit aller Demut und großer Inbrunst auffassen.

2. Da sagte ich: Selig, wen du unterweisest, o Herr, und ihn dein Gesetz lehrest, damit du ihm Linderung gebest in den Tagen der Not und er nicht verschmachte auf Erden (Ps. 94, 12).

3. Ich bin's, spricht der Herr, der von Anbeginn die Propheten lehrte, was sie redeten, und

noch bis diese Stunde höre ich nicht auf, zu allen Menschen zu reden; aber viele haben für meine Stimme taube Ohren und verhärtete Herzen.

Viele hören die Welt lieber als Gott, folgen mehr den Lüsten ihres Fleisches, als dem Wohlgefallen Gottes.

Die Welt verspricht zeitliche und geringe Güter, und alles wetteifert, ihr zu dienen. Ich verheiße die höchsten und ewigen Güter, und die Herzen der Menschen starren vor Kälte gegen mich.

Oder wer dient und gehorcht mir in allem mit so großem Eifer, wie man der Welt und den Herrn der Welt dienet?

Erröte, Sidon! ruft das Meer (Jes. 23, 4). Und wenn du um die Ursache fragst, so höre, warum! Um eine mäßige Pfründe (oder Stelle) läuft man meilenlange Wege, und um des ewigen Lebens willen mögen viele kaum einen Fuß von der Erde heben.

4. Nach jedem noch so schlechten Gewinn hascht man begierig; um einige Pfennige oder Groschen wird oft schändlich gezankt und gestritten; für ein nichtswürdiges Ding oder eine verheißene Kleinigkeit schämt man sich nicht, sich Tag und Nacht zu mühen und zu plagen.

Aber leider! für das unwandelbare Gut, für das unschätzbare Kleinod, für die höchste Ehre, für die endlose Herrlichkeit sich auch nur im geringsten anzustrengen, ist man viel zu träge.

Hinweg mit ihm! Herr, bleibe bei uns!

Erröte also, du fauler und mürrischer Knecht, schäme dich, daß jene weit unverdrossener sich um ihr Verderben bemühen, als du um dich das ewige Leben. Jene jagen viel freudiger nach der Eitelkeit, als du nach der Wahrheit strebst.

Jene finden sich nicht selten in ihren Hoffnungen betrogen; aber meine Verheißungen können keinen täuschen, und wer auf mich vertraut, wird nicht leer ausgehen.

Was ich verheißen habe, das gebe ich auch; was ich gesagt habe, das erfülle ich auch — jedem, der bis ans Ende treu bleibt in meiner Liebe.

Ich bin's, der alle Guten belohnet und alle Frommen streng prüfet.

5. Schreibe meine Worte in dein Herz, und betrachte sie fleißig; denn zur Zeit der Versuchung werden sie dir sehr notwendig sein.

Was du jetzt, da du es liesest, nicht verstehst, wird dir am Tage der Heimsuchung klar werden.

Auf zweierlei Weise pflege ich meine Geliebten heimzusuchen: durch Anfechtung und durch Tröstung.

Ich halte ihnen auch täglich zweierlei Vorlesungen; die eine: indem ich ihre Fehler strafe, die andere: indem ich sie zum Wachstum in der Tugend ermahne.

Wer meine Worte hat (oder hört) und sie verachtet, der hat schon einen, der ihn richtet am jüngsten Tage (Joh. 12, 48).

Gebet
um die Gnade der Andacht.

Herr! mein Gott, all mein Gut bist du! und wer bin ich, daß ich es wage, mit dir zu reden! Ich bin dein ärmster und geringster Knecht, ein verworfenes Würmlein, viel ärmer und verächtlicher, als ich es denken kann und aussprechen darf.

Gedenke doch, o Herr! daß ich nichts bin, nichts habe und nichts vermag. Du allein bist gut, gerecht und heilig. Du kannst alles, du gibst alles, du erfüllest alles, nur den Sünder allein läßt du leer dahingehen.

Gedenke an deine Erbarmungen, Herr! und erfülle mein Herz mit deiner Gnade, denn du wirst ja doch deine Werke nicht leer und sich selbst überlassen wollen.

Wie könnte ich mich selbst ertragen in diesem elenden Leben, wenn mich deine Barmherzigkeit und Gnade nicht stärkte. Wende dein Angesicht nicht von mir, laß deine Heimsuchung nicht zu lange ausbleiben; entziehe mir deine Tröstungen nicht, damit meine Seele vor dir nicht werde wie ein Land ohne Wasser.

Herr! lehre mich deinen Willen tun, lehre mich würdig und demütig vor dir wandeln; denn du bist meine Weisheit, und du kennst mich wahrhaftig, wie ich bin, und kanntest mich schon, ehe die Welt geschaffen und ich zur Welt geboren war.

Mein alles allein — nur Jesus soll sein!

Ein jeder etwas hat, worein er ist verliebt,
Ein jeder etwas hat, das ihm Gesellschaft gibt;
Ein jeder etwas hat, das ihm verkürzt die Zeit;
Ein jeder etwas hat, woran er sich erfreut;
Ein jeder etwas hat, worauf er stützt und baut;
Ein jeder etwas hat, das er am liebsten schaut;
Was wähl ich mir denn nun? O Jesu, du allein;
Du sollst mein Teil, mein Gut, mein Trost, mein alles sein.

Nur Jesus ist mein Heil, worin ich kann bestehen;
Nur Jesus ist das Bild, worauf ich bloß muß sehen;
Nur Jesus ist der Brunn, draus Gnad und Wahrheit fleußt;
Nur Jesus ist der Hirt, der mich stets führt und speist;
Nur Jesus ist die Kraft, durch die ich überwinde;
Nur Jesus ist mein Schatz, worin ich alles finde;
Nur Jesus ist der Grund der wahren Heiligkeit;
Nur Jesus soll es sein in Zeit und Ewigkeit!
(Ps. 73, 24. 39, 8; Joh. 6, 68.)

Das 4. Hauptstück.

Wandle vor Gott in Wahrheit und Demut.

Mein Sohn! wandle vor mir in Wahrheit, und suche mich in Einfalt deines Herzens ohne Unterlaß.

Wer vor mir wandelt in Wahrheit, der wird vor bösen Anfällen beschützt sein, und die Wahrheit wird ihn von Verführern und von den Lästerungen der Gottlosen befreien.

Und wenn dich die Wahrheit frei gemacht hat, dann wirst du wahrhaft frei sein, und dich nicht mehr kümmern wegen des leeren Geschwätzes der Menschen.

2. Herr! wahr ist's, was du sagst, und es soll auch, ich bitte dich, so mit mir geschehen.

Deine Wahrheit lehre mich, deine Wahrheit behüte mich und verlasse mich nicht bis zu einem seligen Ende. Sie mache mich frei von aller bösen Begierde und von aller ungeordneten Liebe, so werde ich mit dir wandeln in großer Freiheit des Herzens.

3. Ich will dich lehren, spricht die Wahrheit, was recht ist, und mir wohlgefällt.

Denke an deine Sünden mit großem Abscheu und innigem Herzeleid, und laß dir wegen deiner guten Werke den Kopf nicht aufschwellen, durch die Einbildung, als wenn du etwas wärest; da du doch in der Tat nichts bist, als ein Sünder, der vielen Leidenschaften unterworfen und ganz darin verwickelt ist.

Was du, dir selbst überlassen, aus dir selbst tust, ist alles nichts; schnell liegst du zu Boden, leicht wirst du überwunden, leicht verwirrt, leicht zerstreut.

Du hast auch gar nichts, dessen du dich rühmen könntest, wohl aber vieles, um deswillen du dich selbst für schlecht halten sollst; denn du bist einmal viel schwächer, als du begreifen kannst.

4. Bilde dir also ja nicht ein, als wenn von allem dem, was du tust, etwas groß wäre, oder köstlich, oder bewunderungswürdig, oder achtungswert. Denn groß, wahrhaft lobens- und wünschenswert ist nichts, als was ewig ist.

Die Wahrheit soll dir doch über alles wohlgefallen; mißfallen soll dir über alles deine eigene unbeschreibliche Nichtswürdigkeit.

Nichts sollst du so sehr fürchten, nichts so sehr tadeln und fliehen, als deine Sünden und Laster, die dir mehr mißfallen müssen, als jeder zeitliche Verlust.

Einige wandeln nicht aufrichtig vor mir, sondern von Neugierde und Anmaßung verleitet, wollen sie meine Geheimnisse wissen und die Tiefen der Gottheit erforschen, während sie sich selbst und ihr eignes Heil vernachlässigen.

Solche Menschen fallen oft in große Versuchungen und Sünden wegen ihrer Hoffart und Neugierde. Denn ich bin wider sie, spricht der Herr.

Wen
suchet
ihr?

5. Fürchte die Gerichte Gottes! erzittre vor dem Zorn des Allmächtigen! aber maße es dir nicht an, die Werke des Allerhöchsten auszuforschen. Erforsche lieber deine Sünden, wie viel du Böses getan und wieviel Gutes du unterlassen hast.

Manche tragen ihre Andacht bloß in Büchern, andere bloß in Bildern, und wieder andere in äußeren Zeichen und Vorstellungen.

Einige haben mich immer im Munde, aber wenig im Herzen.

Es gibt andere, die erleuchtet im Verstande und gereinigt im Herzen, immer nur nach dem Ewigen sehnsuchtsvoll trachten, ungern von irdischen Dingen hören mögen, ihre weltlichen Geschäfte mit Unlust erfüllen, und diese sind es, welche verstehen, was der Geist der Wahrheit in ihnen spricht; denn er lehrt sie das Irdische verschmähen und das Himmlische lieben, die Welt mit dem Rücken ansehen, und Tag und Nacht nur nach dem Himmel verlangen.

Durch Nichts geht der Weg.

Der Dünkel ist der Weg, der zum Nichts, zum Verderben führt. Das lies 1. Kor. 3, 18. 8, 2. 14, 37. 10, 12; Gal. 6, 3; Jak. 1, 26; Sir. 7, 5. 8, 11; Spr. 20, 12. Dagegen ist das „sich nichts dünken lassen", das nichts wissen, nichts sich zutrauen, nichts sein rc. der Weg zu Christus, zur Weisheit, Gerechtigkeit und Seligkeit. Wer von sich selbst hält, ist an Einbildung krank; er glaubet nicht, hofft nicht, liebet nicht, betet nicht — wenigstens nicht so, wie er soll, und wie er es tun würde, wenn er sich arm, elend, nichts zu sein fühlte.

Christ, du willst immer viel genießen, haben, sein;
Dein Heiland liebte Kreuz, Verachtung, Armut, Pein,
Mach's auch so, denn der Weg des Friedens und des Lichts,
Der geht — versteh mich recht — durch Nichts, durch Nichts, durch Nichts.

Nichts haben als nur Ihn in allen;
Nichts wollen als nur Ihm gefallen;
Nichts können in dir selber mehr;
Nichts sein, — das ist die beste Lehr'.

Das 5. Hauptstück.

Die Wunder der Liebe Gottes.

Ich preise dich, Vater im Himmel, Vater unseres Herrn Jesu Christi, daß du mich Armen würdigest, meiner zu gedenken! O Vater der Barmherzigkeit und Gott alles Trostes, ich danke dir, daß du mich, der ich alles Trostes unwürdig bin, dennoch bisweilen durch eine tröstliche Heimsuchung erquickest!

Ich preise dich ohne Aufhören und lobe dich und deinen eingebornen Sohn und deinen heiligen Geist, den Tröster von Ewigkeit zu Ewigkeit, Amen!

O Herr, mein Gott! du mein heiliger Freund! wenn du in mein Herz kommst, jauchzt dir alles, was in mir ist, mit Jubel entgegen.

Du bist mein Ruhm, du die Freude meines Herzens! du bist meine Hoffnung, du meine Zuflucht an dem Tage meiner Trübsal! (Ps. 31, 4)

2. Aber weil meine Liebe noch so schwach und meine Tugend noch so unvollkommen ist, so ist mir dein Trost und deine Stärkung unentbehrlich. O! darum suche mich öfter heim und unterweise mich in deiner heiligen Zucht.

Erlöse mich von allen bösen Leidenschaften und heile mein Herz von allen ungeordneten Neigungen und Lastern, damit ich in meinem Inwendigen geheilet und ganz gereinigt, tüchtig werde zum Lieben, stark zum Leiden und standhaft zum Beharren bis ans Ende.

3. Die Liebe (spricht der Herr) ist etwas Großes, ja wahrhaftig ein großes Gut ist die Liebe; denn sie allein macht alles Schwere leicht, und trägt gleichmütig alles Ungleiche.

Sie trägt Lasten, ohne daß sie ihr lästig werden, sie macht alles Bittere süß und schmackhaft.

O! die edle Liebe Jesu treibt zu großen Taten und weckt das Verlangen, immer größere zu tun.

Die Liebe strebt immer aufwärts, und läßt sich von den niedrigen Dingen der Erde hier unten nicht aufhalten.

Die Liebe will frei sein, fern von allem Hange zu den Dingen der Welt, damit ihr innerer Trieb nicht gehemmt, damit sie durch keinen zeitlichen Vorteil verstrickt und durch kein Ungemach niedergeschlagen werde.

Süßer ist nichts, als die Liebe, nichts mächtiger, nichts erhabener, nichts umfassender, nichts lieblicher, nichts vollkommener, nichts besser im Himmel und auf Erden; denn die Liebe ist aus Gott geboren, und kann in keinem geschaffenen Dinge, sondern, über alles sich erhebend, nur in Gott ruhen.

4. Der wahrhaft Liebende fliegt, läuft und ist fröhlich; frei ist er und läßt sich nicht halten, gibt alles für alles hin, und hat alles in allem, weil er in dem einen höchsten Gute — alles vergessend — ruht, in dem einen Gute, aus welchem alles Gute hervorquillt und hervorgeht.

Die Liebe sieht nicht auf die Gabe, sondern wendet sich zum Geber über alle Gaben hin!

Die Liebe kennt oft kein Maß, sondern glühet und entflammt über alles Maß.

Die Liebe fühlt keine Last, findet in der Arbeit keine Mühe, möchte noch mehr tun, als sie kann, klagt nicht über Unmöglichkeit, weil sie glaubt, sie könne alles und dürfe auch alles tun.

Eben darum ist sie zu allem tüchtig, vollendet vieles und bringt's zu stande, wo der, der nicht liebt, ermüdet und unterliegt.

5. Die Liebe wacht und selbst schlafend, schläft sie nicht. Auch ermüdet, läßt sie nicht ab; in der Bedrängnis ist sie nicht bedrängt; kein Schrecken erschreckt sie, sondern wie eine lebendige Flamme und brennende Fackel bricht sie überall sicher durch und dringt immer mächtig in die Höhe.

Wer liebt, der weiß, was Liebe heißt, kennt deu Schrei der Liebe.

Ein großes Geschrei in den Ohren Gottes ist die brennende Begierde der Seele, die da ruft: Mein Gott! meine Liebe! du ganz mein! ich ganz dein!

Gebet.

Erweitere mein Herz durch die Liebe, damit ich mit dem Allerinnersten meines Herzens schmecken möge, wie süß es sei zu lieben, vor Liebe zu zerfließen und in Liebe zu schwimmen.

Möge die Liebe mich halten, wenn ich vor Übermaß des Eifers und vor heiligem Entzücken mich über mich selbst erschwinge. Singen will ich das Lied der Liebe, folgen dir, mein Geliebter, in die Höhe! Meine Seele zerschmelze in deinem Lobe, in Jubel der Liebe. Lieben will ich dich mehr als mich selbst, und mich selbst nicht anders als um deinetwegen; und alle, die dich lieben, will ich in dir lieben, wie es das Gesetz der Liebe befiehlt, das aus dir hervorstrahlt.

7. Die Liebe ist schnelltätig, fromm, aufrichtig, lieblich und fröhlich, stark und geduldig, treu und klug, langmütig und männlich, sucht niemalen sich selbst. Denn sobald einer sich selbst sucht, hat er der Liebe schon Abschied gegeben.

Die Liebe ist umsichtig, demütig und gerade, nicht weichlich, nicht leichtsinnig, nicht eitlen Dingen ergeben, nüchtern, keusch, standhaft, ruhig und eine treue Wächterin ihrer Sinne.

Die Liebe ist untertänig und gehorsam ihrem Obern, in ihren eigenen Augen aber gering und verächtlich, Gott ergeben und dankbar; immer voll Zuversicht, hofft sie auf Gott, auch wenn sie nichts von ihm fühlt, denn ohne Schmerz kann man in der Liebe nicht leben.

8. Wer nicht bereit ist, alles zu leiden für seinen Geliebten und ganz von seinem Willen abzuhangen, der verdienet den Namen eines Liebenden nicht. Wer liebt, muß um seines Geliebten willen alles Harte und Bittere leicht und gern umfassen können und durch nichts Widerwärtiges, das ihm begegnen kann, sich von ihm losreißen lassen.

Wer kann die Liebe malen?

Gott ist die Liebe, und wer in der Liebe bleibt, der bleibt in Gott, und Gott — die Liebe bleibt — in ihm; er schaute sie, wird von ihr durchdrungen und kann sie malen, kann sie darstellen, wie sie ist. Das hat der Verfasser dieses Büchleins besonders in diesem Kapitel bewiesen, er hat die Liebe trefflich gemalt. O daß wir alle solche Maler würden! O daß wir so liebten, so würden wir so malen! Doch besser ist's, die Liebe haben und üben, als sie malen. O, was tut und kann die Liebe nicht, wenn sie in uns ausgegossen ist vom Heiligen Geist, und das Herz feurig, brünstig, von des Herrn Schönheit und Herrlichkeit ergriffen ist! Sie wünscht, daß alle Menschen nur ein Herz und wie das Herz eines Seraphs wären; sie lodert von einem geheimen Feuer, heftig und glühend, welches sie in und für Gott verzehrt; das Leben auf Erden ist ihr eine Verbannung — nur Gottes Wille macht es ihr verträglich — sie wünscht den Tod, als den Heimgang zu Gott, ihn zu besitzen und nicht mehr zu beleidigen. Eine Seele, die liebt, lebt nicht mehr, Christus ist es, der in ihr lebt (Gal. 2, 20; Röm. 5, 5. 8, 31—39).

Das allersüßst' und beste Leben
Ist, stets an Gott mit Liebe kleben;
Von allem los und eingewandt
Der Ewigkeit nur sein bekannt.
Nichts dem Heiland abzuschlagen,
Alles kindlich mit ihm wagen,
Ihn zu lieben fest und rein —
Dies soll unsre Losung sein!

Das 6. Hauptstück.

Prüfung der wahren Liebe.

(Der Herr spricht:)

Mein Sohn! deine Liebe ist noch nicht stark und erleuchtet.

„Warum nicht, mein Herr?"

Weil dich die geringste Widerwärtigkeit wankend und mutlos macht, daß du das angefangene Werk gleich wieder verlässest und dann gar zu lüstern nach Tröstungen trachtest.

2. Wessen Liebe kraftvoll ist, der steht fest in Versuchungen und läßt sich nicht täuschen durch die listigen Eingebungen des Feindes. Wie ich ihm in angenehmen Dingen gefalle, so mißfalle ich ihm in widerwärtigen Dingen nicht.

3. Wessen Liebe erleuchtet ist, der sieht nicht sowohl auf die Gabe dessen, der liebt, als auf

die Liebe dessen, der gibt; er achtet mehr das wohltätige Herz, als die Wohltat selbst, und der Geliebte ist ihm viel mehr, als all seine Gaben.

Wessen Liebe edel ist, der ruhet nicht in der Gabe, sondern erhebt sich über alle Gaben und kann nur in mir Ruhe finden.

Der reinen Liebe Fegfeuer.

Die Liebe ist ein Feu'r, das keine Schlacken leidet,
Das alle Eigenheit von unsrer Seele scheidet.

Wie! fliehest du das Kreuz? Geh in die Liebe ein,
So wird das Leiden dir ein lieber Bote sein.

Wo ist die reine, lautere Liebe, die Gott um Gottes willen liebt und nicht bloß um seiner Gaben willen, und, wenn er nicht gibt oder nimmt, aufhört zu lieben, oder doch sehr kränkelt und schwindsüchtig wird, wo nicht gar stirbt. Man setzte die Liebe ganz ins Gefühl und Empfinden, und nicht ins Tun und Handeln und Leiden. Wer meine Gebote hält, der ist's, der mich liebt. Ihr seid meine Freunde, wenn ihr tut, was ich euch gebiete, sagt Christus. In der Nachfolge Jesu, im Leiden und Handeln um seinetwillen — nicht im Genießen und Empfinden besteht die Liebe. Das sehen wir an den ersten Christen.

Wer Gott aus reinem Herzen liebt,
Der hängt nicht an den Gaben,
Wird er getröst't, wird er betrübt,
Genug, wenn er nur Ihn kann haben.
(Ps. 73, 1. 22–28; 1. Kor. 13.)

Das 7. Hauptstück.

Verachte die Eingebungen des Satans, und verzage nicht wegen deiner Gebrechen.

Deswegen ist aber nicht gleich alles verloren, wenn du manchmal nicht so innig an mich und meine Freude denken kannst, als du gern wolltest; denn jene gute und liebliche Empfindung, die dir bisweilen zuteil wird, ist eine Wirkung der besonderen Gnade und ein Vorschmack des himmlischen Vaterlandes, auf die du nicht sonderlich bauen sollst, denn sie kommt und geht wieder.

Aber kämpfen gegen die bösen Regungen deines Gemütes, und die Eingebungen des Teufels verachten, das ist ein Zeichen echter Tugend und großer Tüchtigkeit.

Laß dich also nicht verzagt und verwirrt machen durch allerlei fremde Vorstellungen und Einfälle, die dir deine Einbildungskraft vorzaubert, von welcher Art sie immer sein mögen.

2. Sei treu deinem Vorsatze und halte dein Herz immer gerade zu Gott gerichtet.

Es ist auch keine Täuschung, wenn du dich manchmal plötzlich wie in den Himmel entzückt fühlest und gleich darauf wieder in die alten Torheiten deines Herzens zurückkehrst. Denn diese Schwachheiten leidest du vielmehr wider deinen Willen, als daß du sie selbst wirktest; und solange sie dir mißfallen und du ihnen widerstehest, so lange ist es mehr Gewinn als Verlust.

3. Wisse, daß dein alter Feind nichts anderes sucht, als die Heilsbegierde in dir zu ersticken und dich von allen Übungen der Gottseligkeit abzuhalten, von dem Umgange und der Achtung der Frommen, von der heilsamen Betrachtung meines Leidens, von der so nützlichen Erinnerung an deine Sünden, von der treuen Bewahrung deines eigenen Herzens, von dem festen Entschlusse, in der Gottseligkeit zu wachsen.

Er erweckt viele böse Gedanken in dir, um dir das Gute ekelhaft oder abschreckend vorzustellen und dich vom Gebete und Lesen in heiligen Schriften abzubringen.

Ein demütiges Bekenntnis deiner Sünden mißfällt dem Satan, und wenn er könnte, würde er dich auch von dem Tische des Herrn abhalten.

Glaube ihm nicht, und laß dich von ihm nicht schrecken, obgleich er dir oft seine listigen Fallstricke legen mag.

Erweckt er böse und unreine Gedanken oder Bilder in deinem Herzen, so schreibe sie ihm auf die Rechnung, weise ihn mit Verachtung zurück: Weiche, du unreiner Geist! Schäme dich, Elender! Du mußt sehr unrein sein, weil du mir solche unreine Dinge beibringen willst. Fort mit dir, du schändlicher Verführer! du sollst keinen Teil an mir haben; denn Jesus, der Held im Kriegen, ist mit mir, und du sollst zu schanden werden. Lieber will ich sterben, lieber alle Pein erdulden, als mich nach dir richten und deinen Eingebungen

Beifall geben. Schweige, verstumme: ich will dich nicht mehr hören, so viele Plagen du auch noch auf mich wälzen magst! Der Herr ist mein Licht und mein Heil: wen sollte ich fürchten? Wenn sich Heere gegen mich lagern, so soll mein Herz nicht bange sein; denn der Herr ist mein Helfer und mein Erlöser (Ps. 27, 1—3).

4. Kämpfe als ein guter Streiter, und wenn du auch manchmal aus Schwachheit fällst, so sammle neue Kräfte, werde mutiger und stärker als zuvor, im Vertrauen auf meine größere Gnade.

Nur vor einem nimm dich sehr in acht, vor eitler Selbstgefälligkeit und Hoffart.

Dadurch werden viele verführt und in eine unheilbare Blindheit gestürzt. Dieser Sturz der Hoffärtigen, die töricht auf sich selbst vertrauen, diene dir zur Warnung und erhalte dich beständig in der Demut.

Ruhe in der Unruh.

Erwarte nicht allhier auf Erden,
Von Plag und Leiden los zu werden;
Durch Herzens-Innigkeit allein
Kannst du in Unruh ruhig sein.

Man muß in dürren Leidenstagen
So bald nicht von Verlassung sagen.
Glaub's, wer nichts will als Gott allein,
Kann nie von Gott verlassen sein.

Verliere immerhin den Weg — nur nicht den Glauben — verliere alles, nur nicht den Mut, die

Zuversicht zur allgenugsamen Gnade. Und hättest du es noch so grob gemacht — wärst noch so tief in Trockenheit, Versuchung und Sünde gefallen, fall nur nicht von Gott ab, nur nicht in Verzweiflung, faß noch einmal an, wag es immer wieder. Tu dem Teufel nicht den Gefallen, daß du an Gott und Seiner Gnade verzweifelst wie Judas. Weine wie Petrus (Jes. 49, 15. 54, 7; Joh; 5, 24; Hebr. 10, 35).

Das 8. Hauptstück.

Demut — Hüterin der Gnade.

(Der Herr spricht:)

Mein Sohn! es ist für dich nichts nützlicher und sicherer, als daß du die Gnade der Andacht geheim haltest, dich nicht erhebest, nicht viel davon redest, noch ein großes Gewicht darauf legest; sondern vielmehr sollst du dich selbst verschmähen und dich fürchten, daß sie einem Unwürdigen gegeben sein möchte.

Auch sollst du an die Empfindung der Andacht dein Herz nicht so fest hängen, weil du ja schnell wieder das Gegenteil empfinden kannst.

Wenn die Gnade da ist, so denke, wie armselig und elend du seiest, wenn sie nicht da ist.

Auch besteht das Wachstum im Leben des Geistes nicht nur darin, daß du die Tröstungen der Gnade empfindest, sondern vielmehr darin, daß du die Entziehung derselben mit Demut und Selbstverleugnung geduldig ertragest, so zwar, daß du deswegen den Eifer im Gebete nicht erkalten, noch die übrigen guten Werke, die du sonst zu tun pflegtest, gänzlich ungetan lassest: sondern vielmehr alles, was du tun kannst, nach deinem besten Wissen und Vermögen gerne tust und nicht wegen der Trockenheit oder Angst des Gemüts, die du fühlst, dich ganz und gar vernachlässigst.

2. Denn es gibt viele, die, wenn es ihnen nicht nach Wunsch von statten geht, sogleich ungeduldig und lässig werden.

Denn es liegt nicht immer in des Menschen Gewalt, sich selbst Weg und Bahn zu machen, (Jer. 10, 23), sondern Gottes Sache ist es, zu geben und zu trösten, wann er will, wem er will, und soviel er will, wie es ihm gefällt, und nicht mehr.

3. Einige haben, da sie unvorsichtig mit der Gnade der Andacht zu Werke gingen, sich selbst zerstört, weil sie mehr tun wollten, als sie konnten, weil sie das Maß ihrer kleinen Kraft nicht berechneten, sondern mehr der Neigung ihres Herzens folgten, als dem Urteile der Vernunft. Und weil sie aus Anmaßung größere Dinge unternahmen, als Gott gefällig war, so haben sie deshalb die Gnade schnell verloren.

Sie wollten sich ein Nest im Himmel bauen und fielen elend, und, sich selbst überlassen, in ihre eigene Armut und Hilflosigkeit herab, damit sie so, gedemütigt und verarmt, lernen möchten, nicht mit ihren eignen Flügeln fliegen zu wollen, sondern nur auf die Schwungkraft meiner Flügel ihre Hoffnung zu setzen.

Die noch Neulinge und deswegen in den Wegen des Herrn unerfahren sind, können leicht betrogen und zu schanden werden, wenn sie sich nicht von dem Rate der Erfahrenen leiten lassen.

4. Wenn sie lieber ihrem eigenen Dünkel folgen, als dem Rate der Erfahrenen glauben wollen, so werden sie ein gefährliches Ende nehmen, wenn sie sich anders von ihrem eignen Sinne nicht abbringen lassen.

Die sich selbst weise genug dünken, sind selten demütig genug, sich von andern leiten zu lassen.

Besser ist mäßige Weisheit mit Demut und geringer Einsicht, als große Schätze der Wissenschaft mit eitler Selbstgefälligkeit.

Wenig ist für dich immer besser als viel, das dich nur eitel und stolz machen könnte.

Der handelt gewiß nicht nüchtern und bescheiden, der sich so ganz der Freude überläßt, daß er seiner vorigen Dürftigkeit vergißt und die heilige Furcht Gottes verläßt, die immer sorgfältig wachet, daß die gegebene Gnade nicht verloren gehe.

Auch der hat die wahre Weisheit nicht, die zur Gottseligkeit führt, der in den Tagen der Trübsal und bei jeder Widerwärtigkeit allzu verzweifelnd sich gebärdet und nicht so viel Zuversicht zu mir bewahrt und fühlt, als er sollte und dürfte.

5. Wer, wenn er Friede besitzt, zu sicher ist,

der wird, sobald Kampf und Streit anfängt, gewöhnlich allzu furchtsam und zaghaft sein.

Wenn du es verstündest, immer demütig, bescheiden und klein in deinen Augen zu bleiben, und dabei deinen Geist recht zu mäßigen und zu regieren, so würdest du nicht so leicht in Gefahr geraten und nicht so oft anstoßen.

Laß dir diesen guten Rat geben: wenn du dich recht brünstig im Geiste fühlst, so denke, wie es dir sein werde, wenn Licht und Flamme wieder erlöschen.

Und wenn dies wirklich geschieht, so denke, daß das Licht wieder aufgehen könne, weil ich es dir nur darum entzogen habe, um dich (vor Sicherheit und Eitelkeit) zu warnen, und mich in dir zu verherrlichen.

6. Eine solche Prüfung ist dir viel nützlicher, als wenn dir alles nach deinem Wunsche glücklich von statten ginge.

Denn die Gottseligkeit ist nicht danach zu schätzen, daß einer viel Offenbarungen oder Tröstungen hat, auch nicht nach seiner Bibelkenntnis, oder daß er auf eine höhere Stufe (des inneren Lebens) gesetzt wird, sondern darin liegt der Wert der Gottseligkeit, daß er in der wahren Demut tief gegründet, voll Liebe Gottes ist, die Ehre Gottes allezeit in allem und sie allein sucht; daß er sich selbst für nichts achtet und in Wahrheit verschmäht, und (was das beste ist) auch sich mehr freuen kann, wenn er von andern verschmäht und gedemütiget, als wenn er geehrt wird.

(Das Herz spricht:)

Ich will doch reden zu meinem Herrn, ob ich gleich Staub und Asche bin. Würde ich mich für besser halten, sieh, so würdest du gegen mich aufstehen, und meine Sünden würden der Wahrheit Zeugnis geben, und ich könnte nicht widersprechen.

Wenn ich mich aber gering schätze und für nichts halte und von aller eitlen Selbstschätzung mich ausleere und zum Stäublein werde, wie ich denn ein Stäublein bin, dann blickt mich deine Gnade freundlich an und dein Licht kehrt in mein Herz ein. Da schwindet auch vollends alle eitle Selbsterhebung, und wäre sie noch so fein und klein; und begraben in dem Tale meiner Nichtigkeit, geht sie auf ewig verloren.

Da zeigst du mich mir selbst, was ich bin, was ich war, und woher ich komme; denn ich bin nichts und wußte es nicht.

Wenn ich mir selbst überlassen bin, sieh, so bin ich nichts, nichts als die lautere Schwachheit. Sobald aber du mich anblickst, so werde ich gleich mit Kraft und neuer Freude erfüllt.

7. Es ist wahrlich ein großes Wunder, so plötzlich hebst du mich empor, so freundlich umarmst du mich, der ich, mir selbst überlassen, von meiner eigenen Schwere herabgezogen, stets in die Tiefe sinken würde.

Das tut deine Liebe, die mir so unverdient

zuvorkommt und mich in so mancherlei Nöten unterstützt, vor so großen Gefahren bewahrt, und, damit ich es recht sage, von unzähligen Übeln errettet.

Da ich mich selbst unordentlich liebte, habe ich mich verloren; da ich aber dich allein suchte und dich rein liebte, da habe ich mich und dich zugleich gefunden, und mich aus Liebe zu dir noch tiefer in mein Nichts versenket.

Denn du, o Freundlichster, handelst mit mir über all mein Verdienst und tust mehr an mir, als ich mir zu hoffen oder zu bitten getraute.

Gelobt seist du, mein Gott! Denn ob ich gleich alles Guten unwürdig bin, so kann doch deine preiswürdige Liebe und unendliche Güte nie aufhören wohlzutun, auch den Undankbaren, auch denen, die sich weit von dir entfernt haben.

Bekehre uns zu dir, daß wir dankbar, demütig und andächtig werden, denn unser Heil bist du, du unsre Kraft und Stärke!

Immer im Nichts.

Wenn Gott dir gute Gaben gibt,
Sink sanft ins Nichts und dich ausleer;
Läßt er dich arm, sei unbetrübt,
Sink sanft ins Nichts und nichts begehr.

Aus nichts hat Gott die Welt gemacht und aus der aus nichts geschaffenen Erde den Menschen — und da war er erst ein Erdenkloß. Das wäre er noch, hätte ihm Gott nicht den Geist eingehaucht. Auch diesen verlor er wieder, er wurde Sünder und höllenwürdig. Hätte ihn Jesus nicht erlöset — was wäre der Mensch? Was ist er nun — von ihm selbst? Nichts; — alles ist Gnade, unverdientes Geschenk, sowohl was er von Natur als durch Christum hat. Nichts soll dem Menschen natürlicher sein als Demut — und nichts ist ihm widernatürlicher — welch ein verdorbenes Geschöpf! So kann er nicht mit Gott eins, nicht erhöht werden. Er muß sich erniedrigen. Selbstgefälligkeit, Selbstsucht kann Gott nicht schauen, weil sie nur sich selbst beschaut und sich selbst gefällt.

Die wahre Demut tritt allein,
Die Gottheit zu beschaun, hinein.

Das 9. Hauptstück.

Gott — dem Urquell alles Guten — ist alles Gute zuzuschreiben.

(Der Herr spricht:)

Mein Sohn, wenn du wahrhaftig selig zu werden verlangst, so muß Ich dein letzter und höchster Zweck sein.

Durch diese Richtung deiner Absicht werden alle deine Begierden gereinigt, die sich so oft zu dir selbst und zu den Geschöpfen erniedrigen und versündigen.

Denn so oft du dich selbst in einem Dinge suchst, so schwindet und vertrocknet sogleich alle Kraft in dir.

Darum mußt du alles auf mich, den Urheber alles Guten, zurückführen, denn Ich bin's, der alles gibt.

Alle Dinge betrachte so, wie sie aus mir, als dem höchsten Gute, ausfließen. Und deswegen müssen auch alle Dinge zu mir, als ihrer Urquelle, zurückgeführt werden.

2. Aus mir — aus mir, als aus der lebendigen Quelle, schöpfen Wasser des Lebens alle, groß und klein, arm und reich.

Und die mir aus freier Liebe dienen, die nehmen Gnade um Gnade von mir.

Wer aber außer mir Ehre sucht und in einem andern Gut, das er als sein eigenes betrachtet, Freude findet, der wird in der wahren Freude nicht bestehen, und seinem Herzen wird es überall zu enge sein; so mancherlei Hindernisse werden sich ihm in den Weg stellen und ihn beängstigen.

Schreibe dir selbst nichts Gutes zu, noch irgend eine Tugend dem Menschen, sondern alles nur deinem Gott, ohne welchen der Mensch nichts besitzt.

Ich habe alles gegeben; ich will auch alles wieder haben und fordre den Dank (der mir alles wiedergibt) mit großer Strenge.

3. Das ist die Wahrheit, die alle eitle Ruhmbegierde austreibt.

Und wenn die himmlische Gnade und die wahre Liebe in dir eingekehrt sind, dann wird dich kein Neid, kein Widerspruch des Herzens, keine Eigenliebe mehr einnehmen.

Denn die göttliche Liebe überwindet alles und erweitert alle Kräfte der Seele.

Wenn du wahrhaft weise bist, so kannst du

nur in mir allein Freude finden, nur auf mich allein deine Hoffnung setzen. Denn niemand ist gut, als Gott allein, der auch über alles gelobt und in allem verherrlicht werden muß.

Nicht uns! Nicht uns!

Nicht uns, Herr, sondern deinem Namen gib die Ehre! (Ps. 115, 1). Das muß der Grund zum Danke eines frommen Herzens sein. Gott ist das höchste und einzige Gut, die Quelle, aus welcher alles Gute fließt. Niemand ist gut und hat etwas Gutes, als von ihm. Wir haben nichts von uns selbst, als die Sünde und den Sold der Sünde, den Tod (Röm. 6, 23). Das ist das einzige, was wir nicht empfangen haben von ihm. Wir können nicht einen guten Gedanken aus uns selbst hervorbringen — all unser Vermögen ist aus Gott. Darum ist kein größerer Greuel auf Erden, als Selbstgefälligkeit und geistlicher Hochmut, ja es ist Belials-Sünde und Luzifers-Stolz, wenn ein frommer, tugendhafter Mensch sich selbst das Gute zuschreibt, sich selbst gefällt und erhebt. Das ist ärger als leiblich vom Teufel besessen sein. Alle die hochmütigen Gedanken sind wie Legionen der Teufel im Herzen (Luk. 10, 17—19. 18, 19; 2. Kor. 3, 4. 5; Joh. 1, 16).

Wenn du was Gutes hast getan,
Und siehst es als das Deine an,
Bald nimmt der Herr dir diese Gnade,
So macht dich klug dein eigner Schade.

Was Gott dir gibt, nimm an, doch nimm dich des nicht an,
Sonst hast du eben das, was Luzifer, getan.

Das 10. Hauptstück.

Wohl dem, der die Welt verschmäht und Gott dient!

Ich muß nun wieder einmal mit meinem Herrn reden. Wie kann ich schweigen? Ja, in das Ohr will ich's ihm sagen, meinem Gott, meinem Herrn, meinem Könige, der in der Höhe wohnt!

Wie groß ist doch der Reichtum der Süßigkeit, Herr! die du denen, die dich fürchten, im Verborgenen mitteilst! Wie süß mußt du denen sein, die dich lieben! Und was erst denen, die mit ganzem Herzen dir dienen!

Wahrhaftig, unaussprechlich ist die Süßigkeit deiner Beschauung, die du allen denen mitteilst, die dich lieben.

Die Süßigkeit deiner Liebe hast du mir vorzüglich dadurch bewiesen: Du hast mich erschaffen, da ich nicht war; und als ich irre gegangen und weit von dir entfernt war, hast du mich zurückgeführt, daß ich dir diente, hast mir geboten, dich zu lieben.

2. O du Quelle der ewigen Liebe! was soll ich von dir sagen? Wie könnte ich deiner vergessen! deiner, der noch an mich dachte, da ich schon ganz verdorben und verloren war!

Über alles Hoffen hast du an deinem Knechte Barmherzigkeit getan, über alles Verdienst hast du mir deine Gnade und Freundschaft erwiesen.

Was kann ich dir für diese Gnade wiedergeben? Denn es ist nicht allen gegeben, daß sie alles verlassen, der Welt entsagen und sich in der Einsamkeit dem gottseligen Leben widmen.

Ist es denn etwas Großes, daß ich dir diene, da dir alle Geschöpfe dienen müssen?

Das soll mir nichts Großes sein, daß ich dir diene, sondern vielmehr das soll mir groß und wunderbar sein, daß du mich Armen und Unwürdigen würdigtest, in die Zahl deiner Diener mich aufzunehmen und mit deinen geliebten Knechten zu vereinigen.

3. Sieh, dein ist alles, was ich habe und womit ich dir diene.

Und eigentlich ist es umgekehrt, du dienest vielmehr mir, als ich dir.

Sieh! Himmel und Erde, die du zum Dienste der Menschen geschaffen hast, stehen fertig da und tun täglich, was du ihnen befohlen hast.

Und das ist noch wenig, denn selbst die Engel hast du geschaffen und bestellt zum Dienste des Menschen.

Und was dies alles weit übersteigt, du selbst hast dich soweit herabgelassen, daß du den Menschen dientest, du selbst hast dich dem Menschen zu geben versprochen.

4. Was soll ich dir denn geben, für alle diese tausendfältigen Gaben?

O! daß ich dir dienen könnte alle Tage meines Lebens!

O! könnte ich auch nur einen Tag dir würdig dienen!

Wahrhaftig, du bist alles Dienstes, aller Ehre und des ewigen Lobes würdig!

Du bist wahrhaftig mein Herr, und ich dein armer Knecht, der dir mit allen Kräften zu dienen verbunden ist, der im Lobpreisen deines Namens nie müde werden soll.

So hätte ich es gerne, so wünscht es mein Herz. Was mir abgeht, das ersetze du!

5. Es ist eine große Ehre und ein großer Ruhm, dir dienen und um deinetwillen alles übrige verschmähen.

Denn große Gnade besitzen alle, die sich freiwillig deinem heiligen Dienste ergeben.

Die süßesten Tröstungen des Heiligen Geistes genießen sie, die aus Liebe zu dir allen Belustigungen des Fleisches entsagen.

Große Freiheit (Erweiterung) des Herzens erlangen sie, die um deines Namens willen den schmalen Weg wandeln, und sich aller eitlen Sorge der Welt entziehen.

6. O wie selig und lieblich ist es, Gott dienstbar zu sein! Diese Dienstbarkeit ist es, die den Menschen wahrhaft frei und heilig macht: O heiliger Stand der gottseligen Dienerschaft! Ein Stand, der die Menschen den Engeln gleich, Gott wohlgefällig, den Teufeln fürchterlich und allen Gläubigen ehrwürdig macht. Wahrhaftig ein Dienst, der uns stets wünschenswert, allezeit willkommen sein soll;

denn durch ihn erlangen wir das höchste Gut und erwerben uns eine Freude, die kein Ende kennt.

Gottseligkeit.

Gottesdienst heißen wir's — **Gottseligkeit** nennt es die Schrift. Gottseligkeit ist zu allen Dingen nütze — das heißt: Gott dienen, Gott anhangen Gott lieben macht selig in allen Dingen — hier und dort — hat die Verheißung dieses und des künftigen Lebens. Selbst das Leiden ist nicht ausgenommen. Darum konnte Paulus sagen: Ich bin überschwenglich in Freuden, in aller unserer Trübsal (2. Kor. 7, 4). Denn das Reich Gottes — das Regiment Gottes bei uns und unsere Ergebenheit an ihn — ist ja nichts als Gerechtigkeit und Friede und Freude in dem Heiligen Geist (Röm. 14, 17). Wo Gott herrscht, herrscht die Liebe, da ist der Himmel; wo die Eigenliebe, der Eigenwille herrscht, ist Tyrannei, Knechtschaft, Hölle.

Ach könntest du allhier auf Erden
Einfältig, Gott ergeben werden;
So hättest du im Geist gewiß
Ein schön und blühend Paradies.

Das 11. Hauptstück.

Prüfe die Wünsche deines Herzens und mäßige dein Verlangen.

Mein Sohn! du mußt noch vieles lernen, was du noch nicht gelernet hast.

„Was ist dieses, o Herr! das ich noch zu lernen habe?"

All dein Verlangen soll sich gänzlich nur nach meinem Wohlgefallen richten.

Nicht dich selbst sollst du lieben, sondern meinen Willen eifrig vollbringen.

Schnell entzünden sich in dir oft Begierden, die dich heftig treiben; aber gib acht, was dich eigentlich so treibt, ob es meine Ehre oder nicht vielmehr dein eigner Nutzen ist.

Bin ich die Triebfeder, so wirst du allezeit mit mir zufrieden sein, wie ich es ordne.

Ist es aber eine geheime Selbstsucht, was dich so sehr treibt, so ist es eben diese, die dich hindert und beschwert.

2. Hüte dich also, daß du nicht zu sehr auf irgend ein Verlangen deines Herzens bauest, das du, ohne mich vorher zu fragen, aus dir selbst hervorgebracht hast; damit dich nicht bald darauf gereue und dir mißfalle, was dir zuerst so wohlgefiel, und was du als das Bessere so hitzig suchtest.

Man muß nicht jeder Neigung, die gut scheint, sogleich folgen und nicht jede widrige Empfindung sogleich fliehen.

Es ist oft sehr nützlich, auch beim frommen Eifer und guten Begierden den Zügel zu gebrauchen, damit du dich nicht durch ungestümes Treiben in eine Zerstreuung des Gemütes hineintreibest; damit du nicht durch Zuchtlosigkeit andern zum Anstoße werdest, oder durch den zu heftigen Widerstand der andern plötzlich in Verwirrung geratest und dich selbst ins Verderben stürzest.

3. Manchmal muß man aber Gewalt brauchen und den sinnlichen Begierden männlich widerstehen,

ohne darauf zu achten, was das Fleisch wolle oder nicht wolle; sondern vielmehr gerade darauf hinarbeiten, daß das Fleisch wider seinen Willen dem Geiste unterworfen werde.

Und so lange muß das Fleisch gezüchtigt und zur Unterwürfigkeit gezwungen werden, bis es zu allem bereitwillig ist; bis es gelernt hat, sich mit wenigem zu begnügen, am Einfachen Freude zu haben und sich keine Widerrede gegen irgend etwas Widriges mehr zu erlauben.

Stille! Stille!

Alle heftigen Triebe, alle starken Regungen sind nicht aus Gott; sie müssen wenigstens recht geprüft werden, ob sie aus Gott sind. Gott ist nicht im Sturm und Erdbeben, nicht im Feuer, sondern im sanften Säuseln (1. Kön. 19, 12).

Es rast in dir, du kannst nicht hören,
So viele Stimmen reden da.
Schweig still und lern in Geist einkehren,
So ist des Heilands Stimme nah.

Im Beten, Lieben und im Willen
Lern deine Heftigkeiten stillen;
Die Seele darf nicht stürmisch sein,
Soll Gott sein Bild abbilden rein.

Ei, halt nur all das Deine stille,
Gedanken, Lüste, Werk und Wille,
Ganz innig, außer Zeit und Ort!
So redet dir das ew'ge Wort.

Das 12. Hauptstück.

Geduld im Kampfe gegen böse Begierden.

Mein Herr und Gott! so viel ich sehe, so ist mir Geduld unentbehrlich. Denn dieses Leben ist so voll Widerwärtigkeiten, daß, was ich immer tue, um Friede und Ruhe zu besitzen, mein Leben von Kreuz und Schmerz nicht frei bleiben kann.

2. So ist's, mein Sohn! Aber das will ich auch gar nicht, daß du hier einen Frieden suchest, der von allen Versuchungen frei ist und keine Widerwärtigkeit zu leiden hat.

Vielmehr glaube erst dann den wahren Frieden gefunden zu haben, wenn du durch viele Trübsal geübt und durch mancherlei Widerwärtigkeiten bewährt sein wirst.

Sagst du, du könnest nicht so viel leiden, so sage mir, wie wirst du denn die ewige Qual aushalten können?

Unter zwei Übeln muß man doch allezeit das kleinere wählen. Damit du also den Strafen der Ewigkeit entgehst, so bemühe dich, um Gottes willen, die Leiden dieser Zeit gleichmütig zu dulden.

Glaubst du denn, daß die Kinder der Welt nichts oder nur wenig zu leiden haben? Nein, das wirst du nicht finden, wenn du auch die größten Weichlinge aufsuchest.

3. Aber, wirst du sagen, sie haben doch viel Vergnügen, und leben ganz nach ihrem eignen

Willen, und darum achten sie ihr Leiden nicht so sehr.

Sei es auch also, daß sie haben, was sie wollen; aber wie lange, glaubst du denn, wird das währen? Sieh, wie Rauch vergehen sie, die hier im Überflusse leben, und nicht ein Gedanke der genossenen Freude wird ihnen davon übrig bleiben. Und schon hier, solange sie dieses Leben genießen, haben sie keine wahre Ruhe, sondern Bitterkeit, Überdruß und Furcht mischen sich in all ihre Freuden.

Denn gerade das, woraus sie ihre Freude schöpfen, wird ihnen oft zur reichen Quelle des Schmerzes und der Pein.

Und daran geschieht ihnen recht; denn da sie unordentlich nach Freuden jagen, so können sie ihre unbezähmten Begierden nicht ohne Scham und Bitterkeit befriedigen.

4. O wie kurz, wie betrügerisch, unordentlich und schändlich sind doch alle diese Lüste!

Aber das sehen diese Elenden nicht, in dem Rausche und in der Blindheit ihres Herzens; sondern wie vernunftlose Tiere laufen sie, um einer kurzen hinfälligen Lust willen, die sie Lebensgenuß nennen, in den Tod ihrer Seele hinein.

Du also, mein Sohn, mußt dich nicht von deinen blinden Begierden führen lassen, nicht deinem tierischen Willen folgen. Freue dich in dem Herrn, und er wird dir geben, was dein Herz verlangt (Sir. 18, 30; Ps. 37, 4).

5. Denn, wenn du wahre Freude finden und überschwenglich von mir getröstet werden willst, so verschmähe alle eitle Lust der Welt und entsage allen niedrigen Freuden. Darin wirst du Segen finden, darin wirst du eine reiche Quelle des Trostes entdecken.

Und je mehr du dir allen Trost der Geschöpfe versagst, desto süßere und reichlichere Tröstungen wirst du in mir finden.

Doch anfangs wird es dich manche trübe Stunden und heiße Kämpfe kosten, bis du dazu gelangst. Denn empören wird sich dagegen die böse, eingewurzelte Gewohnheit, aber eben diese muß durch brünstigen Eifer des Geistes im Zaum gehalten werden.

Reizen wird dich die alte Schlange und heftige Bewegungen in dir erregen; aber durch Gebet wirst du sie verscheuchen und durch nützliche Beschäftigung kannst du ihr dann den freien Zugang versperren.

Der Christ ein Märtyrer.

O Seele, willst du leben fromm,
Dein Leben wird ein Märtyrtum;
Erwarte nichts als Kreuz und Sterben;
Wer hier mit stirbt, wird dort mit erben.

(2. Tim. 2, 12.)

Die Märtyrer haben im Grunde nicht so viel gelitten, als mancher Christ im Kampfe mit der Welt, mit der Sünde, mit dem Satan und dem Fleische zu leiden und zu dulden hat. Die Marter der Blutzeugen war gewöhnlich kurz, in einigen Tagen oder Stunden zu Ende; aber der fromme Kämpfer hat ein lebenslängliches Märtyrtum. Darum ermahnt uns schon der Heiland; Fasset eure Seelen in Geduld; und der Apostel sagt: Geduld ist euch not, auf daß ihr den Willen Gottes tut und die Verheißung (Krone des Lebens) empfahet (Hebr. 10, 36. 12, 1). Es ist nicht mit dem Schwert und mit Gewalt auszurichten; hier ist Geduld und Glaube der Heiligen (Offb. 13, 10; 2. Kor. 6, 4; Hebr. 6, 12; Jak. 1, 3. 4).

Das 13. Hauptstück.

Jesus, der Lehrer und das Vorbild der Demut und des Gehorsams.

Mein Sohn! wer sich dem Gehorsam zu entziehen sucht, der entzieht sich der Gnade.

Und wer etwas Eigenes haben will, verliert das Gemeinsame.

Wer seinen Obern nicht gern und willig gehorchet, der verrät, daß ihm sein Fleisch noch nicht vollkommen gehorsam, sondern noch oft widerspenstig sei und murre.

Lerne also, deinen Obern dich schnell zu unterwerfen, wenn du dein Fleisch unterjochen willst.

Denn schneller wird der äußere Feind überwunden, wenn der innere Mensch in Ordnung ist.

Der schlimmste und beschwerlichste Feind deiner Seele ist dein eigner Leib, wenn er mit dem Geiste nicht wohl übereinstimmt.

2. Du mußt also dich selbst verschmähen lernen, wenn du über Fleisch und Blut Meister werden willst.

Weil du dich selbst noch allzu unordentlich lieb hast, darum sträubst du dich so sehr, dich dem Willen eines andern vollkommen zu unterwerfen.

Aber was ist es denn Großes, wenn du, der du Staub und nichts bist, dich um Gottes willen einem Menschen unterwirfst? nachdem ich, der ich der Allmächtige und Allerhöchste bin, der alle Dinge aus nichts schuf, mich um deinetwillen dem Menschen unterworfen habe.

Ich bin der Allerniedrigste und der Allerletzte geworden, damit du deine Hoffart durch meine Demut überwinden möchtest.

3. Lerne gehorsam sein, denn du bist Staub; lerne dich erniedrigen, denn du bist Erde; lerne dich unter die Füße aller Menschen legen, denn du bist Leimen (Lehm, Erde).

Lerne deinen eignen Willen brechen, und zu jeder Unterwürfigkeit oder Erniedrigung bereit sein.

Entbrenne im Eifer gegen dich selbst; laß keine Geschwulst oder Aufgeblasenheit in dir herrschend werden; sei so unterwürfig und klein, daß jeder über dir einhergehen und dich wie Gassenstaub zertreten kann.

4. Eitler Mensch, was klagst du denn? Unreiner Sünder! wie wagst du es, deinen Mund aufzutun wider die, welche dich schmähen? Du, der du so oft deinen Gott beleidiget, so oft die

Ich freue mich über die, so mir sagten: Lasset uns ins Haus des Herrn gehen! Da die Stämme hinaufgehen, zu danken dem Namen des Herrn.

Psalm 122, 1. 4.

Hölle verdient hast? Aber schonend sah mein Auge auf dich herab, weil deine Seele köstlich war vor meinem Angesicht; damit du erkennen solltest meine Liebe, damit du dich stets dankbar für meine Wohltaten bezeigen, wahre Demut und Gehorsam lernen, und wenn du von andern deswegen verachtet würdest, es mit Geduld ertragen möchtest.

Ein Blick hilft.

Weil die Menschen Götter werden wollten, so wollte Gott ein Mensch werden, um den Hochmut und Ungehorsam der Menschen durch Demut und Gehorsam zu heiligen. Wenn dich der Blick auf die Demut und den Gehorsam Jesu, des Sohnes Gottes, bis zum Tod am Kreuz nicht demütig, beugsam und gehorsam macht, so wirst du nimmermehr von Stolz und Eigensinn geheilt. Sieh ihn die Füße seiner Jünger waschen, sieh ihn blutschwitzend und mit dem Tode ringend beten: Vater, nicht mein, sondern dein Wille! sieh ihn gebunden, verurteilt, gegeißelt, gekrönt, verspeit, verspottet, entblößt am Kreuze sterben — sieh ihn an im Glauben, daß er für dich so demütig und gehorsam ward, und du kannst, wenn du willst, durch ihn und sein Verdienst so gesinnt sein, wie er war in dieser Welt (Phil. 2, 5—9).

Willst du ganz befreiet sein,
Mach dich Christo nur gemein.
Sein eigner Herr und Meister sein,
Macht nicht frei, bringt Angst und Pein.
Wer recht will frei sein hier auf Erden,
Muß seines Gottes Sklave werden.

Isaaks Opferung. Petri Verleugnung.

Das 14. Hauptstück.

Die verborgenen Gerichte Gottes.

Deine Gerichte donnern über mir, o Herr! Mit Furcht und Zittern zermalmest du alle meine Gebeine, und meine Seele ist sehr erschrocken.

Ich stehe und staune, wenn ich den Gedanken denke: Die Himmel sind nicht rein vor deinen Augen.

Wenn du an den Engeln Sünde gefunden hast, wenn du der Engel nicht schontest, was wird mit mir geschehen?

Sterne sind vom Himmel gefallen, und ich Staub vermesse mich, zu hoffen?

Menschen, deren Taten lobenswürdig schienen, sind in den Abgrund gestürzet;

Und die das Brot der Engel aßen, sah ich mit den Trebern der Schweine ihre Lust befriedigen.

2. Nichts ist also unsre Heiligkeit, wenn du, Herr! deine Hand von uns abziehst.

Keine Weisheit hilft uns, wenn du uns nicht regierest.

Keine Stärke schützt uns, wenn du nicht schützest.

Keine Keuschheit stehet fest, wenn du sie nicht bewahrest.

Keine eigene Wachsamkeit erhält uns, wenn dein heiliges Auge nicht über uns wachet.

Denn, uns selbst überlassen, sinken wir und verderben; wenn du aber uns heimsuchest, leben wir und richten uns auf.

Wen suchet ihr?
Jesum von Nazareth!
Ich bin's!

Unbeständig sind wir in uns selbst; aber durch dich werden wir befestigt.

Lau sind wir von uns selbst; durch dich werden wir entzündet.

3. Ach! wie kann ich demütig und gering genug von mir selber denken!

Wie für gar nichts muß ich es achten, wenn ich etwas Gutes zu haben scheine.

Wie tief muß ich mich unterwerfen unter deine unergründlichen Gerichte, o Herr! da ich nichts anderes an mir finde, als nichts und wieder nichts.

O unermeßliche Last! O unüberschiffbares Meer! Wo ich hinsehe, finde ich in mir überall nichts anderes, als in allem — nichts!

In welchem Winkel, in welcher Falte kann sich also noch eitle Ehre verstecken? Wie kann ich noch dem Vertrauen auf irgend eine eigene Tugend Platz geben?

Verschlungen ist aller eitle Ruhm in dem Abgrunde deiner Gerichte über mir.

4. Gott, was ist alles Fleisch vor deinen Augen! Kann sich wohl der Ton rühmen gegen den, der ihn bildet?

Wie kann sich einer noch durch eitles Großsprechen erheben, dessen Herz sich in Wahrheit Gott unterworfen hat?

Wen die Wahrheit sich unterwürfig gemacht hat, den kann die ganze Welt nicht hochmütig machen.

Wer all seine Hoffnung auf Gott gegründet

hat, den können alle Lobsprüche der Menschen nicht mehr bewegen.

Denn sieh, auch die dich loben, sind alle nichts und vergehen mit dem Schall ihrer Worte; aber die Wahrheit des Herrn bleibet in Ewigkeit.

Ein untrüglicher Spiegel.

Wir sehen gewöhnlich in den falschen Spiegel der Eigenliebe und lernen uns dadurch nie recht kennen. Es ist nur ein Spiegel, der nicht trügt, der uns in unserer wahren, häßlichen Gestalt darstellt, und der ist die Gegenwart Gottes in uns. Wer des Herrn Angesicht sucht und sich vor demselben beschaut und prüft, der wird sich als den elendesten Sünder kennen, aber auch der Gnade vertrauen lernen, daß ihm Gott seine Sünden nicht aufdeckt, um ihn zu verderben, sondern zu retten und selig zu machen (Ps. 27, 8. 9; Joh. 3, 17).

Schau dich in Gottes Gegenwart;
Der Spiegel ist so rein und zart,
Es kann in dir der mindste Flecken
Sich nicht vor diesem Licht verdecken.

Fürwahr, der ist vor Gott ein tief erfahrner Christ;
Der gründlich glaubt, daß er ein großer Sünder ist,
Der ganz entblößt in sich, auf Gottes Gnade traut,
Und, wie ein Bettler, stets nach Gottes Händen schaut.

Das 15. Hauptstück.

Alle deine Wünsche seien Gottes Willen gleichförmig.

Mein Sohn! bei allem, was du wünschest, sprich also: Herr, wenn es dir gefällt, so geschehe es also!

Wenn es dir zur Ehre gereicht, so geschehe es in deinem Namen!

Wenn du siehst, daß es mir gut ist, wenn du es für heilsam findest, so laß es mich zu deiner Ehre gebrauchen.

Wenn du aber siehst, daß es mir schädlich sein und das Heil meiner Seele nicht fördern würde, so tilge auch das Verlangen danach aus meiner Seele.

Denn nicht jede Begierde, die dem Menschen fromm und gut scheint, kommt deswegen vom Heiligen Geist.

Es ist schwer, richtig zu unterscheiden, ob dich der Heilige Geist oder ein fremder Geist treibe, dieses oder jenes zu verlangen, oder auch, ob du nicht von deinem eigenen Geiste bewegt werdest.

Viele haben sich am Ende getäuscht gefunden, die anfangs von einem guten Geiste getrieben zu werden glaubten.

2. Was dir also immer für ein Wunsch in deinem Gemüte entsteht, so erlaube du dir nie, anders etwas zu verlangen, als in der Furcht des Herrn, und bitte nicht anders darum, als mit herzlicher Demut.

Und noch besonders sollst du mit vollkommener Hingebung deines Willens die ganze Sache mir anheimstellen und dabei sprechen: Herr! du weißt, was besser ist! Mach' es so oder so, wie du willst.

Gib mir, was du willst, wieviel du willst, und wann du willst.

Mache es mit mir, wie du weißt, daß es mir gut ist, wie es dir besser gefällt, und wie es dir zur größeren Ehre gereicht.

Stelle mich hin, wohin du willst, und tu mit mir in allem nach deinem Wohlgefallen.

Ich bin in deiner Hand, wende mich hin und her, und kehre mich um und um.

Siehe, ich bin dein Knecht, zu allem bereit; ich will nicht mir leben, sondern dir, und o! möchte ich dir nur würdig und vollkommen leben.

Gebet.

Gib mir, o du freundlichster Jesus, deine Gnade, daß sie bei mir bleibe, mit mir arbeite und bis ans Ende bei mir beharre.

Laß mich immer nur das verlangen und wollen, was dir am angenehmsten ist und am meisten gefällt!

Dein Wille sei der meine, und mein Wille richte sich immer nur nach dem deinen und stimme vollkommen mit ihm überein.

Mein Wollen und mein Nichtwollen sei immer eins mit dem deinigen.

Ich müsse immer nichts anderes wollen oder nicht wollen können, als was du willst oder nicht willst.

Laß mich allem sterben, was die Welt in sich hat.

Gib mir, um deinetwillen gern verachtet und unbekannt zu sein in dieser Welt.

Gib mir, daß ich dich mehr als alles Wünschenswerte verlange, daß ich in dir ruhe, daß mein Herz sich in dir allein befriedige.

Du bist allein der wahre Friede und die wahre Ruhe des Herzens.

Außer dir ist alles Plage, nichts als Unruhe.

In diesem Frieden, ja in ihm, das ist in dir, dem einen höchsten und ewigen Gute, will ich einschlafen und ruhen.

Wer gute Tage hat.

Wer gern in unverrückter Still'
Und gute Tage leben will,
Muß seine Ruh in allen Fällen
Allein in Gottes Willen stellen.

Wir müssen auf Erden beginnen, was wir im Himmel tun werden — denn keinen eignen Willen, sondern nur Gottes Willen haben und halten, ist der Himmel auf Erden und der Himmel im Himmel. Was machte Abraham groß und zu Gottes Freund, als daß er seinen Isaak — seinen Willen opferte und schlachtete? Unser Eigenwille muß uns ekelhaft zum Ausspeien, Gottes Wille unsere Leibspeise sein (Joh. 4, 34. 6, 38; Matth. 7, 21. 12, 50; Röm. 12, 2; Eph. 5, 17).

Eigne Sorg' und eignes Wählen
Bringt nur Frucht und stetes Quälen;
Was Gott gibt und nimmt und tut,
Ist der Seele alles gut.

Das 16. Hauptstück.

Den wahren Trost suche in Gott allein.

Alles, was ich mir zum Troste wünschen und denken kann, erwarte ich nicht hier, sondern in der Ewigkeit.

Wenn ich auch alle Tröstungen und alle Freuden dieser Welt genießen könnte, so wüßte ich doch gewiß, daß dies nicht lange dauern könnte.

Darum, meine Seele, kannst du nicht vollkommen getröstet und nicht wahrhaftig erquickt werden, außer in Gott allein, dem Tröster der Armen und dem Freunde der Demütigen.

Warte nur ein wenig, meine Seele! Warte nur auf die Verheißung Gottes, und du wirst die überschwengliche Fülle aller Güter im Himmel besitzen.

Wenn du zu heftig nach den zeitlichen Gütern trachtest, so wirst du die ewigen und himmlischen verlieren.

Die zeitlichen Güter brauche (als brauchtest du sie nicht); die ewigen aber verlange (mit aller Begierde deines Herzens).

2. Du kannst doch durch kein zeitliches Gut gesättiget werden, denn du bist zu ihrem Genusse nicht geschaffen.

Wenn du auch alle zeitlichen Güter besäßest, sie würden dich doch nicht glücklich und selig machen; sondern in Gott, der alle (zeitliche Güter) geschaffen hat, in Gott allein ist dein Glück und deine Seligkeit zu finden.

Eine Seligkeit, nicht wie jene, welche von den törichten Liebhabern dieser Welt geträumt und hochgerühmt wird, sondern eine Seligkeit, wie sie die gläubigen Freunde Christi erwarten, von der reine Herzen und geistige Menschen bisweilen schon einen Vorschmack genießen, weil ihr Wandel im Himmel ist.

Eitel und kurz ist aller menschliche Trost.

Wahrer, beseligender Trost ist nur der, den wir von der Wahrheit im Inwendigen erhalten.

Der Gottselige trägt seinen Tröster Jesus überall mit sich umher und spricht zu ihm:

Steh' mir bei, Herr Jesu! an jedem Orte und zu jeder Zeit.

Das sei mein Trost, gern alles menschlichen Trostes entbehren wollen.

Und wenn mir auch dein Trost fehlen sollte, so sei dein Wille und deine gerechte Prüfung mein höchster Trost; denn du wirst nicht immer zürnen und nicht in Ewigkeit drohen. (Ps. 103, 9.)

Bleibe ja — dem Heiland nah!

Innig, innig mußt du dich
Nah bei Jesu halten,
Ihn ansehen stetiglich
Und ihn lassen walten.
Licht und Leben, Kraft und Gnad
Man allein bei Jesu hat.

Alles was — außer Ihm — sich dir anbeut,
Ist Betrug, Schein und Eitelkeit.
Zu jedem fremden Trost sag: Nein,
Ich spar mein Herz für ihn allein.

Selig ist, wem Gott allein genügt. Gott ist der Mittelpunkt unsres Herzens, sagt St. Augustin, welches nirgends Ruhe findet als in ihm, und so lange unruhig ist, als es an sich selbst oder an dem Geschöpfe hangt und Trost außer Gott sucht. O Herr, wann wirst du mir mehr als alles — allein genug — alles in allem sein?!

Das 17. Hauptstück.

Wirf alle deine Sorge auf Gott.

Mein Sohn! laß mich mit dir schalten, wie ich will; denn ich weiß, was dir heilsam ist.

Du denkst wie ein Mensch, und urteilest über viele Dinge, wie es dir deine menschlichen Neigungen eingeben.

2. Herr, wahr ist, was du sagst: du sorgest weit mehr für mich, als ich selbst für mich sorgen kann.

Auf einem schwankenden Grunde steht jeder, der nicht alle seine Sorge auf dich wirft.

Herr! wenn mein Wille nur immer gerade und fest auf dich gerichtet bleibt, dann mache es mit mir, wie es dir gefällt.

Denn was du immer mit mir machest, das kann nicht anders als gut sein.

Willst du, daß ich im Finstern wandle, so preise ich dich in der Finsternis.

Willst du, daß Licht mich umgebe, so preise ich dich im Lichte.

Würdigest du mich des Trostes, so lobe ich dich.

Versetzest du mich in Trübsal, so lobe ich dich nicht minder in der Trübsal.

3. Mein Sohn! so mußt du gesinnt sein, wenn du mit mir wandeln willst. So bereitwillig zum Leiden, wie zur Freude; ebenso gern arm und dürftig als reich und satt.

4. Herr! ich will um deinetwillen gern leiden, was du immer über mich kommen läßt.

Gleichmütig will ich von deiner Hand annehmen Gutes und Böses, Süßes und Bitteres, Freudiges und Trauriges, und dir danken für alles, was mir begegnet.

Bewahre mich nur vor aller Sünde, so fürchte ich weder Tod noch Hölle.

Wenn du nur mich nicht wegwirfst und mich nicht auslöschest aus dem Buche des Lebens, so wird mir nichts schaden, was immer für Trübsale über mich kommen mögen.

Sorgenlos — in Gottes Schoß.

Bleib stets in Gott gekehret ein,
Gott lieben ist dein Werk allein;
Sonst sorge nichts; laß Gott nur machen,
Er selbst bestellet deine Sachen.

Der Vater-Schoß Gottes ist doch wohl groß genug für dich? Warum ängstest du dich? du Kleingläubiger! Wo hat Christus je den Glauben und die Zuversicht gescholten? wo nicht gelobt? Wo hat er dem Kleinglauben das Wort geredet? Der den Sohn uns geschenket hat, was wird der uns versagen? Mit welcher Zuversicht kannst du dich ihm überlassen, der so viel für dich getan hat, ehe du ihn kanntest und liebtest! da du noch Feind und gottlos warst! Darum wirf dein Vertrauen nicht weg, es sei trübe oder helle, auch wenn du gestrauchelt bist, und dir aus eigner Schuld innere oder äußere Leiden zugezogen hast.

Wer Gutes tut und trauet dann
Und, wenn er fehlt, nicht trauen kann:
Ein solch Vertrauen ist nicht rein,
Der Glaube steht auf Gott allein.

Das 18. Hauptstück.

Trage gleichmütig nach Christi Beispiel das Elend der Zeit.

Mein Sohn! Ich stieg vom Himmel herab, um deines Heiles willen; ich nahm all dein Elend auf mich, nicht weil irgend ein Zwang, sondern weil Liebe mich trieb, daß du Geduld lernen und das Elend dieser Zeit ohne Murren tragen solltest.

Denn von der Stunde meiner Geburt an bis zum letzten Atemzuge am Kreuze hatte ich immer zu leiden.

Ich hatte großen Mangel an zeitlichen Gütern; ich mußte gar oft öffentliche Klagen über mich hören. Spott und Scheltworte habe ich sanftmütig ertragen; meine Wohltaten wurden mir mit Undank, meine Wunderwerke mit Gotteslästerung, meine Lehre mit Tadel vergolten.

2. Mein Herr! da du in deinem ganzen Leben voll Geduld gewesen bist und eben dadurch vorzüglich den Auftrag deines Vaters erfüllt hast, so ist es nicht mehr als billig, daß auch ich elendester Sünder nach deinem Willen mich in Geduld übe und, solange du willst, die Bürde dieses vergänglichen Lebens um meines Heils willen trage.

Denn obwohl dieses Leben schwer und drückend gefühlt wird, so ist es doch durch deine Gnade sehr erleichtert und durch dein Vorbild und die Beispiele deiner Heiligen sind die dunklen Pfade erhellet und den Schwachen erträglicher worden.

Und nicht nur dieses, es ist uns auch ein reichlicherer Quell des Trostes geöffnet, als einst im Alten Bunde, wo die Tür des Himmels wie verriegelt und die Bahn dahin mit Dunkelheit umgeben schien, da auch nur wenige das Himmelreich zu suchen sich bestrebten.

Und auch die Gerechten, die damals das Heil erwarteten, konnten nicht in das himmlische Reich eingehen, ehe du deine Leiden vollendet und durch deinen heiligen Tod die Schuld bezahlt hattest.

O welchen Dank bin ich dir schuldig, daß du mir und allen, die an dich glauben, den guten und richtigen Weg in dein ewiges Reich gezeiget hast!

Denn dein Leben ist unser Weg, und durch die heilige Geduld gelangen wir zu dir, der du unsre Krone bist.

IESUS NAZAR
REX IUDEOR

Wenn du nicht vorangegangen wärest, uns nicht den Weg gezeigt hättest, wer würde sich bemühen, zu folgen?

Ach! wie viele würden weit entfernt oder ganz zurückbleiben, wenn sie nicht dein heiliges Beispiel vor Augen hätten!

Und wenn wir sogar jetzt noch, nachdem wir so viele Wunder und herrliche Lehren von dir gehört haben, dennoch lau werden, was würde geschehen, wenn uns kein so großes Licht zu deiner Nachfolge einladete?

Über Golgatha!

Verzage nicht, o Christ, in Kreuz- und Leidenswegen!
Wenn's Gold im Feuer ist, so ist der Schmelzer nah.
Die liebsten Kinder will der Herr am meisten segen;
Der Weg zum Himmelreich geht **über Golgatha**.

Der Weg durch dieses Leben ist mit Dornen bestreut. Kinder Gottes haben die gewöhnlichen Erdenleiden mit den Kindern der Welt gemein. Der Unterschied ist nur der: Die Geduld, eine Tochter des Glaubens, führt die Kinder Gottes im Leiden über Golgatha, und da finden sie Trost, Kraft und freudige Aussicht in die Ewigkeit; die Ungeduld, aber eine Geburt des Unglaubens, führt die Kinder der Welt in denselben Leiden und Trübsalen des Lebens durch die Hölle, ohne Trost, ohne Hoffnung und ohne eine andere Aussicht als in die Hölle (Hebr. 12, 1—11).

Das 19. Hauptstück.

Wahre Geduld duldet willig das Unrecht.

Was sprichst du, mein Sohn? Klage doch nicht so sehr! Betrachte doch einmal, was ich und meine Heiligen gelitten haben.

Du hast noch nicht bis zum Blutvergießen gekämpft (Hebr. 12, 4). Alles, was du leidest, ist sehr wenig im Vergleich mit denen, die so vieles gelitten haben, so heftig versucht, so schwer geplagt, so mannigfaltig geprüft und geübt worden sind.

Du mußt dir die größeren Leiden anderer zu Gemüte führen, damit du deine geringeren Leiden desto leichter trägst.

Und wenn dir deine Leiden nicht gering scheinen, so siehe zu, ob nicht auch nur deine Ungeduld es ist, die sie größer macht, als sie sind.

Doch deine Leiden seien klein oder groß, lerne du alle Leiden geduldig ertragen.

2. Je besser du dich zum Leiden anschickest, desto weiser handelst du, desto empfänglicher wirst du der Freude.

Du wirst sie auch leichter ertragen, wenn du dich nicht lange dagegen sträubst, sondern mutig und bereitwillig sie annimmst und dich darin übest.

Sprich nicht: Von einem solchen Menschen kann ich dies unmöglich ertragen. So etwas darf ich auch nicht leiden, denn er hat mir einen zu großen Schaden zugefügt; er hat mir Dinge aufgebürdet, an die ich nie gedacht habe. Von einem andern wollte ich es gern dulden und zusehen, wie ich es ertragen möchte.

Das sind törichte Gedanken, die gänzlichen Mangel an Geduld verraten und Vergessenheit dessen, der die Geduld krönen wird, dabei man nur immer die Menschen und die Beleidigung selbst, die sie einem zugefügt haben, im Auge behält.

3. Der hat keine Geduld, der nicht mehr leiden will, als ihm gut dünkt, und von wem es ihm beliebt.

Wer wahrhaft geduldig ist, der sieht nicht darauf, von was für einem Menschen er in der Geduld geübt werde, ob von seinem Vorgesetzten, oder von seinesgleichen, oder von einem Geringeren, ob von einem guten und heiligen Manne, oder von einem verkehrten und nichtswerten; sondern alles Widrige, ohne Unterschied, so viel und so oft und von welchem Geschöpfe es ihm immer angetan wird, alles das nimmt er dankbar, wie aus der Hand Gottes an und hält es für einen großen Gewinn; denn bei Gott bleibt kein Leiden unvergolten, so klein es auch sei, wenn es nur um seinetwillen erduldet wird.

4. Rüste dich also zum Kampfe, wenn du den Sieg erringen willst.

Ohne Kampf kannst du die Krone der Geduld nicht erlangen.

Willst du nicht leiden, so willst du auch nicht gekrönt werden.

Willst du nun gekrönt werden, so kämpfe männlich und leide geduldig.

Ohne Arbeit kommt man nicht zur Ruhe, ohne Kampf nicht zum Siege.

5. Mein Herr! laß mir durch Gnade möglich werden, was mir von Natur unmöglich zu sein scheint.

Du weißt es, daß ich nicht viel leiden kann, und daß ich gleich zu Boden geworfen werde, sobald sich die geringste Trübsal gegen mich erhebt.

O! laß du mir jede Übung der Geduld, jede Widerwärtigkeit um deines Namens willen lieblich und wünschenswert werden.

Denn leiden und geplagt werden um deinetwillen, ist sehr heilsam für meine Seele.

Wo bleibt die Kreuzliebe?

Ein andrer macht dir's selten recht;
Hier ist's zu wenig, dort zu schlecht;
Der macht dir Last und jener Leiden; —
Schäm' dich, dies sind der Christen Freuden.

Kannst du in dem Kreuze leben
Bloß mit dem, der 's Kreuz gegeben,
Abgeschieden, sanft und still;
Bald des Kreuzes Last dir schwindet;
Weil man Gott im Kreuze findet,
Und es so der Vater will.

Halt' dich innig, still und rein
Als ein klares Wässerlein,
Daß des Höchsten Lebenssonne
In dich strahl' mit Licht und Wonne.

Geduld — dieses allernötigste und allerseltenste Ding — lerne von Hiob, von dem Herrn selbst und von allen Duldern im Alten und Neuen Testament (Jak. 5, 10. 11; Hebr. 12).

Das 20. Hauptstück.

Bekenntnis eigener Schwachheit und des Elends dieses Lebens.

Ich will bekennen und zeugen gegen mich selbst von meinem Unrecht; will meine Schwachheit vor dir, o Gott, bekennen.

Oft ist es eine Kleinigkeit, die mich mutlos und traurig macht.

Ich fasse den Entschluß, tapfer zu streiten, aber wenn nur eine geringe Anfechtung kommt, so bin ich schon wieder sehr verlegen und bange.

Manchmal ist es eine unbedeutende Sache, aus der für mich eine bedeutende Versuchung entsteht.

Und wenn ich mich ein wenig sicher glaube, so finde ich mich bisweilen, wenn ich an nichts denke, beinahe ganz zu Boden geworfen, von einem leichten Windstoße.

2. So sieh denn, o Herr! meine Niedrigkeit und Gebrechlichkeit, die dir in ihrem ganzen Umfange besser, als mir selbst, bekannt ist.

Erbarme dich meiner, und reiß mich heraus aus dem Schlamme, damit ich nicht versinke und ganz zugrunde gehe.

Das ist es, was mich so oft peinigt und mir vor dir Schande macht, daß ich so gar gebrechlich, so gar schwach bin, meinen Leidenschaften zu widerstehen, die, wenn sie mich gleich nicht zur vollen Einstimmung hinreißen, mir doch durch ihre öftere Anfechtung lästig und beschwerlich werden.

Es ist doch sehr verdrießlich, täglich also im Kampf und Streit leben zu müssen.

Und dadurch offenbart sich mir meine Schwachheit, daß die schändlichen Vorstellungen meiner Einbildungskraft leichter bei mir eindringen, als weichen.

3. O du starker Gott Israels! du treuer Freund gläubiger Seelen! sieh doch herab auf die Arbeiten und Leiden deines Knechtes und steh ihm bei in allem, was er immer unternimmt.

Stärke mich mit himmlischer Stärke, damit der alte Mensch, das elende Fleisch, das dem Geiste noch nicht vollkommen unterworfen ist, nicht das Übergewicht bekomme, nicht herrschend werde, dagegen man kämpfen muß, solange man atmet in diesem elenden Leben.

Ach! was ist doch das für ein Leben, wo es nie an Trübsal und Elend fehlt, wo uns überall Schlingen und Feinde genug umgeben.

Denn kaum weicht eine Trübsal, oder eine Anfechtung, so folgt gleich wieder eine andere darauf; ja selbst, wenn wir noch mit einer im Kampfe begriffen sind, werden wir schon von mehreren unerwartet überfallen.

4. Wie ist es möglich, ein Leben zu lieben, das so voll Bitterkeit, so vieler Mühseligkeit und so vielem Jammer unterworfen ist?

Wie kann man das auch nur ein Leben nennen, was so viel Tod und Verderben erzeugt?

Und doch lieben es so viele Menschen und suchen all ihre Freude darin.

Man tadelt sehr oft die Welt, daß sie voll Trug und Eitelkeit sei; und doch will man sie nicht so leicht verlassen, weil die Lüste des Fleisches schon zu viel Gewalt erhalten haben.

Es ist nämlich etwas anderes, das zur Weltliebe, und etwas anderes, das zur Weltverachtung hinzieht.

Zur Weltliebe treibt den Menschen die Fleischeslust, Augenlust und Hoffart des Lebens; aber die Strafen und der Jammer, mit dem sie ihre Liebhaber bezahlt, erwecken Überdruß und Haß der Welt.

5. Aber leider! die schändliche Lust überwältigt doch bald wieder das schwache Gemüt, das noch an der Welt hängt, und das für Vergnügen hält, was der Sinnlichkeit schmeichelt, weil es die Süßigkeit, die Gott den Seinen gibt, und die innere Anmut der Tugend nicht geschaut noch gekostet hat.

Die aber die Welt vollkommen verschmähen und in heiliger Zucht Gott allein zu leben sich bestreben, die kennen die göttliche Süßigkeit, die der wahren Entsagung der Welt verheißen ist, wohl; die sehen es helle ein, wie schrecklich die Welt verblendet ist, und wie mannigfaltig sie betrogen wird.

Klage minder — glaube mehr.

Wer immer auf sein Elend siehet,
Wird mutlos und dem Heiland scheu.
Wer mit der Sünd' zu Jesus fliehet,
Der wird durch Ihn von Sünden frei.

Man muß bei der Sündennot und dem Elendsgefühl nicht stehen bleiben, sondern aus allem heraus, von allem, was man fühlt, was einen drückt oder das Herz einnimmt, es sei Freude oder Leid, zu Jesu hin; sollte man auch tief gefallen sein, nur sich schnell aufgerafft, und ja nicht im Zustand der Sünde, oder der Unruhe und Versuchung verharren, sondern schnell zum Arzt und sich seine Wunde verbinden und heilen lassen (Matth. 11, 28; 1. Petr. 5, 7; Joh. 6, 37. 7, 37).

Der Hunger, der von Welt und Sünden
Sich nur in Jesum kehret ein,
Wird Gnade, Kraft und Ruhe finden:
Dies soll, o Seel', dein Glaube sein!

Das 21. Hauptstück.

Zu Gott den Sinn — durch alles hin.

Über alles und in allem, meine Seele! suche deine Ruhe allezeit in dem Herrn; denn er ist die ewige Ruhe aller Heiligen.

Gib mir also, o du freundlichster und liebenswürdigster Jesus! gib mir, daß ich dich als meinen Ruhepunkt allen Geschöpfen vorziehe, allem Wohlsein und aller Schönheit, allem Ruhme und aller Ehre, aller Macht und Würde, aller Wissenschaft und Klugheit, allen Schätzen und Künsten, aller Freude und Wonne, allem Lobe und guten Rufe, aller Süßigkeit und Tröstung, aller Hoffnung und Verheißung, allem Verdienste und Wunsche, allen

Gaben und Geschenken, die du zu geben und mitzuteilen vermagst; aller Freude und Seligkeit, die das menschliche Gemüt fassen und genießen kann; endlich, allen Engeln und Erzengeln und allen Heeren des Himmels, allem Sichtbaren und Unsichtbaren, ja allem, was du, Herr mein Gott! nicht selber bist; weil du, Herr, mein Gott! der Allerbeste bist!

2. Du allein bist der Höchste, du allein der Mächtigste, du allein der Allgenugsamste und Reichste, du allein der Lieblichste und Trostvollste, du allein der Schönste und Liebenswürdigste, du allein der Edelste und Herrlichste über alles, in dem alle Güter zugleich vollkommen und vereinigt sind, waren und sein werden.

Darum ist mir alles zu wenig, alles zu unbefriedigend, was du mir immer außer dir schenkest, oder von dir selbst offenbarest oder verheißest; das alles genügt mir nicht, solange du mir dich selbst nicht zu schauen und zu genießen gibst.

Denn mein Herz kann nun einmal keine wahre Ruhe finden, kann nicht gänzlich befriedigt werden, bis es in dir ruhet, uns über alle Gaben und über alle Geschöpfe sich emporgeschwungen hat.

3. O du mein liebster Bräutigam, Jesus Christus! du reinste Liebe, du Gebieter aller Geschöpfe, wer gibt mir Flügel der wahren Freiheit, daß ich auffliege zu dir und in dir ruhe?

O! wann wird es mir gegeben, von allem völlig los und entbunden zu sein, um nur in dir zu ruhen, nur dich zu schauen, wie süß du bist, Herr, mein Gott!

Wann werde ich vollkommen in dir gesammelt sein? daß ich in der Liebe zu dir mich selbst nicht mehr wahrnehme, sondern dich allein fühle und genieße auf eine Weise, die allen Verstand, und in einem Maße, das alles Maß übersteigt, auf eine Weise, die nur wenigen bekannt ist.

Nun aber muß ich so oft seufzen und mein Elend mit Herzeleid tragen, denn viel Übel begegnen mir in diesem Tal des Jammers; Übel, die mich oft ganz verwirren, betrüben und verfinstern, oft hindern und zerstreuen, locken und gefangen nehmen, daß ich den freien Zutritt zu dir nicht mehr finden, und deine freundlichen Umarmungen nicht genießen kann, die den seligen Geistern immer zuteil werden.

Möchte dir mein Seufzen das Herz brechen, und der mannigfaltige Jammer auf Erden dich bewegen!

4. O Jesu! du Abglanz der ewigen Herrlichkeit, du Trost der (nach dem Vaterland) pilgernden Seelen! Vor dir verstummt mein Mund und findet keine Worte; aber mein Stillschweigen spricht laut zu dir! Wie lange zögert mein Herr, zu mir zu kommen?

Ach! daß er käme zu dem Ärmsten seiner Armen, und mich fröhlich machte! Ach, daß er seine Hand mir reichte, und mich Elenden herausrisse aus aller Angst meines Herzens!

Komm! komm! denn ohne dich kann ich keinen

Tag, keine Stunde ruhig und froh bleiben, weil du meine Freude bist, weil ohne dich leer mein Tisch ist (ohne Lebensbrot).

5. Elend bin ich und wie eingekerkert und mit Fesseln gebunden, bis du mich mit dem Lichte deiner Gegenwart erquickest, mir die Freiheit schenkest, und mir dein Angesicht wieder freundlich zeigest.

Mögen andere bei dir (oder statt deiner) etwas anderes suchen, was sie immer wollen; mir gefällt einmal nichts, und wird mir nie etwas anderes gefallen, als du, mein Gott, meine Hoffnung, mein ewiges Heil!

Nimmer schweigen, nicht mehr aufhören zu bitten will ich, bis deine Gnade wiederkehret, und du in meinem Innern wieder zu mir redest.

Jesus:

Siehe, da bin ich! Sieh! ich wende mich zu dir, weil du mich gerufen hast. Deine Tränen und die Sehnsucht deiner Seele, die Demut und Zerschlagenheit deines Herzens neigten mich und führten mich zu dir hin.

Der Jünger:

Und ich sprach: Ja, ich habe dir gerufen und mich gesehnt dich zu genießen, bereits, alles um deinetwillen zu verschmähen; denn du hast mich zuvor erwecket, daß ich dich suchte.

Sei also gepriesen, o Herr! daß du nach der

Fülle deiner Barmherzigkeit deinem Knechte so große Güte bewiesen hast.

Was kann dein Knecht noch sagen vor dir, o Herr! als daß er sich völlig demütige vor dir, ohne je zu vergessen seine eigene Ungerechtigkeit und Schlechtigkeit?

Unter allen Wundern im Himmel und auf Erden ist keines dir gleich.

Deine Werke sind alle sehr gut, Herr! alle deine Gerichte gerecht, und deine Vorsehung regiert die ganze Welt.

Lob sei dir also, und Ehre, o Weisheit des Vaters! dich lobe und preise mein Mund, meine Seele, und alles Geschaffene lobe und preise dich mit mir!

Das Herz beim Schatz.

Man muß sich dem Herrn, der für uns sich opferte, opfern, ihm sich abtreten, sich tausend Dinge versagen und allem entsagen, wenn man ihm Freude machen kann; man muß sich selbst verlassen, um ihm anzuhangen und nur für ihn zu sein. Seine Güte, Liebe, Schönheit und Herrlichkeit, sein Leiden und Sterben für uns und unsre Sünden soll uns uns selbst nehmen, um nur ihm zu leben, dem wir uns ganz schuldig sind.

Wenn ich bei der Arbeit stehe,
Esse, trinke, sitz' und gehe,
Ist mein Herz ganz anderswo
Unbetrübt und innig froh,
Nur mit Jesu wie allein;
Er muß meine Wohnung sein.

Das 22. Hauptstück.

Dankbares Andenken an die mannigfaltigsten Wohltaten Gottes.

Herr! öffne mein Herz für dein Gesetz, und lehre mich auf dem Wege deiner Gebote wandeln.

Laß mich deinen Willen erkennen, und deine Wohltaten, die allgemeinen sowohl als die besonderen, mit großer Ehrfurcht und ungeteilter Aufmerksamkeit im Andenken bewahren, damit ich dir würdig dafür danken möge.

Aber ich weiß es, daß ich es nicht vermag, dir auch nur für die geringste Wohltat, wie ich sollte, zu danken, und dich nach Würden zu loben.

Ich bin zu geringe für alle die Wohltaten, die du mir erwiesen hast, und wenn ich deine edelmütige Güte betrachte, so vergeht mein Geist vor ihrer Größe.

2. Alles, was wir haben, an Leib und Seele, in uns und außer uns, Natürliches oder Übernatürliches, alles Gute ist dein Gnadengeschenk, und preiset dich als den Wohltäter und den guten und milden Geber, von dem wir alles Gute empfangen.

Und wenn gleich einer mehr, der andere weniger empfangen hat, so ist doch alles deine Gabe, und ohne dich könnten wir doch gar nichts haben.

Wer mehr empfangen hat, kann sich dessen nicht als seines Verdienstes rühmen, oder sich deswegen über andere erheben, noch den, der weniger emp-

C·M·B

fangen, verachten, weil nur der der Größere und Bessere ist, der sich selbst am wenigsten zuschreibt, und den demütigsten und innigsten Dank bezeiget.

Und gerade der, der sich für den Geringsten aus allen hält, und sich für den Unwürdigsten erklärt, der ist der Fähigste, die größeren Gaben zu empfangen.

3. Wer aber weniger Gaben empfangen hat, der werde nicht traurig und murre nicht, viel weniger beneide er den reichlicher Begabten; sondern er blicke vielmehr zu dir auf, und preise deine Güte um so mehr, daß du so reichlich, so ganz ohne alles Verdienst, so freiwillig, ohne Ansehen der Person, deine milden Gaben ausspendest.

Alles ist doch von dir, darum bist du auch in allem zu loben.

Du weißt es, welche Gabe jedem heilsam sei, und warum dieser mehr, jener weniger empfangen habe. Dieses zu entscheiden, ist nicht unsere, sondern deine Sache, bei dem der Wert eines jeden Menschen schon entschieden ist.

4. Darum, o Herr! halte ich es für eine große Wohltat, daß ich nicht viel habe, was dem äußern Ansehn nach und vor den Augen der Menschen Lob und Ruhm verschafft.

Deswegen soll ein Mensch, wenn er die Armut und Niedrigkeit seiner Person betrachtet, nicht nur nicht klagen, oder traurig und mutlos werden, sondern vielmehr sich damit trösten und sehr erfreuen, weil du, mein Gott! die Armen und

Niedrigen, die vor der Welt Verachteten, zu deinen Hausgenossen und vertrauten Freunden erwählt hast. Zeugen dessen sind selbst deine Apostel, die du zu Fürsten (deines Reiches) vor aller Welt gemacht. Sie wandelten ohne Klage in der Welt, so demütig und einfältig, ohne Falsch und ohne alle List, daß sie sich freuten, um deines Namens willen Schmach zu leiden, und das, was die Welt verabscheut, mit brünstigem Eifer umfaßten.

5. Wer also dich lieb hat, und deine Wohltaten zu schätzen weiß, soll sich gerade daran am meisten erfreuen, daß dein Wille an ihm geschieht, und es dein Wohlgefallen von Ewigkeit so geordnet hat. Ja, er soll darin so viel Zufriedenheit und Trost finden, daß er eben so gern der Geringste sein möchte (wenn es Gott so wollte), als ein anderer gern der Größte wäre; er soll ebenso zufrieden und willig die letzte Stelle einnehmen können, als die erste; er soll ebensogern verkannt und verachtet, ohne Namen und Ruf, als der Angebetetste und Größte unter allen Menschen in der Welt sein. Denn dein Wille und die Liebe zur Verherrlichung deines Namens, muß ihm über alles gehen, muß ihn mehr erfreuen und ihm besser gefallen, als alle Gaben und Wohltaten, die er von dir empfangen hat oder empfangen könnte.

Die beste Gabe.

Gib Gott für alle Gaben Preis,
Doch geh zum Geber durch die Gaben;

Die beste Gabe, die ich weiß,
Ist: ein gebeugtes Herze haben.

Die Demut und Herzensbeugung ist also der größte Reichtum, um den dich niemand beneidet; so wie Hochmut und Selbsterhebung die größte Armut ist, die man beweinen muß. Da alles, was wir sind und haben, Gottes unverdiente Gabe ist, und wir ihm nichts zuvor gegeben haben und vergelten können, so ist nichts natürlicher, als daß wir uns um so tiefer beugen, je mehr wir empfangen haben; und nichts widernatürlicher, als daß wir uns durch die Gaben erheben lassen. Der Reichste und Seligste ist aber der, welcher mit wenigen Gaben ebenso zufrieden ist, als andere vieler Gaben sich freuen, der ebensosehr wünscht, der Auswurf und Abscheu der Welt zu sein, als andere trachten, über alle erhoben und gerühmt zu werden. Eine solche Demut ist groß in Gottes Augen und der größten Gnaden empfänglich. O Herr, wann wird die Ehre bei Menschen mir verächtlich und abscheulich, und dagegen die Verachtung und Demütigung vor der Welt das Glück und die Freude meines Herzens sein! (Joh. 4, 44; Gal. 5, 26; 1. Thess. 2, 6; Gal. 5, 14).

Haben als nicht haben.

Wer Gott allein zum Schatz will haben,
Ruht nicht in Leibs- und Seelengaben.
Lieb alles, doch lieb alles so,
Daß du mit nichts seist gleichfalls froh.

Das 23. Hauptstück.

Vier notwendige Friedensbedingnisse.

Mein Sohn! nun will ich dir den Weg zu dem Frieden und zur wahren Freiheit zeigen.

Tue, Herr! wie du sagst, denn gerade davon höre ich am liebsten reden.

I. Bemühe dich, mein Sohn! lieber den Willen eines andern zu erfüllen, als deinen eigenen.

II. Erwähle stets das Wenigere vor dem Vielen.

III. Suche allezeit den letzten Platz, und sei allen gern untertan.

IV. Wünsche stets und flehe, daß der Wille Gottes in dir und von dir vollkommen erfüllt werde.

Sieh, wer so gesinnt ist, der wandelt im Lande des Friedens und der Ruhe.

2. Herr, du hast mir mit wenigen Worten viel gesagt und das Beste gesagt. Deine Lehre ist kurz (arm an Worten), aber voll Sinn, und reich an Frucht.

Könnte ich sie treu bewahren, so würde ich nicht so leicht in Verwirrung und Unruhe geraten.

Denn so oft ich in mir Unfriede und Geistesplage fühle, so finde ich allemal, daß ich von dieser deiner Lehre gewichen bin.

Aber du, der du alles kannst, und an der Besserung der Menschen deine Freude hast, schenke mir größere Gnade, daß ich dein Wort erfüllen und mein Heil erlangen kann.

3. Mein Gott und mein Herr, sei du nicht fern von mir.

Mein Gott! blicke mich nur an, und hilf mir; denn sieh, allerlei böse Gedanken haben sich in mir empört gegen mich, große Schrecken belagern und ängsten meine Seele. Wie kann ich unverletzt entkommen? wie sie besiegen?

4. Ich, spricht der Herr, werde vor dir hergehen und die Großen der Erde demütigen. Öffnen werde ich die Pforten des Kerkers und die verborgenen Geheimnisse dir aufschließen.

5. Tue, Herr! nach deinem Worte, und fliehen werden vor deinem Angesichte alle bösen Gedanken.

Das ist meine einzige Hoffnung und mein Trost, in aller Trübsal zu dir meine Zuflucht zu nehmen, auf dich zu vertrauen, dich vom innersten Grunde meines Herzens anzurufen, und in Geduld deinen Trostbesuch zu erwarten.

Gebet

um Erleuchtung des Gemütes.

Erleuchte mich, guter Jesus, mit der Klarheit des innern Lichtes, und treibe aus dem Hause meines Herzens alle Finsternisse.

Wehre den vielen ausschweifenden und bösen Gedanken, und ersticke alle Versuchungen, die meine Seele mit Gewalt bestürmen.

Streite du für mich, du starker Gott, und bezwinge die wilden Tiere, die reizenden Lüste, damit der Friede in mir hergestellt werde, durch deine Kraft, und der laute Jubel deines Lobes wiedertöne im heiligen Saale, das ist, im reinen Gewissen.

Gebiete dem Winde und dem Sturme, sprich zum Meere: Sei still! und zum Nordwinde: Wehe nicht! und es wird große Stille werden.

Sende dein Licht und deine Wahrheit, daß sie leuchten auf Erden: denn ich bin ein wüstes, leeres und finsteres Land, bis du mich erleuchtest.

Laß die Ströme deiner Gnade von oben herabfließen; erfülle mein Herz mit dem Tau des Himmels; eröffne mir die Quelle der Andacht, zu bewässern das Antlitz der Erde (meines Herzens), daß sie gute, daß sie die besten Früchte bringe.

Erleichtere mein Gemüt, das von der Last der Sünde niedergedrückt ist, erhebe all meine Begierden zu den himmlischen Gütern, damit ich, die Süßigkeit jener überirdischen Seligkeit kostend, an das Irdische nicht mehr denken möge.

Ziehe mich zu dir, und reiß mich los von allem flüchtigen Troste der Kreaturen.

Denn kein geschaffenes Ding kann mein Verlangen vollkommen befriedigen, noch meinen Hunger stillen.

Verbinde mich mit dir mit dem unauflöslichen Bande der Liebe.

Denn du allein bist dem Liebenden genug, und ohne dich ist alles übrige eitel und nichts.

Ins Gefängnis!

Gottes unumschränkter Wille
Gibt dir unverrückte Stille;
Das sei dein Gefangenhaus;
Lauf doch nimmer da hinaus!

Wer frei sein will, sperre sich in dieses Gefängnis. Da allein ist wahre Freiheit zu finden. So wie der Eigenwille und die selbsterwählte Freiheit des Fleisches die ärgste Sklaverei und Gefangenschaft ist.

Zögere keinen Augenblick, den erkannten Willen Gottes zu tun, so daß kein Zwischenraum zwischen Können, Wollen und Tun stattfinde. Bitte unablässig um Befreiung von der Sklaverei deiner Leidenschaften; es sei vielmehr deine einzige Leidenschaft, zu tun und zu leiden, was Gott will, ihm zu gefallen und ihn zu lieben (Luk. 22, 42; Joh. 4, 34. 5, 30; 1. Joh. 2, 17).

Dein Kämmerlein sei Gottes Wille,
Darin verschlossen bleich und stille.
Kommt Freude, laß sie draußen stehn;
Kommt Kreuz, so laß dich doch nicht sehn.

Das 24. Hauptstück.

Sei nicht neugierig, wie andere leben.

Mein Sohn! sei nicht neugierig, und gib dich nicht mit leeren Sorgen ab.

Was geht dich dieses oder jenes an? Folge du mir nach.

Was geht es dich an, ob dieser so oder anders sei? Ob jener so oder anders handle und rede?

Du mußt einst nicht für andere antworten; für dich aber, für dich mußt du einst Rechenschaft geben.

Warum mengest du dich also in fremde Dinge ein? Siehe, ich kenne alle, ich sehe alles, was unter der Sonne geschieht.

Ich weiß, wie es mit jedem steht, was er denkt, was er will und was für ein Ziel er im Auge hat.

Mir mußt du also alles anheimstellen, dich aber sollst du in Frieden bewahren und jeden geschäftigen Treiber treiben lassen, so viel er will. Es wird einst auf seinen Kopf zurückfallen alles, was er geredet oder getan hat, denn mich kann er nicht betrügen.

2. Bekümmere dich nicht um den Schatten eines großen Namens, nicht um vertraute Freundschaft, noch um die besondere Liebe vieler Menschen. Denn aus dem allen werden viele Zerstreuungen und große Finsternisse im Herzen geboren.

Gerne möchte ich dir oft mein Wort in die Seele sprechen, und dir meine Geheimnisse offenbaren, wenn du nur meine Ankunft fleißig wahrnehmen und mir die Türe deines Herzens öffnen möchtest.

Sei vorsichtig, wache im Gebete, und demütige dich in allem.

Bleib zu Haus.

Du nötigst Gott so oft, und läufst doch immer aus;
Wenn er dich dann besucht, so bist du nicht zu Haus.

Außer dir — außer Gott — und im äußern, es heiße, wie es wolle, ist kein Friede zu finden. Laß du die ganze Welt außer dir, und schau in dich, in dein Herz und Gewissen hinein, ob du darin die Welt und dasselbe in dir findest, was dir an andern mißfällt. Überlaß Gott, was dich nicht angeht, der sich's auch vorbehalten hat; sorge du für dich, daß du vor ihm bestehen kannst. Kehre ein, kehre ein in dein Herz, und bleibe beständig in dir zu Hause. Denn inwendig — nicht außer dir — will sich der Herr dir offenbaren. Inwendig — nicht außer dir — kannst du seine Stimme hören. Inwendig — nicht außer dir — kannst du mit ihm umgehen.

Er selber ist dir innig nah,
Sein Zug dich nötigt auch allda.
Wer sollt' sich nicht beständig üben,
Den Freund zu schauen und zu lieben?

Das 25. Hauptstück.

Von dem dauerhaften Frieden des Herzens und dem Fortschreiten im Guten.

Mein Sohn! Ich sprach einst: Frieden lasse ich euch, meinen Frieden gebe ich euch. Nicht wie die Welt gibt, gebe ich euch (Joh. 14, 27).

Frieden wollen alle haben, aber das, was zum wahren Frieden gehört (die Friedensbedingnisse), wollen nicht alle.

Mein Friede wohnt nur bei denen, die von Herzen demütig und sanftmütig sind (Matth. 11, 29).

Dein Friede wird bleiben, wenn du viel Geduld hast.

Wenn du mir und meiner Stimme gern folgest, so wirst du reichlichen Frieden genießen.

2. Was soll ich also tun?

In allen Dingen sei aufmerksam auf dich selbst, was du redest und was du tust, und deine Absicht sei allein darauf gerichtet, daß du mir gefallest, und daß du außer mir nichts verlangest noch suchest.

Was aber andere reden oder tun, darüber richte und urteile nie frevelhaft.

In Dinge, die dir nicht befohlen oder anvertraut sind, mische dich nicht.

So mag es sein, daß du wenig oder selten beunruhiget wirst.

Wenn du aber verlangst, daß du nie etwas von einer Unruhe fühlest, nie einige Beschwerden des Herzens oder des Leibes empfindest, so verlangst du etwas, das nicht in diese Welt hineingehört, sondern nur in dem Lande der ewigen Ruhe zu Hause ist.

3. Glaube also nicht, daß du den wahren Frieden gefunden habest, wenn du keinen Druck mehr fühlst;

Noch daß schon alles gut bei dir sei, wenn du mit keinem Widersacher zu kämpfen hast;

Oder daß dies ein sicheres Zeichen der Vollkommenheit sei, wenn dir alles nach Wunsch und Willen geht.

Halte dich auch dann nicht für etwas Großes, oder für ein Schoßkind der Gottheit, wenn du dich voll inniger Andacht und Süßigkeit fühlst.

Denn das ist nicht die untrügliche Probe des

wahren Tugendfreundes; darin besteht auch nicht der Fortgang im Guten und die Vollkommenheit des Menschen.

4. Worin denn, o Herr?

Darin, daß du dich von ganzem Herzen dem heiligen Willen Gottes als ein Opfer hingibst, und nicht mehr suchest, was dein ist, weder in kleinen noch großen Sachen, weder in der Zeit noch Ewigkeit, und zwar so, daß du mit einem und demselben heitern Angesichte immer gleich dankbar bleibest im Glück und Unglück, und alles auf derselben Wage wägst.

Wenn du so stark und ausdauernd in der Zuversicht geworden bist, daß du dann, wenn dir der innere Trost entzogen ist, dein Herz noch zu größeren Leiden bereitest, und nicht dich selbst rechtfertigest und als einen Heiligen rühmst, als hättest du so viele und große Leiden nicht verdient (oder, als wenn du nicht wüßtest, warum du dies leiden müßtest); sondern wenn du vielmehr mich in allen meinen Anordnungen als gerecht anbetest und als heilig lobpreisest: dann wandelst du auf dem rechten und geraden Wege des Friedens, dann darfst du zuversichtlich hoffen, daß du mein Angesicht bald wieder mit Entzücken sehen werdest.

Wenn du aber einmal die vollkommene Verschmähung deiner selbst erreicht hast, so sei überzeugt, daß du alsdann eine solche überschwengliche Fülle des Friedens genießen werdest, soviel der Mensch in dieser Pilgerhütte nur genießen kann.

Die schönste Liebe.

Wie rein, wie schön ist solche Liebe nicht,
Die ohne Trost im Kreuz den Liebsten ehret;
Die Ihn nur meint, und auf sich selbst nicht sieht,
Die auch noch liebt, wenn Leib und Seel' verzehret.

Die Ruhe, der Friede und die Größe des Menschen besteht nur darin, daß er sich selbst verleugnet und verschmäht, ja vernichtigt vor Gott, und in allen Dingen nichts anderes will und verlangt, als Gott zu gefallen und seinen Willen zu tun, ohne einen Seitenblick auf eignen Vorteil oder Lust. Selbst an Gottes Gaben darf das Herz nicht hängen, um sich aufs innigste und lauterste mit ihm selbst vereinigen zu können. Den innern Trost, süße Gefühle und Geisteserquickung der Gnade müssen wir uns geben und nehmen lassen, wie er will. Denn sie sind vorübergehend. Er allein — Gott unser Heiland, muß es sein, dem wir mit ganzer Liebe anhangen, in Leiden wie in Freuden (Ps. 18, 2. 34, 3; 2. Kor. 12, 9. 10; Ps. 73, 1. 23–28; Röm. 8, 35–39).

Wer da liebt und will viel *haben*,
Liebt sich selbst und nur *die Gaben*;
Lieben mit viel Trost und Licht,
Ist die beste Liebe nicht.
Liebe *Gott* im bloßen Glauben,
Laß dir alles andre rauben;
Kehrt Gott selbst sich auch von dir,
Lieb', und Gott um Gott verlier!

Das 26. Hauptstück.

Die herrliche Freiheit des Gemütes wird mehr durch Gebet und Tat, als durch Lesen und Studieren errungen.

Herr! das ist die Sache des vollkommenen Mannes, daß das Gemüt nie müde werde im Trachten nach himmlischen Dingen, und mitten unter vielen Sorgen wie ohne Sorge durchzuwandeln; nicht wie die Lauen (aus Trägheit oder Gefühllosigkeit), sondern mit der Heldenkraft eines freien Gemütes, das sich von keinem Geschöpfe durch eine ungeordnete Neigung gefangen nehmen läßt.

2. Ich bitte dich, mein treuester Gott! bewahre mich von den Sorgen dieses Lebens, daß ich nicht zu sehr verwickelt; vor vielen Bedürfnissen des Leibes, daß ich nicht durch Wollust gefesselt; vor allen Hindernissen der Seele, daß ich nicht von den Mühseligkeiten niedergeschlagen und verzagt werde.

Ich bitte hiermit nicht nur, daß du mich bloß vor dem bewahrest, was die Eitelkeit der Welt so heftig und heißhungrig sucht, sondern auch vor dem Elend, was die Seele deines Knechtes, nach dem gemeinsamen Fluch, der auf den Sterblichen liegt, peinlich beschwert und zurückhält, daß er sich nicht zur Freiheit des Geistes, so oft er gerne wollte, erheben kann.

3. O mein Gott! du unaussprechliche Süßig-

keit! verbittre mir alle fleischliche Lust, die mich von der Liebe der ewigen Güter abzieht, und durch den reizenden Anblick eines zeitlichen Gutes bezaubert und zu sich hinlockt.

Nimmermehr, o mein Gott! nimmermehr soll mich Fleisch und Blut überwinden; nimmermehr soll mich die Welt und ihre Herrlichkeit täuschen; nimmermehr soll mich die Hölle mit ihrer Arglist hintergehen.

Gib mir Kraft zu widerstehen, Geduld zu leiden, Standhaftigkeit, bis ans Ende auszuharren.

Gib mir, statt aller Freuden der Welt, die liebliche Salbung deines Geistes zu genießen, und, statt aller fleischlichen Liebe, gieß die heilige Liebe deines Namens in mein Herz aus.

4. Siehe! Speise, Trank, Kleidung und was wir sonst zur Erhaltung des Leibes bedürfen, das ist alles einem von Liebe brennenden Geiste eine wahre Plage.

Lehre mich, solche Erhaltungsmittel mäßig gebrauchen, daß ich nicht von zu großer Begierde danach eingenommen werde.

Alles darf ich ja doch nicht wegwerfen, weil die Natur erhalten werden muß; aber das verlangen, was überflüssig ist, und bloß der Lust dient, das verwehrt das heilige Gesetz, weil sich sonst das Fleisch gegen den Geist empört.

Deine Hand, o Herr! führe mich auch durch diese Klippen hindurch und lehre mich, daß ich auf keiner Seite zu viel tue.

Alles am rechten Ort.

Ein Stein sich nach der Erde neigt,
Die Flamme in die Höhe steigt;
Der Fisch will in dem Wasser leben,
Der Vogel in der Luft muß schweben.
Wenn jedes da ist, wo es soll,
So ist es frei, und ihm ist wohl.
Mein Geist ist frei und ganz vergnügt,
Wenn er in Gott, dem Ruhpunkt, liegt.

Nur in Ihm haben wir Gerechtigkeit und Stärke (Jes. 45, 24). Darum heißt es: Seid stark in dem Herrn und in der Macht seiner Stärke (Eph. 6, 10). Wer sich dem Herrn ganz hingibt, in ihm allein bleibt, an ihm allein hängt, in ihm wurzelt und gegründet ist, der steht fest, der behauptet die Freiheit des Gemüts, nichts wird ihn erschüttern; leicht wird er alles überwinden und die Ruhe und den Frieden seiner Seele behaupten können. Jesus ist unser Element, wo uns allein wohl ist — außer ihm zappeln wir, wie der Fisch außer dem Wasser. Sieh dieses schön und trefflich ausgedrückt im 84. Psalm: Wie lieblich sind ꝛc.

Das 27. Hauptstück.

Die Eigenliebe — der ärgste Feind des höchsten Gutes.

Mein Sohn! du mußt alles für alles hingeben, mußt nichts mehr für dich behalten.

Glaub es doch, daß nichts in der ganzen Welt dir so sehr schadet, als deine Eigenliebe.

Denn eine jede Sache bindet und fesselt dich

gerade so viel oder so wenig, als du dich von Liebe und Neigung zu ihr einnehmen läßt.

Ist deine Liebe rein, einfältig und wohlgeordnet, so wird dich nichts gefangen nehmen können.

Verlange nichts, was du nicht besitzen darfst, und behalte nichts, was dich hindern und dir die innere Freiheit rauben kann.

2. Es ist doch sonderbar, daß du nicht dich selbst mit allem, was du hast und verlangen kannst, vom innersten Grunde deines Herzens, mir in die Arme wirfst und anheimstellst.

Warum willst du durch eitlen Kummer dich verzehren? durch unnütze Sorgen dich ermüden? Überlaß dich meinem Wohlgefallen, dann wird dir nichts schaden können.

Wenn du aber bald dies, bald jenes suchst, wenn du bald da, bald dort sein willst, wo du mehr eigene Vorteile erwartest, oder wo es dir besser gefällt: so wirst du nie zur wahren Ruhe gelangen, nie frei von Sorgen bleiben; denn an jeder Sache wirst du einen Fehler, und an jedem Orte einen Widersacher finden.

3. Das macht dich nicht glücklicher, wenn du äußerlich eine Sache erlangt oder vermehrt hast; sondern vielmehr, wenn du sie verschmähest, und aus dem Herzen mit der Wurzel ausrottest (die Neigung dazu erstickest).

Und dies gilt nicht bloß von der Liebe zum Gelde und Reichtum, sondern auch von der Sucht,

Ehre und eitle Lobsprüche zu erobern, die alle so vergänglich sind wie die Welt.

Wenn dir die brünstige Liebe des Geistes fehlt, so schützt dich nirgend ein Ort: und der Friede, den du gesucht hast in der äußerlichen Lage, wird nicht lange bestehen, wenn nicht innerlich ein fester Grund des Friedens gelegt ist, das heißt: wenn du nicht in mir (gegründet und eingewurzelt) stehest.

Den Ort verändern, das kannst du; aber dich selbst verändern (oder verbessern) das kannst du nicht.

Denn bald wird sich ein Anlaß ergeben und von dir ergriffen werden, wo du dasselbe wieder findest, und wohl noch mehr, als du (an dem andern Orte) geflohen hast, weil der Keim und die Wurzel des Bösen in dir (nicht im Orte) liegt.

Gebet

um Reinheit des Herzens und Weisheit von oben.

Befestige mich, o Gott! durch die Gnade des Heiligen Geistes; verleihe mir, daß ich kräftig gestärket werde am inneren Menschen, daß mein Herz von aller unnützen Sorge frei und leer werde; daß ich nicht von den mancherlei wandelbaren Begierden nach irgend einer geringen oder (in den Augen der Menschen) köstlichen Sache hingerissen werde; sondern laß mich alle vergänglichen Dinge als vergängliche ansehen, und mich selbst auf gleiche Weise als einen, der vorübergeht. Denn es ist ja nichts Bleibendes unter der Sonne. Alles ist da Eitelkeit und Plage des Geistes.

O wie ist der so weise, der die Dinge mit einem solchen Auge betrachtet.

Gib mir, o Herr! die himmlische Weisheit, daß ich lerne, dich vor allem andern zu suchen und zu verlangen, und dich vor allem andern zu finden, zu genießen und zu lieben; alle übrigen Dinge aber nach der Ordnung deiner Weisheit, sowie sie sind, zu erkennen.

Hier ist es — in Ihm.

Bald bist du hier, bald bist du dort,
Und nirgend recht am rechten Ort;
Laß all dein hier und dort verschwinden,
Nur hier kannst du die Heimat finden.

Des Heilands reines, stilles Wesen
Mußt du zur Wohnung dir erlesen;
Da, da gehört dein Geist zu Haus,
Da wird dir Kraft und Licht und Leben
Und volle Sättigung gegeben;
Da gehe nimmermehr heraus.

Das ist die seligste Heimat — in Jesu, in Jesu — nirgend anderswo ist Ruhe für unser unstetes Herz. In Ihm daheim sein heißt: sich Ihm ganz und ohne Vorbehalt ergeben, nichts für sich behalten. Viele teilen ihr Herz zwischen Gott und der Welt oder sich selbst; sie lieben den Heiland, aber auch sich selbst und die Welt. Sie halbieren. Aber halbe Treu ist keine Treu.

Wer sich nur halb an Gott will geben,
Der führt ein rechtes Jammerleben.
Brich durch, es koste, was es will,
Sonst wird dein armes Herz nicht still.

Das 28. Hauptstück.

Laß dir durch die Pfeile der Lästerung dein Herz nicht verwunden.

Herr! laß mich klug ausweichen der glatten Zunge des Schmeichlers, und geduldig tragen die scharfen Pfeile des Widersachers.

Denn das ist große Weisheit, sich nicht bewegen zu lassen durch jeden Windstoß des Geredes, und taub zu bleiben gegen das sanfte Gelispel der täuschenden Schmeichelei.

Aber nur so wandelt man sicher auf dem betretenen Pfade fort.

Mein Sohn! kränke dich nicht darüber, wenn einige Menschen schlecht von dir denken, und sagen, was du nicht gerne hörest.

Du sollst noch viel schlimmer von dir selbst denken und niemand für schwächer (für geringer) halten, als dich selbst.

Wenn du im Innern wandelst, wirst du nicht viel achten auf flüchtige Worte.

Es ist eine große Weisheit, in den Tagen der Lästerung zu schweigen, in das Inwendige zu mir einkehren und sich durch das Richten und Urteilen der Menschen nicht beunruhigen lassen.

Dein Friede steht nicht auf den Zungen der Menschen.

Denn die Menschen mögen gut oder böse von

dir urteilen, deswegen bist du doch kein andrer Mensch.

Wo ist denn der wahre Friede, die wahre Ehre? Wo anders als in mir?

Wer nicht angesteckt ist von der Sucht, den Menschen zu gefallen, noch von der Furcht, ihnen zu mißfallen, der genießt die Fülle des Friedens.

Denn die ungeordnete Liebe und die eitle Furcht ist die Quelle, aus welcher alle Unruhe des Herzens und alle Zerstreuung der Sinne entspringt.

Wer tut dir leid?

Wer deiner Eigenlieb' tut weh,
(Durch wen und wie es auch gescheh')
Dem werd' nicht bös; lern' dich besinnen,
Zürn' mit dir selbst, der Feind sitzt drinnen.

Ein Armer hört das Schelten nicht (Spr. 13, 8), läßt sich nicht abschrecken. Wärst du recht arm im Geist, so würdest du dich um die Geschwätze der Leute nicht kümmern. Aber da du so empfindlich bist für jedes tadelnde Wort, so ist es ein Beweis, daß noch viel eignes Leben und Eigenliebe in dir ist. Darum müssen solche Pfeile der Lästerungen auf dich fliegen, bis dein eignes Leben getötet ist.

Ob Menschen uns schelten oder loben, darum sind wir nicht bös und nicht gut; frag du, ob Gott mit dir zufrieden sei. Die Urteile der Menschen sind auch oft nicht so böse gemeint, sondern Scherze oder Übertreibungen, oder Laune oder Heftigkeit oder Witz, wie man es selbst oft zu tun pflegt. Darum muß man es andern nicht so übel nehmen. Oft treffen sie aber den kranken Fleck: das ist ein Wink von Gott, daß du dich heilen lassen sollst. Mach du Zucker aus der Galle.

Wenn man dich plagt, so segne doch,
Wenn man dich haßt, so liebe noch;
Es kann ein guter Mensch auf Erden
Durch böse Menschen besser werden.

Das 29. Hauptstück.

Gebet in den Tagen der Trübsal.

Dein Name, o Herr! sei ewig gepriesen, der du gewollt hast, daß diese Prüfung und diese Trübsal über mich kommen soll.

Ich kann ihr nicht entfliehen; aber zu dir kann ich und muß ich fliehen, daß du mir beistehest, und sie zu meinem Besten lenkest.

Herr! sieh, nun leide ich; es liegt mir schwer auf dem Herzen, und das gegenwärtige Leiden plagt mich sehr.

Und nun, Vater! was soll ich sagen? Ich bin sehr in der Enge, umgeben von Not; rette mich aus dieser Stunde!

Aber deswegen ist diese Stunde über mich gekommen, daß du verherrlicht werdest, wenn ich tief gedemütigt durch dich errettet werde.

Herr! laß es dir gefallen, mich zu erlösen; denn was vermag ich Armer? Und wo will ich hin ohne dich? Gib Geduld, o Herr! auch diesmal noch!

2. Mein Gott! hilf mir, so werde ich nichts

fürchten, so schwer die Last auch immer sein mag, die mich drückt.

Aber nun, was soll ich indessen sagen? Herr! dein Wille geschehe! Ich habe es wohl verdient, daß ich gezüchtigt und gedrängt werde. Ich muß es ja wohl dulden, und möchte ich nur Geduld genug haben, bis das Wetter vorüber ist, und es wieder besser geht.

Die Hand deiner Allmacht kann ja auch wohl diese Versuchung von mir nehmen, und ihre heftigen Anläufe so mildern, daß ich nicht ganz unterliege.

Du hast es ja auch früher schon oft mit mir also gut gemacht, mein Gott! meine Barmherzigkeit! Je schwerer für mich, desto leichter ist diese Veränderung für dich, für die Hand des Allerhöchsten!

Soll ich den Kelch trinken? Ich will. —

(Joh. 13, 11; Ps. 116, 13.)

Nein, das Kreuz ist keine Last,
Als der Seele nur, die's haßt;
Wer's mit Liebe will umfassen
Und sich kindlich Gott kann lassen,
Der mag bei der Kreuzespein
Innig still und freudig sein.
Eigenwille klage nur!
Murret, Sinne und Natur!
Ihr müßt klagen, ihr müßt sterben,
Wenn der Geist nicht soll verderben.
Kreuz ist gut und lieb und leicht,
Weil es Gottes Liebe reicht.

Der Herr nimmt endlich alle Stützen weg, woran sich der alte Mensch noch hält; es muß dir aller Trost, alles Licht, alle Kraft entzogen werden, du mußt nichts als Elend in dir gewahr werden, sonst lernst und fühlst du nie, was du bist und kannst; lernst nie im Geist und nackten Glauben leben, nie dich selbst ganz verleugnen und dein Kreuz tragen. Das schwerste Kreuz bist du dir freilich selbst in deiner Armut, Ohnmacht und Blöße.

Das 30. Hauptstück.

Bitte um Hilfe und Vertrauen auf die wiederkehrende Gnade.

Mein Sohn! ich bin der Herr, der dich stärket in den Tagen der Trübsale.

Komm zu mir, wenn dir nicht wohl ist.

Das ist es, was am meisten dem Troste des Himmels den Weg in dein Herz versperrt, daß du dich langsam und spät zum Gebete wendest.

Denn ehe du mich mit ernstem Drange bittest, läufst du überall hin, um Trost zu betteln, und dir in äußerlichen Dingen Erquickung zu verschaffen.

Und eben deswegen hilft all dein Suchen wenig, bis du endlich einsehen lernest, daß ich es bin, der alle errettet, die auf mich trauen; daß außer mir keine Hilfe mächtig genug zu helfen, kein Rat heilsam und kein Mittel von Dauer ist.

Aber nun, da das Wetter vorüber ist, fasse wieder Mut, und lebe wieder auf im Sonnenschein meiner Erbarmungen; denn ich bin nahe, sprech ich, der Herr, zu dir; ich bin da, um alles nicht nur wieder gut und ganz zn machen, sondern reichlicher und überschwenglicher wieder herzustellen, als es je gewesen ist.

2. Ist denn für mich etwas schwer? Oder bin ich wie einer, der etwas sagt und es nicht tut? (der etwas verspricht und nicht hält?).

Wo ist dein Glaube?

Steh' fest wie ein Mann, und harre aus bis ans Ende.

Sei starkmütig und ein heldenmütiger Streiter. Zu seiner Zeit wird dir auch Trost werden.

Harre nur auf mich; harre, ich komme gewiß und rette dich.

Es ist nur Versuchung, was dich plagt, nur eitle Furcht, was dich schreckt.

Was nützt dir doch dein ängstliches Sorgen wegen der Dinge, die vielleicht geschehen könnten, als daß es dir Traurigkeit über Traurigkeit verursacht?

Jeder Tag hat genug an seiner eignen Plage. Eitel und unnütz ist alle Furcht und Freude über zukünftige Dinge, die vielleicht nie geschehen.

Es ist zwar menschlich, sich von solchen Einbildungen täuschen zu lassen; aber so gar leicht sich von jeder Eingebung des Feindes hinreißen und umtreiben lassen, das ist ein Zeichen einer kleinen Seele.

Dem Feinde ist es gleichviel, ob er dich mit wahren oder falschen Vorstellungen täusche und hintergehe; ob er dich durch unordentliche Liebe zu dem Gegenwärtigen, oder durch falsche Furcht vor dem Zukünftigen zu Boden stürze.

Dein Herz erschrecke also nicht, und fürchte sich nicht. Glaube an mich, und vertraue auf meine Barmherzigkeit!

Oft, wenn du meinst, du seiest weit von mir entfernt, bin ich dir um so näher.

Und wenn du wähnst, jetzt sei alles verloren, dann ist gerade die beste Gelegenheit, am meisten zu gewinnen.

3. Es ist nicht alles verloren, wenn dir etwas mißlingt oder wider deinen Wunsch begegnet.

Du sollst nicht urteilen nach deiner jetzigen Ansicht und Empfindung, noch dir eine Beschwernis, woher sie immer kommen mag, so schwer auf das Herz und so tief in das Herz fallen lassen, als wenn dir alle Hoffnung benommen wäre, ihrer wieder loszuwerden.

4. Denk' auch nicht, du seiest ganz verlassen, wenn ich dir nur auf eine Zeit irgend eine Trübsal sende, oder den erwünschten Trost entziehe.

Denn auf diesem Wege (durch Leiden und Mangel an Trost) wandelt man zum Himmelreich.

Und das ist ohne Zweifel für dich und deine Mitknechte besser, daß ihr in Widerwärtigkeiten geübt werdet, als daß euch alles nach Wunsch geht.

Ich kenne die verborgenen Gedanken der Menschen; ich weiß, daß es dir sehr zuträglich zu deinem Heile ist, wenn du bisweilen dürre und trocken gelassen wirst; denn sonst möchte der glückliche Fortgang dich erheben, daß du dir selbst wohlgefielest in dem, was du nicht bist.

Was ich dir gegeben habe, kann ich dir auch wieder nehmen, und auch wieder geben, wenn es mir gefällt.

Wenn ich's gebe, so ist's mein, und wenn ich es nehme, so habe ich dir nicht das Deine genommen.

Denn mein ist alle gute Gabe, von mir kommt alle vollkommene Gabe (Jak. 1, 17).

5. Wenn ich dir ein Leiden oder irgend etwas Widriges sende, so murre nicht, und dein Herz verzage nicht; denn ich kann dir bald wieder helfen, und alle Last in Freude verwandeln.

Und wenn ich mit dir so verfahre (oder wie immer), so bin ich gerecht und hoch zu loben in allem.

6. Wenn du die wahre Weisheit besitzest und die Sache im Lichte der Wahrheit betrachtest, so soll dich nichts Widriges so traurig und verzagt machen. Du sollst vielmehr dich darüber freuen und danken, ja wohl gar das für deine einzige Freude halten, daß ich deiner nicht schone, und dich mit Leiden züchtige.

Wie mich mein Vater geliebt hat, also liebe ich euch (Joh. 15, 9), so sprach ich zu meinen geliebten Jüngern, die ich ja nicht zum Genusse sinnlicher Freuden ausgesandt habe, sondern zu großen Kämpfen; nicht zu hohen Ehren, sondern zu vieler Schmach; nicht zum Müßiggange, sondern zum Arbeiten; nicht zur Ruhe, sondern viele Frucht zu bringen in Geduld.

Diese Worte merke dir, mein Sohn!

Sei nicht kindisch — Laß dich.

Gibt Gott dir nicht stets süße Gaben,
So werde darum nicht betrübt;
Ein naschhaft Kind will Zucker haben,
Wer klug ist, nur die Mutter liebt.

Wirst du versucht von allen Seiten,
So mach es, wie ein Kindlein tut:
Es läßt die Mutter für sich streiten,
Es läuft in ihren Schoß und ruht.

Bald willst du dies, bald jenes haben,
Dein Herz stets unzufrieden ist.
Der hat den Geber mit den Gaben,
Der völlig Gott gelassen ist.

Wenn du bei Menschen von außen Trost bettelst, so bettelst du dich für das Innere immer ärmer. Bleib still zu Haus, harre des Herrn, er kommt gewiß, und verwandelt deine Armut in Reichtum. Durch Stillesein und Hoffen wird der Schwächste stark. Die auf den Herrn harren, kriegen Adlersflügel zum Aufschwung, und Jugendkräfte zu unermüdetem Lauf (Jes. 30, 15. 40, 31; Hiob 14, 14; Psalm 27, 14. 31, 25. 33, 20. 40, 2. 42, 6).

Das 31. Hauptstück.

Verlaß alle Geschöpfe, um den Schöpfer zu finden.

Mein Herr; ich bedarf wohl noch größerer Gnade, wenn ich dahin gelangen soll, wo mir nichts, wo kein Geschöpf mir hinderlich sein kann.

Denn solange ich noch an irgend einem Geschöpfe hange, solange kann ich mich nicht frei zu dir aufschwingen.

Sehnlich wünschte frei auffliegen zu können jener heilige Sänger, der da sprach: Wer gibt mir Taubenflügel, daß ich auffliege und Ruhe finde (Ps. 55, 7).

Was ist ruhiger, als ein einfältiges Auge? Was ist freier, als ein Herz, das nichts von der Erde mehr verlangt?

Darum muß man sich über alle Geschöpfe erheben, sich selbst völlig verlassen, und in dieser Erhabenheit des Gemütes feststehen, um zu schauen, daß du, Schöpfer aller Dinge, nicht zu vergleichen bist mit allen deinen Geschöpfen.

Und wer sich noch nicht von allen Geschöpfen losgerissen hat, der kann nicht mit freiem Gemüte das Göttliche betrachten.

2. Mein Sohn! deswegen kommen so wenige zur Beschauung des Göttlichen, weil so wenige sich darauf verstehen, sich von den vergänglichen Geschöpfen völlig loszumachen.

Denn dazu gehört große Gnade, welche die Seele erhebt, und sie über sich selbst erschwingen lehrt.

Und wenn der Mensch diesen Geistesschwung nicht erreicht hat, nicht von allen Geschöpfen los geworden und mit Gott vollkommen vereinigt ist, so hat alles, was er weiß, und was er hat, kein großes Gewicht.

Wer etwas anderes für groß achtet, als Gott allein, das eine, unermeßliche, ewige Gut, der wird immer kleinlich bleiben, und im Staube der Erde kriechen.

Denn alles, was nicht Gott ist, ist nichts, und muß also auch für nichts geachtet werden.

Es ist ein himmelweiter Unterschied zwischen der Weisheit eines erleuchteten und gottseligen Mannes, und der Wissenschaft eines gelehrten und studierten Geistlichen.

Viel edler ist jene Lehre, welche von oben kommt durch göttliche Einflüsse, als welche sich der Mensch durch seine eigne Vernunft mühsam selbst erwirbt.

3. Es gibt viele Menschen, die sich die Gabe der Beschauung wünschen, aber (den Weg, der dazu führt, wollen sie nicht gehen, und) sich nicht üben in dem, was dazu erfordert wird.

Ein großes Hindernis ist auch dieses, daß die Menschen so starr an Formen, Zeichen, Buchstaben und sinnlichen Dingen hangen, und um vollkommene Selbstverleugnung sich wenig kümmern.

Ich weiß nicht, was das ist, was für ein Geist uns treibt, oder was wir denn eigentlich im

Mir ist gegeben alle
Gewalt im Himmel
und auf Erden.

Grunde wollen, die wir geistlich genannt werden und scheinen wollen, und doch so viele Mühe und größere Sorge auf vergängliche und schlechte Dinge verwenden; aber über unser Inneres denken wir so selten nach, und auch dann nicht mit völliger Sammlung des Geistes.

4. Leider! kaum haben wir uns nur ein wenig gesammelt, gleich zerstreuen wir uns wieder, und laufen hinaus, ohne unsere Handlungen einer strengen Prüfung zu unterwerfen.

Wir achten nicht darauf, wo unsre Neigungen sich anhängen, wir beweinen nicht, daß alles in uns und an uns noch so unrein ist.

Alles Fleisch hatte einst seinen Weg verdorben, und eben deswegen erfolgte jene große Sintflut.

Da nun unser Inneres durch böse Neigungen durch und durch verdorben ist, so muß notwendig alles, was wir diesen Neigungen zufolge tun, auch verdorben sein, und die Spuren der verlornen innern Kraft an sich tragen.

Die Früchte eines guten Lebens können nur aus einem reinen Herzen hervorwachsen.

5. Man fragt gewöhnlich, wie viel ein Mensch getan habe; aber aus welcher Kraftquelle er schöpft, und aus welch einem Sinn seine Handlungen fließen, das wird nicht so sorgfältig erwogen.

Ob einer reich, stark, schön, geschickt, ein guter Schriftsteller, ein künstlicher Sänger, oder ein guter Arbeiter sei, danach fragt man fleißig. Ob einer aber arm im Geiste, geduldig und sanftmütig, gottselig und innig sei, das wird von vielen mit Stillschweigen übergangen.

Die Natur sieht nur auf das Äußere des Menschen; die Gnade richtet ihren Blick nur auf das Innere. Jene wird gewöhnlich betrogen; diese hofft auf Gott und täuscht sich nicht.

Wenn ich Ihn nur habe, laß ich gern die Welt.

Du Himmelskind! laß doch die Erde,
Ein großer Reis'pack macht Beschwerde;
Wer Gott hat, der bedarf sehr wenig,
Und ist doch reicher als ein König.

Liebe doch nicht, was du nicht immer lieben kannst — was vergeht wie die Welt. Die ganze Welt mit allem, was in ihr ist, ist kaum ein Stäublein gegen Gott; häng' dich nicht an den Staub, schwing dich auf zu deinem Gott. Was nützte es dir, wenn du die ganze Welt gewännest und Gott verlörest? dich selbst verkauftest an vergängliche Dinge? Gott, Himmel, Ewigkeit winken dir, sind dein, wenn du willst, wenn du den Staub der Erde fallen läßt, und nach ihnen greifst. Faß an und halte fest! Dein Losungswort sei:

Man mag mir geben oder nehmen,
Mich ehren oder mich beschämen,
Man mag mich lieben oder nicht,
Es sei mir finster oder licht,
Ich sei betrübt, ich sei in Freuden,
In Angenehmheit oder Leiden —
Hab' ich nur Ihn, so bin ich still
Und habe, was ich haben will.

Das 32. Hauptstück.

Verleugne dich selbst, und entsage jeder sinnlichen Begierde.

Mein Sohn, die vollkommene Freiheit des Geistes kannst du nicht behalten, wenn du nicht dich selbst gänzlich verleugnest.

In Fesseln gehen alle einher, die habsüchtig an irgend etwas Eignes sich hängen; die selbstsüchtig sich selbst lieben; die lüstern, neugierig, zerstreut immer außer sich leben, und nur suchen, was dem Fleische wohltut, nicht, was sie Jesus Christus näher bringt; die immer das bauen und befestigen wollen, was nicht bestehen kann. Denn vergehen wird alles, was nicht aus Gott ist.

Halte dich stets an das kurze, aber allumfassende Wort:

Verlaß alles, so findest du alles.

Scheide dich von der Begierde, so wird die Ruhe bei dir einkehren.

Dies Wort erwäge in deinem Herzen, und wenn du es in Erfüllung gebracht haben wirst, dann wirst du alles verstehen.

2. Mein Herr! das ist keine Arbeit für einen Tag und kein Kinderspiel. Ja, in dieser Schale liegt der ganze Kern der Vollkommenheit für alle Frommen verborgen.

3. Mein Sohn! das soll dich nicht abschrecken noch verzagt machen, wenn du von dem Wege

der Vollkommenheit reden hörest; das soll dich vielmehr anspornen, nach dem höheren Ziel zu trachten, oder wenigstens ein herzliches Verlangen danach in dir zu haben.

O möchte es nur so mit dir stehen! Möchte es nur so weit mit dir gekommen sein, daß du einmal aufgehört hättest, dich selbst zu lieben, und immer fertig und bereit wärest, nur meinem Winke zu folgen und dem Winke meines Vaters, den ich dir verkündet habe. Dann könnte ich ein Wohlgefallen an dir haben, dann würde sich Friede und Freude über dein ganzes Leben verbreiten.

Ach! du hast noch vieles zu verlassen! Und wenn du, mir zu lieb, nicht gänzlich darauf Verzicht tust, so wirst du nicht finden, was du suchest.

Ich rate dir, daß du von mir kaufest im Feuer geläutertes Gold, damit du reich werdest, das ist: himmlische Weisheit, die alles Irdische mit Füßen tritt.

Laß fahren alle irdische Weisheit, alle Selbstgefälligkeit.

4. Ich wollte dir sagen; Du sollst für das, was in den Augen der Menschen groß und köstlich ist, dir das kaufen, was diesen Augen schlecht und gering scheint.

Denn was ist schlecht und geringer in den Augen der Menschen, was mehr der Vergessenheit preisgegeben, als die wahre himmlische Weisheit, die geringe von sich selbst denkt, die sich keinen großen Namen zu machen sucht auf Erden;

die zwar viele mit ihrem Munde rühmen, aber mit ihrem Wandel lästern. Sie ist aber dennoch eine köstliche Perle, die vielen verborgen ist.

Alles um alles.

Ach, alles ist hier nichtig,
Mensch! eines ist nur wichtig.
Drum kehr dich ganz von allem ab,
Du nimmst nur eines mit ins Grab.
Kehr deine Liebe ganz aus allen Dingen,
Die außer Gott dir könnten Freude bringen;
Und freue dich in Jesu nur allein,
Er wird dir mehr als alle Dinge sein.

Wer sich selbst verläßt und verleugnet, hat alles verlassen; wer alles verläßt und sich selbst behält, hat nichts verlassen. Denn das Ich, die Eigenliebe klebt an allen Dingen; ist diese tot, so hat's nicht Not mit allem übrigen; so kehret die Liebe Gottes ein, die Liebe von ganzem Herzen. Die lautere Liebe, die um Gottes willen alles verläßt, besitzt alle Dinge, ist über allen Dingen in Gott. Die Eigenliebe, die sich an alles hängt, ist unter allen Dingen, und wird von ihnen besessen und beherrscht.

O Gott! o Heiland! du allein kannst mich frei und los von allem machen! Komm in mein Herz und besitze du es ganz und gar! Erlöse mich von mir selbst, so hast du mich von allem erlöst. Nimm mich mir und gib mich dir (Luk. 14, 26, 33; Matth. 10, 37. 16, 24).

Das 33. Hauptstück.

Befestige dein veränderliches Herz durch unveränderliche Richtung desselben zu Gott.

Mein Sohn! trau' deiner Neigung nicht, die jetzt so ist, und sich plötzlich wieder in eine andere verändert.

Denn solange du lebst, bist du auch wider deinen Willen der Veränderlichkeit unterworfen; bald freudig, bald traurig; bald ruhig, bald unruhig; jetzt andächtig, und gleich wieder trocken und kalt; jetzt fleißig, dann wieder träge, jetzt ernsthaft und bald darauf wieder leichtsinnig.

Aber der weise und im Geistesleben erfahrene Mann hat einen Standpunkt gefunden, der über diese Veränderlichkeit erhaben ist. Er achtet nicht auf diese wandelbaren Empfindungen seines Herzens und dreht sich nicht nach allen jenen Seiten, woher der Wind der Unbeständigkeit weht; er ist nur darauf bedacht, daß alle seine Absichten auf das wahre und beste Ziel hingerichtet seien.

Denn nur so kann er immer derselbe, immer sich gleich und unerschüttert bleiben, wenn das einfältige Auge seiner Absicht bei den unzähligen Veränderungen (seines inneren Gefühls, oder der Begebenheiten von außen) in gerader Richtung, ohne Unterlaß zu mir aufschaut.

2. Je reiner nun das Auge der Absicht (von

Nebenabsichten) ist, desto standhafter wandelt man durch die mancherlei Stürme und Ungewitter.

Aber dies Auge der reinen Absicht vird oft dunkel und bewölkt; denn schnell ist ein Seitenblick geworfen auf ein reizendes Gut, das so am Wege ins Auge blitzt.

Selten, selten findet man den ganz reinen Mann, der frei ist von aller Selbstsucht.

So kamen einst die Juden nach Bethanien zu Martha und Maria, nicht bloß um Jesu willen, sondern auch um den Lazarus zu sehen.

Man muß also das Auge der Absicht fleißig (waschen und) reinigen, daß es einfältig (nur auf eins sehend) und gerade, über alles Irdische hinüber, und von allen den mancherlei Seitenwegen weg, nur auf mich seinen Blick richte.

Einfalt sieht nur auf das eine.

Einfältig sei dein Aug' in allen,
Sonst kann dein Tun nicht Gott gefallen,
Nur Gott und seinen Willen mein',
So ist dein Werk recht, gut und rein.

Die Liebe zum Herrn, der uns zuvor geliebet hat, soll das Auge sein, das uns den Weg in allem zeiget, den wir wandeln sollen. Jede andere Absicht, als Ihm zu gefallen und Ihm zu leben, der für uns gestorben ist, soll uns fremd sein. Wir müssen ihm dienen in Einfalt der heiligen Liebe. Sie muß der Magnet sein, der uns zieht, und unserem Herzen, so wie allen seinen Neigungen die rechte Richtung nach unserm Pol und Endpunkt gibt. — „Auf Ihn richt — dein Gesicht!" „Unverrückt auf Jesum sehen, ist der Weg zur Seligkeit." Dies Einfaltsauge, dies heilige Augenmerk erbitte dir von dem Herrn, der jedermann gerne gibt, und es niemand aufrückt, so wird all dein Tun und Denken rein sein, und du wirst Friede haben. Aber ohne diesen Einfaltsblick ist alles befleckt und getrübt.

Das 34. Hauptstück.

Dem Liebenden gefällt Gott über alles und in allem allein.

Sieh! mein Gott und mein alles!

Was will ich mehr? Und was kann ich Seligeres wünschen?

O Wort voll Süßigkeit und Lieblichkeit! Aber nur für den, der Gott lieb hat, und nicht die Welt, noch das, was in der Welt ist.

Mein Gott! mein alles! Das ist genug gesagt für den, der es versteht, und dem, der die Liebe hat, kann es nicht oft genug wiederholt werden (er hört es immer gern).

Denn, wenn du da bist, so ist alles lieblich und süß; bist du fern, so ist alles bitter und ekelhaft.

Du machst das Herz stille und ruhig, und schaffst großen Frieden und festliche Freude.

Du machst, daß wir bei allen Dingen Gutes denken, und dich in allem loben können.

Aber ohne dich kann uns nichts lange gefallen.

Und wenn uns etwas angenehm und schmackhaft werden soll, so darf deine Gnade nicht fehlen, so muß es mit deiner Weisheit gewürzet sein.

2. Wer an dir Geschmack findet, wie sollte dem etwas unschmackhaft sein?

Und wer an dir keinen Geschmack findet, was sollte dem Freude schaffen können?

Aber die Weisen dieser Welt erliegen auf dem Wege ihrer Weisheit, so wie diejenigen, welche in dem Fleische ihre Lust suchen. Denn jene finden auf ihrem Wege nichts als Eitelkeit, und diese nichts als Tod.

Die aber, welche durch Verschmähung der Welt und Ertötung des Fleisches dir nachfolgen, werden als wahre Weise erfunden, weil sie von der Eitelkeit zur Wahrheit, von dem Fleische zu dem Geiste durchgedrungen sind.

Diese finden Geschmack an Gott, und was sie in den Geschöpfen Gutes finden, das erweckt sie alles nur zu größerer Lobpreisung des Schöpfers.

Doch verschieden, sehr verschieden ist der Geschmack an dem Schöpfer und der Geschmack an den Geschöpfen, der Geschmack an der Ewigkeit und der Geschmack an der Zeit; der Geschmack an dem unerschaffenen Lichte, und der Geschmack an dem selbstgemachten Lichte.

3. O ewiges Licht! du bist über alles erschaffene Licht erhaben! Dein Lichtstrahl aus der Höhe blitze in meine Seele hinein, und durchdringe das Innerste meines Herzens; reinige, erfreue, erhelle und belebe meinen Geist und alle seine Kräfte, daß ich dir anhange mit jubelndem Entzücken.

O! wann kommt denn endlich jener selige Tag, jene erwünschte Stunde, wo mich deine Gegenwart ganz sättigen, wo du mir alles in allem sein wirst.

Solange mir das nicht geschenkt wird, kann meine Freude nicht vollkommen sein.

IVSTITIA

Ach leider! noch lebt der alte Mensch in mir. Noch ist er nicht ganz gekreuzigt, noch nicht völlig ertötet!

Noch empört er sich mächtig wider den Geist, erregt innerliche Kriege und läßt mir im Reiche meiner Seele keine Ruhe.

4. Aber du, der du dem gewaltig brausenden Meere gebietest, und das Toben seiner Fluten besänftigest, mache dich auf und hilf mir! Zerstreue die Völker (in mir), die Krieg wollen, zermalme sie mit deiner Kraft!

Zeige, ich bitte, zeige deine Großtaten, und laß die Herrlichkeit deiner Rechten offenbar werden! denn meine einzige Hoffnung und alle meine Zuflucht bist nur du, Herr, mein Gott!

Die Lebensquelle.

Jesus ist die Quell' des Lebens,
Er nur macht mich still und satt;
Überall sucht man vergebens.
Der hat's, der den Heiland hat.

O welche Seligkeit, die Quelle bei sich tragen,
Den besten Freund besitzen in des Herzens Grund!
Man geht nicht mehr herum die Kreaturen fragen,
Wenn sich der Heiland selbst dem Geist macht kund.

Wer Ihn kennt, der brennt — in Liebe zu Ihm, und hat genug an Ihm. Wer noch etwas mehr und außer Ihm sucht, kennt Ihn nicht, hat Ihn nicht. Alles und in allem Christus! sei mein Wahlspruch. In Ihm wohnt ja die Fülle der Gottheit. Wer Ihn hat, der hat den Vater und mit Ihm alles.

O wie eitel ist jede Begierde, jeder Wunsch, jedes Sehnen nach irgend einem andern Ding! — O Herr, nur einen Blick in deine Schönheit und Herrlichkeit, soviel man sie hier inwendig im Glauben genießen kann, nur ein Strählchen deines Lichtes schenke meinem Herzen, auf daß es dich liebe über alles und in dir allein volle Genüge finde! Amen (Kol. 1, 19. 27. 2, 3. 9. 3, 11; Joh. 10, 11).

Das 35. Hauptstück.

Vor Versuchung bist du hier nie sicher.

Mein Sohn! in diesem Leben bist du nie sicher; solange du lebst, darfst du die Waffen des Geistes nie wegwerfen.

Immer wandelst du unter Feinden, die bald zur Rechten, bald zur Linken auf dich losstürmen.

Wenn du dich also nicht von allen Seiten mit dem Schilde der Geduld bedeckest, so wirst du nich lange ohne Wunden bleiben.

Überdem, wenn dein Herz nicht recht fest gegründet ist in mir, und vollkommen entschlossen, alles um meinetwillen zu leiden, so wirst du die Hitze des Kampfes nicht aushalten, und den Siegeskranz der Seligen nicht erringen.

Durchdringen mußt du also — alles männlich durchdringen, und mit starker Hand dich durchschlagen durch alles, was sich dir widersetzet.

Denn nur dem Überwinder wird das Brot des

Himmels gereicht. Dem Trägen aber bleibt nichts übrig als Jammer und Elend.

2. Wenn du schon in diesem Leben Ruhe haben willst, wie wirst du dann zur ewigen Ruhe gelangen?

Erwarte ja nicht viele Ruhe in diesem Leben; mache dich vielmehr gefaßt auf große Geduld.

Suche den wahren Frieden ja nicht auf Erden, sondern im Himmel; nicht bei den Menschen oder in anderen Geschöpfen, sondern bei Gott allein.

Aus Liebe zu Gott mußt du gerne alles dulden, alle Mühseligkeiten, Schmerzen, Versuchungen, Anfechtungen, Ängsten, Nöten, Schwachheiten, Beleidigungen, Lästerungen, Tadel; Demütigung, Schmach, Zurechtweisung, Verachtung.

Das alles führt zur Tugend, das bewährt den Jünger Christi, das bereitet die Krone des Himmels.

Ich werde die kurze Arbeit mit

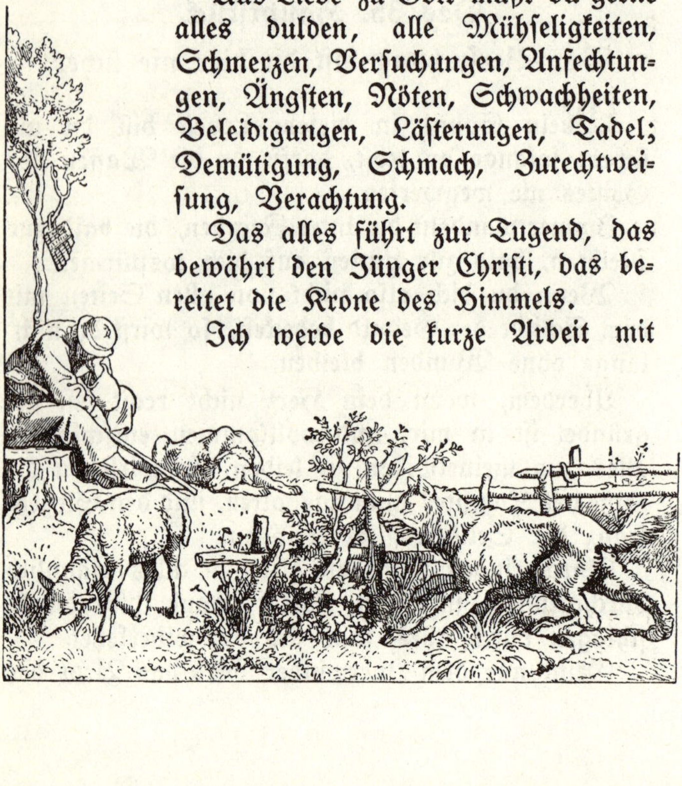

ewigem Lohne, und vergängliche Schmach mit endloser Herrlichkeit vergelten.

3. Meinst du etwa, du werdest die Tröstungen des Geistes immer so haben, wie du sie wünschest?

Meine Heiligen hatten sie nicht immer, sondern vielmehr viele Beschwerden, mancherlei Versuchung, große Trostlosigkeit, die sie alle geduldig ertragen haben, weil sie in allem mehr auf Gott als auf sich selbst vertrauten, und wohl wußten, daß die Leiden dieser Zeit nicht zu vergleichen sind mit der Herrlichkeit, die uns in der Ewigkeit zu teil werden wird (Röm. 8, 18).

Du möchtest sogleich haben, was so viele andere nach vielen Tränen und großen Anstrengungen kaum erringen konnten?

Harre auf den Herrn, kämpfe männlich, sei stark; verzage nicht, weiche nicht, sondern wage Leib und Seele standhaft daran zur Ehre Gottes. Denn Ich werde dir es vergelten in vollem Maße; Ich bin bei dir in aller Trübsal (Ps. 91, 15).

Das Kreuz ist Last, solang man's haßt.

Ach denke doch an Christi Sinn
Und fürchte keine Widrigkeiten;
Viel Leiden bringt dir viel Gewinn,
Es fegt den Rost der Eigenheiten.

Nichts ist den natürlichen Neigungen des Herzens mehr zuwider als Leiden und Sterben; und nichts achtet der geistige Mensch höher als Kreuz und Anfechtungen, was seinem Fleische entgegengesetzt ist und es tötet. Ein wahrer Christ muß immer bereit sein, zu leiden und täglich zu sterben wie Paulus (1. Kor. 15, 31), weil Christen, wie Cyprian sagt, Erben des Gekreuzigten sind. Wer den Widerwillen gegen Leiden und Widerwärtigkeiten überwunden hat, besitzt größere Gnade, als der im dritten Himmel entzückt war.

Das Kreuz ist dir, was du dem Kreuze bist:
Bist du ihm feind, es dir zuwider ist;
Doch wenn man's Kreuz umfaßt und liebt,
Das Kreuz uns Gott und alle Gnade gibt.

Das 36. Hauptstück.

Fürchte nicht die Urteile der Menschen.

Mein Sohn! leg' dein Herz mit fester Zuversicht in die Hand des Herrn, und fürchte die Urteile der Menschen nicht, wenn dich dein Gewissen frei und rein spricht.

Es ist gut und heilsam, harte Urteile zu leiden; es ist auch nicht schwer für ein Herz, das demütig genug ist, und Gott mehr als sich selbst vertraut.

Viele Menschen sprechen auch vieles, und eben deswegen verdienen sie wenig Glauben. Es ist auch durchaus unmöglich, es allen Menschen recht zu machen.

2. Paulus bemühte sich im Herrn, allen zu gefallen, und ward allen alles (und doch wurde er hart beurteilt), aber er achtete es für nichts, von Menschen gerichtet zu werden.

Er tat alles, was er konnte, und so viel in ihm war, zur Erbauung und zum Heile der Menschen; aber, daß er von andern nicht hart beurteilt oder gar verworfen wurde, das konnte er nicht verhindern.

Deswegen stellte er alles Gott anheim, der alles am besten weiß, und waffnete sich mit Geduld und Demut gegen die Lästerungen derer, die nur Böses von ihm redeten, oder eitle und lügenhafte Gerüchte erdachten, und was ihnen, nur Verächtliches über ihn einfiel, mutwillig verbreiteten.

Er antwortete bisweilen, aber nur um der Schwachen willen, daß sie sich an seinem Stillschweigen nicht ärgerten.

3. Wer bist du, daß du dich fürchtest, von einem sterblichen Menschen gerichtet zu werden? Heute ist er, und morgen findet man ihn nicht mehr.

Fürchte du Gott, so wirst du vor Menschen nicht mehr so sehr erschrecken.

Was kann dir denn auch ein Mensch schaden mit allen seinen Lästerworten?

Sich selbst schadet er viel mehr als dir, und dem Gerichte Gottes kann er nicht entgehen, er sei wer er wolle.

Habe du Gott vor Augen, und streite nicht und klage nicht.

Wenn du auch jetzt unterliegen und unverdiente Schmach erdulden zu müssen scheinst, so zürne nicht darüber, und laß dir von der Ungeduld keinen Stein aus deiner Krone stehlen.

Blicke vielmehr zu mir empor gen Himmel,

denn ich kann dich ja erretten von aller Schmach, und erlösen von allem Unrecht; ich werde einem jeden nach seinen Werken vergelten.

Allem tot — lebend Gott.

Wer sich durch Lob nicht läßt erhöhen,
Der bleibt auch ruhig beim Verschmähen;
Sei du der Menschen Urteil tot,
Und liebe Gott, so hat's nicht Not.

Kannst du sagen: der Herr ist mit mir! so kannst du auch sagen: darum fürchte ich mich nicht; was können mir Menschen tun? (Ps. 118, 6). Die Menschenkinder sind Flammen, ihre Zähne sind Spieße und Pfeile und ihre Zungen scharfe Schwerter (Ps. 57, 5). Mit giftigen Worten zielen sie wie mit Pfeilen, daß sie heimlich schießen den Frommen (Ps. 64, 4. 5). Dagegen ist kein besserer Rat, als man flieht zum Herrn und bittet ihn mit demselben Psalmisten: Verbirg mich vor der Versammlung der Bösen, vor dem Haufen der Übeltäter (Ps. 64, 3). Man flieht in seine Hütte, und verbirgt sich heimlich in seinem Gezelt. Da ist man auf einem Felsen erhöhet und sicher vor allen Pfeilen und Spießen der Menschenzungen (Ps. 27, 1—6).

Ein inniger Mensch ist taub, blind und tot gegen alles Gerede und Treiben der Menschen, und lebt ruhig mit Christo in Gott verborgen. Aus diesem Kämmerlein geht er nicht heraus und ist sicher. Denn

Aug', Ohr und Zunge sind die Türen,
Die dich so leicht von Gott abführen;
Gehst du zuviel dadurch hinaus,
So bringst du Unruh mit nach Haus.

Das 37. Hauptstück.

Völlige Ergebung schafft völlige Freiheit des Herzens.

Mein Sohn! verlaß dich, so findest du mich. Bleib immer ohne eigene Wahl und ohne Eigensucht, so wirst du immer gewinnen.

Denn so wie du dich ganz hingibst, und dich nicht wieder zurücknimmst, sogleich strömt ein größeres Maß der Gnade in dein Herz.

2. Mein Herr! wie oft soll ich mich hingeben? Worin soll ich mich verlassen?

Immer und zu jeder Stunde, wie im Großen, so im Kleinen. Ich erlaube dir keine Ausnahme, sondern ich will dich in allem ganz nackt und bloß haben.

Wie kannst du sonst ganz mein, wie kann ich ganz dein sein, wenn du nicht im Innern und Äußern von allem Eigenwillen rein ausgeplündert bist? Je schneller du diese Plünderung vornimmst, desto besser wirst du es haben, und je vollkommener und aufrichtiger du dabei zu Werke gehst, desto mehr gefällst du mir, desto mehr wirst du gewinnen.

3. Einige ergeben sich zwar, aber nicht ohne Vorbehalt. Sie trauen Gott nicht ganz, darum suchen sie sich selbst vorzusehen.

Einige ergeben sich anfangs ganz an mich hin, aber nachher, wenn sie die Versuchung überfällt, kehren sie wieder zu ihrer Eigenheit zurück; darum bringen sie es in der Tugend nirgend weiter.

Und diese können zur wahren Freiheit eines reinen Herzens und zur Gnade des freundlichen Umgangs mit mir nicht gelangen, bis sie sich ganz ergeben, und täglich sich selbst zum Opfer bringen; denn wo dies nicht geschieht, da kann die selige Vereinigung mit mir nicht stattfinden, geschweige Bestand haben.

4. Ich habe es dir oft gesagt, und sage es dir wieder: Verlaß dich selbst, übergib dich (mir), so wirst du großen innern Frieden genießen.

Gib alles um alles, nimm nichts aus, begehre nichts zurück, bleib rein und unveränderlich fest in mir, so sollst du mich haben. Du wirst frei sein im Herzen, und die Finsternis wird dich nicht untertreten.

Danach ringe, darum bitte, danach verlange, daß du dich von allem Eigenen entblößen, und nackt dem nackten Jesus folgen, dir sterben und mir ewig leben mögest.

Dann verschwinden alle eitlen Traumbilder der Einbildung, alle Beunruhigungen des Gemütes, alle überflüssigen Sorgen des Herzens.

Dann wird die unmäßige Furcht von dir fliehen, und die ungeordnete Liebe sterben.

Er, nur Er allein.

Dein Heiland Jesus ist dir nah,
Er will mit dir vertraulich leben;
Kehr ein ins Herz, er wartet da,
Daß du ihm sollst das Jawort geben.

Man muß sich allen äußeren Dingen und Menschen, mit denen man zu tun hat, nur leihen, nicht hingeben, so daß sie das Herz nicht gefangen nehmen, und man von innen frei bleibt, dem Herrn anzuhangen und in ihm zu bleiben. Man hat ihn immer, wenn man alles in ihm tut, bei allem in ihm bleibt. Das Herz gehört einmal ihm — ihm ganz allein. Nichts soll uns ihm, nichts ihn uns rauben — weder Gutes noch Böses — nichts soll uns von ihm scheiden, weder Freuden noch Leiden.

Beim Verschreiben soll es bleiben.

Man kann sich nicht zu fest verschreiben
Dem, des man ewig wünscht zu bleiben.
Ich hab's gesagt — und nie beklagt:
Mein Herz und ganzes Leben
Sei, Jesu, dir ergeben!
Hier hast du meine Hand aufs neu,
Setz du dein Siegel selbst dabei!

Das 38. Hauptstück.

Halte Ordnung im Äußern und tritt frei zu Gott in Gefahren.

Mein Sohn! danach mußt du mit aller Sorgfalt trachten, daß du an jedem Ort und bei jeder äußeren Arbeit oder Beschäftigung innerlich frei und deiner mächtig bleibest.

Alle Dinge seien unter dir und nicht du unter ihnen.

Sei ein Herr und Regent deiner Handlungen und nicht Sklave und erkaufter Knecht derselben;

sondern vielmehr ein Freigelassener und wahrer Ebräer, der (aus der Sklaverei) in das Erbteil und die Freiheit der Kinder Gottes übergetreten ist, die über dem Gegenwärtigen stehen, und in die Ewigkeit hinüberschauen, die das Vergängliche nur mit dem linken Auge ansehen, mit dem rechten aber auf das Himmlische hinblicken; die sich von dem Zeitlichen nicht so anziehen lassen, daß sie ihm anhangen, sondern es vielmehr so zu beherrschen wissen, daß es ihnen zum Besten dienen muß, nach der Absicht, wozu es von Gott, dem höchsten Werkmeister, der in seinen Werken nichts ungeordnet ließ, bestimmt und geordnet ist.

2. Wenn du so feststehest bei jedem Ereignisse, daß du dich nicht nach dem äußern Schein richtest, und das, was du siehst und hörest, nicht mit den Augen des Fleisches betrachtest, sondern bei jedem Vorfall gleich wie Moses in die Stiftshütte hineingehest, den Herrn um Rat zu fragen: so wirst du manchmal eine göttliche Antwort hören, und über vieles Gegenwärtige und Zukünftige wohl unterrichtet zurückkommen.

Denn Moses hatte immer freien Zutritt in allen Zweifeln und dunklen Fragen, die er sich nicht lösen konnte; er nahm auch in allen Gefahren und bei allen Verfolgungen böser Menschen seine Zuflucht zum Gebet.

So mußt denn auch du in das Kabinett deines Herzens fliehen, um desto inniger und kräftiger die Hilfe Gottes anzuflehen.

Darum wurden auch Josua und die Kinder Israel vor den Gabaoniten betrogen, weil sie den Mund des Herrn nicht zuvor um Rat gefragt hatten, sondern allzu leichtgläubig durch süße Worte und verstellte Frömmigkeit sich betören ließen.

Die sichere Freistatt.

Laß fallen, was dich quält,
Klag's Jesu, was dir fehlt.
Dein Helfer ist nicht fern,
Er hilft dir ja so gern.
Laß dich nur seiner Hand,
Und gib ihm Herz und Willen.
Laß seinen Zug dich stillen,
So brechen alle Band'!

Es ist rührend, wie Moses, wenn er sich nicht zu raten und zu helfen wußte, gleich zum Herrn schrie, sich auf sein Angesicht niederwarf, wo er war, vor der ganzen Versammlung der Kinder Israel — oder in die Stiftshütte ging und beim Herrn Rat und Hilfe suchte; und wie allemal die Herrlichkeit des Herrn erschien, ihm antwortete und half. Siehe 4. Mos. 14, 5. 16, 5 und anderswo. Sollten wir keine nähere Zuflucht haben im Neuen Bunde, da der Herr selbst in uns wohnt?

In Jesu Wunden
Wird Heil gefunden;
In Not und Pein,
Ach, kehr' hinein.

Wer sanft sich beuget
Und einwärts neiget
Ins Herze, da
Ist Jesus nah'.

Das 39. Hauptstück.

Sei nicht stürmisch in deinen Geschäften.

Mein Sohn! überlaß alle deine Angelegenheiten mir, und ich werde zu seiner Zeit alles wohl machen.

Warte auf das, was ich ordne, und du wirst sehen, daß du weiter kömmst (als wenn du selbst so stürmisch vorwärts treibst).

O Herr! ich überlasse dir ja gerne alle meine Angelegenheiten, denn ich kann ja doch mit all meinem Dichten und Trachten wenig ausrichten.

Möchte ich nur künftigen Ereignissen nicht so viel nachhangen, sondern deinem Wohlgefallen mich unweigerlich hingeben!

2. Mein Sohn! oft betreibt der Mensch eine Sache, die er zustande zu bringen wünscht, mit gewaltiger Heftigkeit; und wenn er sie zustande gebracht hat, dann fängt er an, anders darüber zu denken; denn die Neigungen sind veränderlich und hängen nicht immer an einem Dinge fest, sondern treiben vielmehr von einem zum andern.

Es ist also nichts Geringes, auch im Geringsten sich selbst zu verleugnen.

Der wahre Fortschritt des Menschen besteht in der Verleugnung seiner selbst.

Ein Mensch, der sich selbst verleugnet hat, ist frei, furchtlos und sicher.

Aber der alte Feind, der allem Guten wider-

strebt, hört nicht auf, zum Bösen zu versuchen, sondern sinnt Tag und Nacht auf schwere hinterlistige Nachstellungen, ob es ihm nicht gelinge, den Unvorsichtigen in seine trügerische Falle und in seine täuschenden Netze zu stürzen.

Wachet daher und betet, spricht der Herr, daß ihr nicht in Versuchung fallet (Matth. 26, 41).

Etwas Köstliches.

Stille, sanft und ungestöret,
Abgeschieden, eingekehret;
Das ist köstlich, das ist schön,
Wenn man so vor Gott kann stehn.

Je ungeduldiger und heftiger wir die Dinge begehren, desto weniger befriedigen sie uns, und desto eher werden sie uns gleichgültig. O wenn wir so der Heiligung nachjagten und so unzufrieden mit uns selbst wären, als wir mit andern unzufrieden sind, oder wie wir nach Ehre, Lust und Eigentum verlangen, wie reich, wie rein und heilig in dem Herrn würden wir sein! Selig sind die Armen am Geist, denn ihr ist das Himmelreich. Sie trachten zuerst danach — und erlangen das übrige auch wohl (Matth. 5, 3. 6, 33). Dieses Gottesreich ist ja in uns, und kann nur im sanften, stillen Geist, nur im Frieden gefunden und bewahrt werden (Luk. 17, 21; 1. Petr. 3, 4).

Jesus ist ein Friedenskönig:
Siehe, hör' und rede wenig;
Was du tust, tu mit Bedacht,
Ohne Stören, still und sacht;
Und bei allem deinem Werke
Stets auf ihn im Herzen merke,
Daß sein Friedensthron und Reich
Nie aus deinem Herzen weich'.

Das 40. Hauptstück.

Rühme dich in nichts, denn du hast in nichts Gutes aus dir selbst.

Herr! was ist der Mensch, daß du sein gedenkest, oder ein Menschensohn, daß du ihn heimsuchest? (Ps. 8, 5).

Wie hätte es der Mensch je verdienen können, daß du ihm deine Gnade gewährtest?

Herr! wie könnte ich klagen, wenn du mich verließest?

Oder, was kann ich mit Recht dagegen einwenden, wenn du nicht erhörst, was ich dich bitte?

Wahrhaftig, wenn ich der Wahrheit treu bleiben will, so kann ich nicht anders denken und nicht anders sagen, als:

Herr! ich bin nichts, ich kann nichts; ich habe nichts Gutes aus mir selbst; ich bin durchaus in allem armselig und ohnmächtig, und ich strebe immer nur nach dem Nichts, und wenn du mich nicht unterstützest und innerlich stärktest, so würde ich ganz lau und zuchtlos werden.

2. Du aber, o Herr! bist immer derselbe, und in Ewigkeit derselbe; allzeit gut, gerecht und heilig; du machst alles wohl, gerecht und heilig, und ordnest alles mit Weisheit.

Aber ich, der ich immer zum Rückgang mehr geneigt bin, als zum Fortgang, ich bin immer anders, beharre nicht immer in einem und demselben Zustande, sondern bin veränderlich wie die Zeit, siebenmal anders in einem Tage.

Doch es wird auch mit mir schnell besser werden, wenn es dir gefällt, mir deine helfende Hand zu reichen; denn du kannst mir ohne Menschenhilfe allein helfen und mich so sehr befestigen, daß mein Angesicht sich nicht immer verändere, bald süß, bald sauer sehe, sondern mein Herz sich zu dir allein hinwende und in dir ruhe.

3. O! hätte ich doch das gelernt, auf allen menschlichen Trost Verzicht zu leisten, entweder um desto inniger und andächtiger zu werden, oder doch, weil mich die Not dazu treibt, dich zu suchen, da ich außer dir keinen Menschen finde, der mich trösten könnte.

Dann könnte ich zuversichtlicher deine Gnade erwarten, dann würde ich bald deine Tröstungen in neuem Maße und mit heiliger Entzückung genießen.

4. Für alles Gute, das mir gelingt, danke ich dir, von dem alles Gute kommt.

Ich bin lauter Eitelkeit, eitel Nichts vor dir, ein unsteter, schwacher Mensch.

Wie kann ich also mich rühmen? Oder warum wünsche ich, daß andere mich hochachten? Etwa, weil ich nichts bin? Das ist doch die eitelste Eitelkeit.

Wahrhaftig, die eitle Ehre ist doch ein rechtes Gift und das Allernichtigste, weil sie uns die wahre Ehre raubt, und uns von der Gnade des Himmels entblößt.

Denn sobald der Mensch sich selbst gefällt, so mißfällt er dir. Wenn er dem Lobe der Menschen nachjagt, verliert er alle wahre Tugend.

5. Es gibt eine wahre Ehre, eine heilige Freude, wenn der Mensch in dir sich rühmt, und nicht in sich selbst; wenn er sich freut in deinem Namen, und nicht in seiner eigenen Tugend, wenn er an gar keinem Geschöpfe eine Freude haben kann, als nur um deinetwillen.

Dein Name werde also gelobt, nicht der meine! Dein Werk werde verherrlicht, nicht das meine!

Dein heiliger Name werde gepriesen, und nichts von menschlichem Lobe werde mir beigelegt!

Du bist mein Ruhm! du die Freude meines Herzens! Deiner will ich mich rühmen, in dir mich freuen den ganzen Tag.

Und wenn ich mich meiner rühme, so will ich mich nur meiner Schwachheit rühmen (2. Kor. 12,5).

6. Mögen immer die Juden (Joh. 5, 44) Ehre voneinander nehmen; ich will nur die Ehre suchen, die von Gott kommt.

Denn aller menschliche Ruhm, alle zeitliche Ehre, alle weltliche Hoheit, verglichen mit deiner ewigen Herrlichkeit, ist doch nur Eitelkeit und Torheit.

O du meine Wahrheit! O du meine Barmherzigkeit! Mein Gott! Heilige Dreieinigkeit! dir allein sei Lob, Ehre, Kraft und Ruhm von Ewigkeit zur Ewigkeit, Amen!

Was helfen die Lügen?

Ich bin ein übertünchtes Grab,
Wenn ich gern Schein und Achtung hab'.
Die Wahrheit muß mir lieber sein;
Verachtungs-Lieb macht Gott gemein.

Kein schädlicheres Gift, als die eitle Ehrsucht, die alles verdirbt, auch die besten und heiligsten Werke und Handlungen. Und wie schwer ist es, sich davon rein zu bewahren — ja unmöglich — bei Menschen. Was der Herr vom Mammon sagt (Matth. 19, 23—26), gilt auch hier. Die wahre Demut kann man nur bei Jesu und bei seinem Kreuze lernen und erlangen. Man kennt sie daran:

Der wahren Herzensdemut
Kein Spott noch Leiden weh' tut.
Du willst was haben und was sein,
Drum bringt dir dies und das noch Pein.

Das 41. Hauptstück.

Verschmähe alle Ehre der Zeit.

Mein Sohn! laß es dir nicht schwer aufs Herz fallen, wenn du siehest, daß man andere ehret und erhöhet, dich aber verachtet und erniedriget.

Erhebe dein Herz zu mir in den Himmel, so wird dich die Verachtung der Menschen auf Erden nicht so sehr betrüben.

2. Mein Herr! wir sind so blind, daß uns jede Eitelkeit schnell verführen kann.

Wenn ich mich recht betrachte, so hat mir noch

nie ein Geschöpf unrecht getan; darum kann ich mich mit Recht nicht gegen dich beklagen.

Vielmehr, da ich mich so oft und so schwer gegen dich versündigt habe, so habe ich es ja verdient, daß sich alle Geschöpfe gegen mich waffnen.

Mir gebührt nach aller Gerechtigkeit nichts als Schmach und Verachtung; dir aber nichts als Lob, Ehre und Ruhm!

Und wenn ich mich nicht darauf gefaßt mache, daß ich gern von allen Geschöpfen verachtet und verlassen, ja gänzlich für nichts gehalten werde, so kann ich den inneren Frieden und die rechte Festigkeit des Herzens nicht erlangen, im Geiste nicht erleuchtet, nicht vollkommen mit dir vereinigt werden.

Von Herzen klein.

Du bist fürwahr der Mindst' und Letzte,
Denk: Ach daß jeder mich so schätzte!
Preis Gottes Güte, die dich trägt,
Und wie ihr eigen Kindlein pflegt.

Wer sich selbst vor Gott prüft und im Lichte der Wahrheit durchschaut, muß sich selbst verachten, weil er in sich nichts findet als Sünde und Gnade, — ein unergründliches Verderben auf seiner Seite, und ein unendliches Erbarmen von Gottes Seite; er findet auf allen Seiten Ursache genug, sich zu demütigen, Ehre, Achtung und Lob anderer zu fliehen, und, wenn er erniedrigt und verachtet wird, nicht die Verachtung, sondern die Verachtungswürdigkeit, die Sünde, in ihm zu beweinen; er muß erkennen und bekennen, daß ihm recht geschieht, ja er kann von andern nie so verachtet und gedemütigt werden, als er sich selbst inwendig erniedrigt und beugt. Er sieht auf Gott und nicht auf die Menschen. Er spricht: Wollte ich mich rechtfertigen, so würde mich mein eigner Mund verdammen; wollte ich untadelig sein, so würde er mich verborgenen Unrechts überführen (Hiob 9, 20). Selig, wer sich auf den letzten Platz setzt, er wird auf den ersten gesetzt werden (Luk. 14, 10).

Ein Tor sucht Freuden oder Plagen
In dem, was andre von ihm sagen.

Das 42. Hauptstück.

Suche den wahren Frieden nicht bei Menschen.

Mein Sohn! wenn du deinen Frieden auf irgend einen Menschen bauest, und ihn davon abhängig machst, daß er denkt wie du, und immer um dich ist, so wirst du immer unbeständig und unzufrieden sein.

Wenn du aber einen offenen Zutritt zur Wahrheit hast, die ewig lebt, und immer dieselbe bleibt, so wird es dich nicht sehr betrüben, wenn dich ein Freund verläßt, oder dir durch den Tod entrissen wird.

In mir soll die Liebe des Freundes ihren Grund haben, und nur um meinetwillen sollst du jeden lieben, der dir gut scheint und vorzüglich lieb ist in diesem Leben.

Eine Freundschaft ohne mich hat weder Wert noch Bestand; und alle Bande der Liebe, die ich nicht zusammenhalte, sind weder wahr noch rein.

So solltest du allen dergleichen Anhänglichkeiten an geliebte Menschen abgestorben sein, daß du, insofern es von dir abhängt, allen Umgang der Menschen entbehren könntest.

Je weiter sich der Mensch von allem menschlichen Troste entfernt, um so viel näher kommt er seinem Gott.

Auch steigt er um so viel höher zu Gott empor, je tiefer er in sich herabsteigt, und je geringer er in seinen eigenen Augen erscheint.

2. Wer aber sich selbst etwas Gutes zuschreibt, der versperrt der Gnade Gottes die Türe in sein Herz; denn die Gnade des heiligen Geistes kehrt immer nur in demütige Herzen ein.

Hättest du die seltene Kunst gelernt, dich selbst ganz zu vernichtigen (deine gänzliche Ohnmacht anzuerkennen), und dich von aller Anhänglichkeit an Menschen, und aller Liebe zum Irdischen auszuleeren, dann könnte Ich mich nicht halten, Ich müßte in dich mit aller Gnadenfülle einströmen.

Sobald du aber abwärts zu dem Geschöpfe schaust, verdunkelt sich dein Blick aufwärts zum Schöpfer.

So lerne denn dich in allem, um des Schöpfers willen, überwinden; so wirst du den Weg zur Erkenntnis Gottes finden und zu wandeln vermögen.

Was man unordentlich liebt oder verlangt, sei es so wenig als es wolle, das befleckt uns, und hindert uns im Streben nach dem höchsten Gute.

Er allein muß es sein.

Je tiefer du in den Abgrund deines sündigen Nichts hinabsteigst, desto höher wird dich die Hand deines Erbarmers in seinem Schoß erheben. Wer in Ihm feststehen will, muß nicht in sich selbst stehen bleiben. Je mehr Armut und Elend du in dir findest, desto mehr Gnade erwarte von seiner Güte. Je mehr du los bist von Menschen, desto inniger hängst du dem Herrn an. Je mehr du Ihn in den Brüdern und sie nur um Seinetwillen und in ihm liebst, desto reiner und bleibender und göttlicher ist deine Liebe. Nichts darf dein Herz fesseln und gefangennehmen oder dir Gott stehlen — nicht Menschenliebe, nicht Bruderliebe. Nichts als Jesu Liebe, Gottes Liebe besitze und regiere dein Herz ganz und gar (1. Tim. 1, 5; 2. Kor. 6, 6; 1. Kor. 16, 14), sei auch bei der Menschen- und Bruderliebe die Quelle und Triebfeder.

Lieb' sehr, doch liebe rein die Frommen,
Laß sie, wie Gott will, gehn und kommen;
Bei Frommen bleibe Gott gemein,
Sonst bleibst du, wenn sie gehn, allein.

Das 43. Hauptstück.

Wider die eitle und weltliche Gelehrsamkeit.

Mein Sohn! laß dich von den schönen und kunstreichen Sprüchen der Menschen nicht einnehmen. Denn das Reich Gottes besteht nicht in Worten, sondern in der Kraft (1. Kor. 4, 20). Merke du auf meine Worte, die die Herzen entzünden und die Gemüter erleuchten, die ebensosehr den Geist der Menschen zerknirschen, als sie wahren Trost der Seele mitteilen.

Nie lies mein Wort aus der Absicht, um gelehrter und weiser als andere zu scheinen, sondern vielmehr, daß du deine Sünde in dir töten lernest.

Das wird dir größeren Nutzen bringen, als wenn du die mancherlei spitzfindigen Fragen der Gelehrten lösen könntest.

So viel du auch lesen und verstehen magst, so mußt du doch immer zu dem einen Urheber (alles Wissens) zurückkehren.

2. Ich bin's, der den Menschen Weisheit lehrt, und den Unmündigen hellere Erkenntnis mitteilt, als je ein Mensch lehren könnte.

Zu dem Ich rede, der wird bald weise sein, und große Fortschritte im Geiste machen.

Wehe denen, die, ihre Neugierde zu befriedigen, bei allen Gelehrten umfragen, und um den Weg, mir zu dienen, sich wenig bekümmern.

Die Zeit wird kommen, da der Meister aller Meister, Christus, der Herr der Engel, erscheint, um einen jeden abzuhören (oder aufsagen zu lassen), was er weiß und gelesen hat, das ist, um die Gewissen jedes einzelnen zu durchforschen.

Da wird Jerusalem (und jede gelehrte Bank) mit Laternen durchsucht.

Da wird offenbar werden, was in der Finsternis verborgen war.

Da werden alle Zungen der Gelehrten mit aller Kunst ihrer Beweisgründe verstummen.

3. Ich bin's, der den Demütigen in einem Augenblicke so hoch erleuchten kann, daß er von den ewigen Wahrheiten mehr versteht, als ein anderer, der zehn Jahre auf einer hohen Schule sich den Kopf zerbrochen hat.

Ich lehre ohne Geräusch der Worte, ohne Rücksicht auf die sich durchkreuzenden Meinungen der Schulen, ohne Blähungen der eitlen Ehre, ohne das Gefecht der Schulgründe.

Ich bin es, der da lehret das Irdische verschmähen, das Gegenwärtige mit Ekel verachten, das Himmlische suchen, das Ewige umfassen, die Ehre fliehen, Ärgernisse ertragen, auf mich alle Hoffnung setzen, außer mir nichts verlangen, und mich über alles brünstig lieben.

Ich könnte dir einen nennen, der mich innig liebte, und dadurch, bloß dadurch göttliche Dinge verstehen und wunderbar reden lernte. Indem er alles verlassen hat, ist er in der wahren Erkenntnis viel weiter gekommen, als wenn er sich dem tiefsten Forschen ergeben hätte.

Ich rede aber (nicht zu allen auf gleiche Weise, sondern) zu diesem von gemeinen, zu jenem von besondern Dingen. Einigen erscheine Ich in lieblichen Bildern und Zeichen, andern decke Ich im hellsten Lichte Geheimnisse auf.

Es ist nur *eine* Stimme in allen heiligen Büchern, aber sie belehret nicht alle auf gleiche Weise; weil Ich inwendig bin, und inwendig lehre, als der *eine* Lehrer der Wahrheit, der Ich Herzen erforsche,

Gedanken durchschaue, Handlungen fördere, und einem jeden in dem Maße mitteile, wie ich ihn als fähig erkenne.

Nicht allzu klug.

Such' Schlangenklugheit nach der Schrift,
Doch denk': die Schlange hat auch Gift.
Man ist Gott viel zu klug, zu groß;
Das Täublein sitzt ihm nur im Schoß.

Gott offenbart sich nicht den stolzen, anmaßenden, eiteln Geistern, weil sie sich selbst vergöttern, und nicht hören noch lernen, sondern nur lehren wollen. Sein Geheimnis ist bei denen, die ihn fürchten; und seinen Bund läßt er sie wissen. Er lehret die Elenden recht (Ps. 25, 9. 14). Laß ab von dem eiteln Streben nach Wissenschaft, die immer nur bläht, die nur die Blätter, nicht Früchte am Baume sucht; trachte du nach der Erkenntnis, die dich demütigt und zu Gott erhebt, nach der Wissenschaft der Heiligen, nach der Liebe, die Gott erkennt, die erbaut. Lerne dich selbst, deine Schwächen und Gebrechen kennen, lerne glauben, hoffen, lieben. So wird der Herr zu dir kommen, dich erleuchten mit seinem Lichte, dich unterrichten in den Geheimnissen und verborgenen Wegen des Herzens, des inneren Lebens. Da wirst du erfahren, was Christus, was Paulus sagt (Luk. 10, 21; Joh. 6, 63; 1. Joh. 2, 4—6. 4, 8).

Laß die Gläser unbemalet.

Dein eignes Denken und Gedicht'
Verdeckt das einfach reine Licht;
Werd' wie ein Kind, kehr' ein und schweige,
Daß Gott dir selbst die Wahrheit zeige.

Das 44. Hauptstück.

Laß das Äußere nicht in dein Inneres kommen.

Mein Sohn! lerne in vielen Dingen nichts wissen, und halte dich so dabei, als wenn du ein Toter wärest auf Erden, und als wenn dir die ganze Welt gekreuzigt wäre.

Durch viele Dinge mußt du auch so hindurchwandeln, als wenn du taube Ohren hättest, und sie nicht hörtest; und dafür mehr auf das denken, was zu deinem Frieden dient.

Es ist besser, dein Auge von unangenehmen Dingen wegzuwenden, und einen jeden bei seiner Meinung zu lassen, als in Zank und Streit sich zu verwickeln.

Wenn du Gott auf deiner Seite hast, und auf sein Urteil dich verlassen kannst, wirst du es leicht ertragen, vor Menschen als überwunden dazustehen.

2. O mein Herr! wohin ist es mit uns gekommen! Sieh, ein zeitlicher Verlust wird bitter beweint, um einen kleinlichen Gewinn arbeitet und läuft man sich müde; und wenn man im Geiste Schaden leidet, so wird es so leicht verschmerzt, schnell vergessen, und kaum erst spät wieder einmal ein wenig zu Herzen genommen.

Was wenig oder gar nichts nützet, das wird sehr geachtet, und was allein und höchst nötig ist, das vernachlässigt man, und setzt sich leicht darüber weg.

Und warum das? Weil sich der ganze Mensch so gern ins Äußere verliert, und wenn er nicht schnell zu sich selbst wieder zurückkehrt, sich in die äußern Dinge mit dem ganzen Herzen versenket und vergräbt.

Gott allein laß ich ein.

Es muß das Menschenherz doch wohl was Großes sein.
Gott, Teufel, Welt und Fleisch und alles will hinein.
Erwähle, weil du kannst, dir doch den besten Gast.
Hast du was Gut's gewählt, so halte, was du hast.

Alles buhlt um dein Herz, alles sucht dich von deinem Gott und Heiland, vom Bleiben in ihm, vom innern Leben und Streben nach Gottes Gemeinschaft abzulenken, dich an sich zu reißen, dich ins Äußere zu ziehen. Da kostet es fest stehen und kämpfen mit Gottes Waffenrüstung (Eph. 6). Der Welt gekreuzigt, dem Fleische tot, dem Teufel ein Schreck durch den Glaubensschild und Christi Kreuz — mußt du sein, wenn du überwinden und bestehen willst.

Lieber alle Welt, lieber Leib und Leben, als einen Augenblick Jesum, seine Gnade und Liebe verlieren. Laß dich nur nie vom Innern in das Äußere locken, oder du und dein inneres Leben, Gnade und Friede ist verloren.

Einwärts den Sinn!

Schließt du den Feinden nicht die Tür,
So schließt Gott im Gebet sie dir.
Wie kann das Herz zu Gott gelangen,
Wenn es von Fremdem ist gefangen?
Was siehst du dich so viel herum?
Dort außen ist kein wahres Leben;
Der Heiland ruft im Herzen: komm!
Ich will dir, was du wünschest, geben.

Das 45. Hauptstück.

Sei vorsichtig im Reden und nicht leichtgläubig im Hören.

Mein Gott! hilf mir aus meiner Trübsal, denn Menschenhilfe ist eitel.

Wie oft fand ich da keine Treue, wo ich sie gewiß zu finden glaubte!

Wie oft fand ich sie dort, wo ich sie gar nicht erwartete!

Eitel ist also alle Hoffnung auf Menschen.

Das Heil der Gerechten kommt allein von dir, o Gott!

Gepriesen seist du, o Herr! mein Gott! in allem, was uns begegnet.

Denn wir Menschen sind so schwach und unstet, leicht zu betrügen und sehr veränderlich.

2. Wer ist der Mensch, der in allem mit so viel Vorsicht und Umsicht zu Werke gehen und sich bewahren kann, daß er nie durch irgend etwas sich täuschen oder aus der Fassung bringen lasse?

Wer aber auf dich, o Herr! vertraut, und dich mit Einfalt des Herzens sucht, der fällt nicht so leicht.

Und wenn er in ein Trübsal gerät, und noch so sehr darein verwickelt wird, so wird er doch schnell wieder durch dich herausgerissen, oder doch von dir getröstet; denn du kannst die, welche auf dich hoffen, nie ganz und nicht auf immer verlassen.

3. Eine große Seltenheit ist ein treuer Freund, der in allen Drangsalen seines Freundes ausharrt.

Du, Herr! du allein bist der Treueste in allen Fällen, und außer dir keiner, der dir gleich käme!

O wie wohl verstand, o wie *tief* fühlte das jene heilige Seele, die da sprach: *Meine Seele steht unbeweglich fest und tief gegründet in Christo.*

Wenn ich auch so fest stünde, so würde mich Menschenfurcht nicht so leicht beunruhigen und Wortpfeile nicht schwankend machen.

Wer kann alles vorhersehen, wer künftigen Übeln zuvorkommen?

Wenn nun sogar vorhergesehene (Pfeile) oft verwunden, wieviel tiefere Wunden müssen unvorhergesehene schlagen!

Aber warum war ich Elender nicht vorsichtiger? Warum gegen andere so leichtgläubig?

Ach, warum? Weil wir Menschen sind, und zwar nichts anders als *brechliche* Menschen sind, wenn wir gleich von vielen für Engel gehalten und so genannt würden.

Wem soll ich glauben, o Herr! Wem anders als dir? Du bist die Wahrheit, die nicht trügt, noch betrogen werden kann.

Alle Menschen sind Lügner (betrüglich) (Ps. 116, 11), schwach, unstet, brechlich, besonders in Worten, so daß man kaum glauben darf, was der Wahrheit ganz ähnlich zu sein scheint.

4. Wie weise hast du uns zum voraus gewarnt, daß wir uns vor allen Menschen hüten sollen, weil des Menschen Feinde seine eigene Hausgenossen sind; und daß wir nicht gleich glauben sollen, wenn uns jemand sagt: Sieh hier, sieh dort (ist Christus!) (Matth. 10, 17. 36. 24, 23).

Mein eigner Schade hat mich klug gemacht, und wollte Gott, daß ich nun vorsichtiger würde, und mich nicht wieder betören ließe!

Jetzt spricht einer zu mir: Sei behutsam, sei vorsichtig; behalte es bei dir, was ich dir sage. Und indem ich es bei mir behalte und redlich glaube, es sei geheim, so kann er selbst nicht verschweigen, was er doch zu verschweigen so sehr gebeten hat, sondern ging hin und verrät mich und sich.

Mein Gott! bewahre mich doch vor solchen Plauderern und unvorsichtigen Menschen, daß ich nicht in ihre Hände falle, noch selbst so töricht handle.

Lege mir immer wahre und kräftige Worte in den Mund, und eine listige Zunge entferne weit von mir.

Was ich nicht wünsche, daß es mir geschehe, davor soll ich mich auch wohl mit allem Fleiße hüten, daß ich es einem andern nicht tue.

5. O! welches Wohlsein und welchen Frieden hat man im Herzen, wenn man von andern schweigen kann; nicht alles ohne Unterschied glaubt, nicht alles Gehörte leicht wieder nacherzählt; sich

selbst wenigen Menschen mitteilt; dich, den Herzenskündiger, immer sucht; sich nicht von jedem Wind der Worte hin und her bewegen läßt, sondern den einen Wunsch hat, daß alles innerlich und äußerlich nach dem Wohlgefallen deines Willens vollbracht werde.

Wie leicht kann man die himmlische Gnade bewahren, wenn man den Schein vor Menschen flieht, und nicht nach öffentlicher Bewunderung und Beifall trachtet, sondern vielmehr mit allem Fleiße dem nachstrebt, was zur Besserung des Lebens beiträgt und den Eifer vermehrt.

Wie vielen war es schädlich, daß ihre Tugend ausposaunt und zu frühe gerühmt wurde!

Wie heilsam war es dagegen für andere, daß ihre Gnade verborgen blieb in diesem gebrechlichen Leben, welches nichts als lauter Versuchung und Streit ist.

Schule des Stillschweigens.

Wohl dem, der so im Geist mit dem Herrn wandelt, daß er sich nicht kümmert um das, was außer ihm geschieht! Wohl dem, dem ein Wort, ein Gnadenblick von Gott mehr gilt, als aller Menschen Worte, als all ihr Loben und Schelten!

O wenn du es wüßtest, was Jesus dem Herzen ist, das ihm allein anhängt und sich ihm ganz ergibt, das ihn nur hört, ihm nur glaubt, und in ihm volle Genüge findet: du würdest nichts außer ihm verlangen und hören wollen. Genügst du doch ihm! wie sollte er dir nicht genügen! Horche doch nicht länger auf die bösen oder schwachen Zungen der Menschen —

und bewahre deine eigene Zunge, sowie dein Ohr, daß der Herzensfriede und Herzensumgang mit ihm nicht gestört wird — weder in dir durch fremde Zungen, noch in andern durch deine Zunge (Jak. 3).

Viele Worte sind ein Zeichen meist
Von einem noch zerstreuten Geist.
Wer Jesum hat, der lernet schweigen
Und sich in stiller Ehrfurcht beugen.

Das 46. Hauptstück.

Vertraue auf Gott, wenn alle Pfeile der Lästerung auf dich gerichtet sind.

Mein Sohn! steh fest und hoffe auf mich! Denn was sind alle Menschenworte anders, als Worte, die durch die Luft fliegen, aber keinen Stein verletzen können?

Hast du dich eines Fehlers schuldig gemacht, so sei ernstlich darauf bedacht, deinen Fehler wieder gutzumachen.

Bist du dir keines Fehlers bewußt, so mach' dich nur gefaßt, es um Gottes willen gern zu ertragen.

Es ist doch im Grunde wenig genug gelitten, wenn du bisweilen einige Worte erträgst, da du noch nicht stark genug bist, stärkere Schläge auszuhalten.

2. Und warum läßt du denn so leichte Dinge so schwer auf dein Herz fallen? Weil du noch

fleischlich bist, und mehr, als es billig ist, auf Menschen achtest.

Denn weil du noch fürchtest verachtet zu werden, darum willst du dich wegen deiner Fehler nicht strafen lassen, und haschest nach Schatten der Entschuldigungen.

Aber prüfe dich nur mit schärferem Blicke, so wirst du finden, daß die Welt und die eitle Begierde, den Menschen zu gefallen, noch sehr in dir leben.

Denn da du der Beugung und Beschämung wegen deiner Fehler so gar sehr aus dem Wege gehst, so ist es offenbar, daß du weder wahrhaft demütig, noch der Welt gänzlich gestorben bist, und daß die Welt dir noch nicht gekreuzigt ist.

Aber höre meine Worte, so wirst du zehntausend Worte der Menschen nicht achten.

Sieh', wenn alles Böse, was nur die durchtriebenste Bosheit ersinnen kann, wider dich ausgestreut würde, was könnte es dir schaden, wenn du alles vorübergehen ließest, und es bloß für ein Splitterchen ansähest, das man nicht achten muß! Könnten dir alle (Lästerworte) auch nur ein Haar ausreißen?

3. Aber wer das Herz nicht im Herzen, und Gott nicht im Auge hat, den kann ein leichtes Wörtchen des Tadels aus der Fassung bringen.

Wer aber auf mich vertraut, und nicht auf seinem Eigendünkel bestehen will, den werden Menschenworte nicht so leicht erschrecken.

Denn ich bin der Richter und Herzenskündiger, der um alle Geheimnisse weiß; ich kenne den Gang der Sache genau; ich kenne beide, den Verleumder und den stillen Dulder der Verleumdung.

Von mir ging das Wort aus: ich, ich ließ es so geschehen, damit die Gedanken vieler Herzen offenbar würden (Luk. 2, 35).

Ich werde den Schuldigen und den Unschuldigen richten, aber zuvor will ich sie beide im geheimen Gericht prüfen.

Das Zeugnis der Menschen trügt gewöhnlich. Mein Gericht ist gerecht, bleibt ewig, und kann durch kein anderes umgestoßen werden.

Meine Urteile und Gerichte sind den meisten Menschen verborgen, und nur wenigen ist es vergönnt, einzelne Blicke darein zu tun. Doch ist es immer unfehlbar, irret nicht, und kann auch nicht irren, obwohl es in den Augen der Toren ungerecht zu sein scheint.

4. Bei allen Urteilen der Menschen mußt du daher zu mir deine Zuflucht nehmen, und nicht auf deiner eigenen Meinung beharren.

Denn der Gerechte läßt sich durch nichts irre machen und aus der Fassung bringen, was auch immer Gott über ihn kommen läßt.

Es kränkt ihn auch nicht sehr, wenngleich ungerechte Beschuldigungen gegen ihn in Umlauf gesetzt werden.

Ebensowenig kann er eine eitle Freude daran

haben, wenn er von andern vernunftsmäßig in Schutz genommen wird.

Denn es liegt ihm tief in der Seele, daß ich es bin, der Herzen und Nieren erforschet, der nicht nach dem äußern Schein und menschlichen Ansehen richtet.

Denn oft finden meine Augen eine Schuld, wo die Urteile der Menschen alles für unschuldig und löblich erklären.

Gebet.

O, mein Gott und Herr! du gerechter Richter! der du ebenso geduldig als mächtig bist, du kennst ja die Gebrechlichkeit und Bosheit der Menschen; sei du meine Stärke und mein ganzes Vertrauen!

Mein eignes Gewissen (wenn es mir gleich nichts vorwirft) schafft mir kein Genüge; denn du weißt, was ich nicht weiß; darum hätte ich bei allem Tadel der Menschen mich demütigen, und alles in stiller Sanftmut ertragen sollen.

Verzeihe mir also gnädig, so oft ich das nicht getan habe, und schenke mir wieder größere Gnade zu größerer Geduld.

Denn leichter erlange ich Vergebung meiner Sünden, wenn ich mich an deine überschwengliche Barmherzigkeit wende, als wenn sich meine eingebildete Gerechtigkeit selbst rechtfertigen will, durch das verstockte Gewissen.

Bin ich mir auch nichts bewußt, so kann ich mich deswegen doch nicht rechtfertigen; denn wenn deine Barmherzigkeit uns verläßt, so wird vor deinem Angesichte kein Lebendiger gerechtfertigt (Ps. 143, 1. 2).

Du hast immer schuld.

Gibt man dir einen Fehler schuld
Mit Unrecht, und du wirst gestöret,
So fehlt dir Demut und Geduld,
Ein Christ — der will nicht sein geehret.

Nichts dient uns besser zur Gewissenserforschung und Erkenntnis unser selbst als die Pfeile der Lästerungen und feindlichen Angriffe. Wer sein Gewissen dabei zu Rate zieht, der wird immer etwas finden und vielleicht mehr, als die bittersten Feinde lästern, was er zu bereuen und dem Herrn abzubitten hat. Und wer sich vor den Richterstuhl des gerechten Richters, der Herzen und Nieren prüft, stellt und sich selbst richtet, oder sich das jüngste Gericht vergegenwärtiget, wo auch die verborgenen Anschläge des Herzens offenbar werden, der wird über keine bösen Reden der Menschen zürnen, sie ihnen gern verzeihen und noch viel schlechter von sich selbst denken, als die bösartigsten Zungen von ihm reden können.

Wenn man dich haßt, wenn man dich liebt,
Wenn man dir nimmt, wenn man dir gibt,
Wenn man dich schilt, wenn man dich ehrt,
Und was dir sonst noch widerfährt,
Bleib' ungestört und abgeschieden,
Mit deinem Herzensfreund zufrieden.

Das 47. Hauptstück.

Die Leiden der Zeit sind erträglich und leicht dem, der für das ewige Leben streitet.

Mein Sohn! laß dir durch die Beschwerden, die du um meinetwillen auf dich genommen hast, den Mut nicht rauben, laß dich durch die Trübsale, die dich von allen Seiten umgeben, nicht zu Boden werfen; sondern meine Verheißung soll dich bei jedem unangenehmen Ereignisse stärken und trösten.

Ich bin mächtig genug, dir alles auf eine unermeßliche und unbegreifliche Weise zu vergelten.

Du wirst dich nicht lange mehr hier plagen und dein Schmerz wird dich nicht immer drücken.

Harre nur ein wenig, und du wirst das Ende all deiner Plagen schnell kommen sehen.

Die Stunde wird nicht ausbleiben, wo alle Arbeit und alle Unruhe auf ewig von dir fliehen wird.

Klein und kurz ist doch alles, was mit der Zeit vergeht.

2. So tue, was du tust; arbeite fleißig in meinem Weinberge; und ich, ich selbst werde dein Lohn sein (Offb. 22, 12).

Schreibe, lies, singe, seufze, schweige, bete; leide wie ein Mann alles Widerwärtige.

Das ewige Leben ist aller dieser und wohl noch größerer Kämpfe wert.

Kommen wird der Friede an einem Tage, den der Herr kennt.

Und dann werden nicht mehr Tage und Nächte wechseln, es wird kein Tag und keine Nacht, wie in dieser Zeit mehr sein, sondern ewiges Licht, endlose Klarheit, unwandelbarer Friede, unzerstörbare Ruhe.

Dann wirst du nicht mehr sagen müssen: (ich elender Mensch!) wer wird mich erlösen von diesem Todesleibe? (Röm 7, 24).

Dann wirst du nicht mehr rufen müssen: Weh' mir! wie lange währet mein Aufenthalt in diesem fremden Lande! (Ps. 120, 6).

Denn der Tod wird getötet werden, und das Heil wird ewig unveränderlich bleiben; keine Angst mehr, nichts als lauter Seligkeit und Freude, liebliche und herrliche Gesellschaft!

3. O! hättest du sie gesehen, die unverwelklichen Kronen der Heiligen im Himmel! in welcher unaussprechlichen Herrlichkeit sie nun frohlocken, sie, die einst in den Augen dieser Welt so verächtlich schienen und kaum des Lebens würdig geachtet wurden!

Wahrhaftig! du würdest dich bis zum Staube der Erde erniedrigen; du würdest lieber wünschen, unter allen Menschen zu stehen, als nur einem einzigen vorgesetzt zu werden.

Du würdest nicht nach den Freudentagen dieses Lebens lüstern sein, sondern vielmehr darin deine Freude suchen, um Gottes willen etwas leiden zu können.

Du würdest es für den größten Gewinn achten, in den Augen aller Menschen für nichts geachtet zu werden.

4. O! wenn du daran Geschmack fändest! wenn davon dein Herz durchdrungen wäre, wie würdest du es wagen, auch nur eine Klage hören zu lassen?

Ist es denn nicht das ewige Leben, für welches du alle Beschwerden und Lasten trägst?

Ist es denn eine unbedeutende Kleinigkeit in deinen Augen, das Reich Gottes gewinnen oder verlieren?

So hebe doch dein Auge einmal auf gen Himmel. Sieh, Ich bin hier und alle meine Heiligen bei mir, die alle in dieser Welt große und schwere Kämpfe zu bestehen hatten.

Jetzt freuen sie sich, jetzt werden sie getröstet, jetzt sind sie in Sicherheit, jetzt genießen sie Ruhe und werden ohne Ende bei mir im Reiche meines Vaters bleiben.

Das letzte Los.

Ach endlich, endlich kommt das Ende
Vom Streit, vom Jammer und Elende;
Da sinkt man ewig Gott in'n Schoß,
Das ist der Frommen letztes Los.

Wird dir das Sterbensleben auf Erden zu schwer, will dich die traurige Fremdlingschaft in dieser Welt niederdrücken, so hebe deine Augen empor zum Himmel, so erblickst du die Morgenröte deiner Erlösung, indem du glaubst, daß du dort schon Mitbürger der Heiligen und Hausgenosse Gottes bist. Und je mehr dein äußerer Mensch hier leidet und stirbt, desto mehr

wird dein innerer erneuert von Tag zu Tag. Trage dein Kreuz in Frieden, die Feierstunde der Ruhe naht. Die Leiden dieser Zeit, die nur augenblicklich und leicht sind, sind nicht wert der ewigen Herrlichkeit, die unermeßlich ist. Hier haben wir zwar Mühe und Arbeit, Trübsal und Leiden, aber — keine bleibende Stätte. Wir gehen nur durch — wir haben aber bleibende Wohnungen in des Vaters Haus und werden dort ewig beim Herrn sein (2. Kor. 4, 16. 17; Hebr. 13, 14; Joh. 14, 2. 3).

Die Ruh ist süße nach der Reise,
Und nach dem Hunger schmeckt die Speise:
Willst du die Ruh daheim genießen,
Soll dich kein saurer Weg verdrießen.

Das 48. Hauptstück.

Von dem frohen Tage der Ewigkeit und der bangen Nacht dieses Lebens.

O du seligste Wohnung in der oberen Stadt! o du lichtheller Tag der Ewigkeit, den keine Nacht verdunkelt, sondern die höchste Wahrheit ohne Unterlaß erleuchtet.

O Tag der ewigen Freude, der beständigen Sicherheit! du kennst keinen Wechsel, dich kann keine Nacht verdrängen, du bist immer derselbe Tag!

O möchte doch dieser Tag schon leuchten und alles Zeitliche schon sein Ende erreicht haben!

Er leuchtet zwar schon mit ewig strahlender Klarheit den Heiligen; uns aber, die wir noch auf Erden pilgern, nur von ferne und wie im Spiegel.

Die Bürger des Himmels wissen es, wie reich an Freude jener Tag ist.

Aber Evas Kinder, verbannt aus ihrer Heimat, verraten durch ihr Seufzen, wie bitter und peinlich der Tag dieses Erdenlebens sei.

2. Kurz und böse sind die Tage dieser Zeit, voll Angst und Schmerz, in denen der Mensch von vielen Sünden befleckt, von vielen Leidenschaften umstrickt, von vielen Befürchtungen gefesselt, von vielen Sorgen aus sich hinausgeworfen, von vieler Neugierde zerstreut, von vielen Eitelkeiten verwickelt, von vielen Irrtümern umlagert, von vielen Arbeiten erschöpft, von Versuchungen belästigt, von sinnlichen Lüsten entnervt und von Mangel gefoltert wird.

3. O! wann werden alle diese Übel ein Ende nehmen? Wann werde ich von der elenden Sklaverei des Sündendienstes erlöst werden?

Wann werde ich allein an dich, o Herr! denken können? Wann werde ich mich deiner vollkommen freuen können?

Wann werden alle Hindernisse wegfallen? Wann wird mir die wahre Freiheit, die Freiheit von allem Drucke des Leibes und der Seele geschenket?

Wann kommt denn einmal der wahre Friede, der unzerstörbare und sichere Friede, der Friede von innen und von außen, der Friede, der von allen Seiten unantastbar feststeht?

O guter Jesus! wann werde ich einmal vor dir

stehen und dich sehen? wann endlich die Herrlichkeit deines Reiches schauen?

Wann wirst du mir alles in allem sein?

Wann, o wann werde ich mit dir in deinem Reiche sein, welches du von Ewigkeit deinen Geliebten bereitet hast?

4. Wie ein Armer und Verbannter bin ich verlassen im Feindeslande, wo nichts als tägliche Kämpfe und das größte Unheil gefunden wird.

Tröste mich doch in meinem Elende, mildere meinen Schmerz; denn all mein Sehnen sehnt sich nur nach dir.

Und alles, was die Welt mir zum Troste darreicht, ist mir eine Last (macht mich noch trostloser).

Dich! dich möcht' ich so innig wie möglich genießen, ich kann dich aber nicht erreichen.

Dem Himmlischen möchte ich gerne anhangen; aber das Zeitliche und die ungetöteten Neigungen drücken mich zur Erde nieder.

Mein Geist möchte sich über alle Dinge erschwingen; aber das Fleisch zwingt mich, wider Willen allen Dingen unterworfen zu sein.

So lebe ich unseliger Mensch mit mir selbst in beständigem Kriege; bin mir selbst zur Last, indem der Geist immer aufwärts und das Fleisch immer abwärts trachtet und treibt.

5. O! was leide ich innerlich, wenn ich im Geiste himmlische Dinge betrachte, und plötzlich ein Schwarm fleischlicher Gedanken den betenden Geist überfällt!

Mein Gott! sei nicht fern von mir, und weiche nicht im Zorne von deinem Knechte (Ps. 71). Sende deine Blitze und zerstreue sie, sende deine Pfeile und verscheuche die törichten Traumbilder des Feindes.

Sammle alle meine Sinne zu dir, laß mich alles auf der Welt vergessen!

Laß mich schnell alle reizenden Bilder der Lüste aus dem Herzen hinauswerfen und verachten!

Eile mir zu Hilfe, du ewige Wahrheit, daß keine Eitelkeit mich wankend mache!

Komm, du himmlische Freundlichkeit, so wird alle Unlauterkeit fliehen vor deinem Angesichte!

6. Verzeih mir, verzeih mir nach deiner Barmherzigkeit, so oft ich im Gebet etwas anderes als dich in mein Gemüt aufnehme!

Denn ich bekenne aufrichtig, daß ich gewöhnlich voll Zerstreuung bin.

Ich bin sehr oft nicht da, wo ich dem Leibe nach stehe oder sitze, sondern vielmehr dort, wo meine Gedanken mich hinreißen.

Ja, dort bin ich jedesmal, wo mein Gedanke ist, und mein Gedanke ist, wo das ist, was ich liebe.

Was meiner sinnlichen Natur schmeichelt oder durch Angewöhnung gefällt, das kommt mir leicht in den Sinn.

7. O! wie wahr ist daher, wo du, o Wahrheit! so klar gesagt hast: Wo dein Schatz ist, da ist dein Herz (Matth. 6, 21).

Habe ich den Himmel lieb, so denke ich gern an das Himmlische.

Habe ich die Welt lieb, so freue ich mich des Weltglückes, und traure über ihre Widerwärtigkeiten.

Habe ich das Fleisch lieb, so ist mein Gemüt fast immer mit fleischlichen Dingen beschäftigt.

Habe ich den Geist lieb, so denke ich mit Freuden an geistliche Dinge.

Was ich immer lieb habe, davon rede ich gern und davon höre ich gern reden, und davon trage ich auch die Bilder (und Vorstellungen) mit mir nach Hause.

O! wie selig ist der Mensch, der um deinetwillen, o Herr! allen Geschöpfen den Scheidebrief gibt, der Natur Gewalt antut und die Lüste des Fleisches mit glühendem Eifer des Geistes an das Kreuz nagelt; damit er mit heiterem (unbeflecktem) Gewissen dir reine Gebete darbringe, und von allem Irdischen, inwendig sowohl als auswendig, losgerissen, würdig sei, sich unter die Chöre der Engel zu mischen!

Wo ist der Himmel.

Fragst du dem Himmel nach? — Geh aus der Eigenheit,
Sonst bleibt dir, wo du bist, der Himmel fern und weit,
Wer seinem Willen stirbt und Gott sich kann ergeben,
Der wird auf Erden schon bei Gott im Himmel leben.

Wann werde ich, o mein Heiland, frei von allem Sichtbaren, ganz mit dir verbunden sein? Wann werde ich in dir schauen, was ich glaube? wann besitzen, was ich liebe? wann finden, was ich suche? Tröste mich in meiner Verbannung von dir — mit dir — kein anderer Trost genügt mir. Komm, o mein Jesu, komm in meine Seele! Deine Gnade, deine Nähe, deine Liebe ist mein Himmel auf Erden, bis ich in den Himmel der Himmel komme. Nimm Besitz von meinem Herzen, von meinem Willen, von allem, was mein ist, und gib mir, was dein ist, gib mir dich — so genügt mir, so will ich warten, bis das Schauen dem Glauben, der Genuß und die Erfahrung der sehnenden Hoffnung folgt!

Gedenke an Lots Weib.

Beständig sei! beständig sei ohn' Umsehn und ohn' Weichen,
Mit Herz und Sinn zu Gott gewandt, willst du das Ziel erreichen.

Das 49. Hauptstück.

Von dem Heimweh nach dem ewigen Leben und der Krone, die den Kämpfern verheißen ist.

Mein Sohn! wenn du fühlst, daß ein Verlangen nach der ewigen Seligkeit von Gott in dir erweckt ist und du wirklich aus der Hütte dieses Leibes auswandern möchtest, um meine Herrlichkeit, die keinen Schatten des Wechsels oder der Wandelbarkeit kennt, schauen zu können, o dann erweitere dein Herz und ergreif' mit aller Begierde deines Herzens diese heilige Flamme des Himmels!

Danke, so viel du danken kannst, der höchsten Güte, die so freundlich mit dir umgeht, dich so gnädig besuchet, so günstig erwecket, so mächtig erhebt, damit du nicht, von deiner eignen Last gedrückt, in das Irdische versinkest.

Glaube ja nicht, daß dies eine Frucht deiner eigenen Gedanken und Bemühungen sei; nein, das ist ein unverdientes Geschenk der höchsten Gnade, mit der Gott auf dich herabblickt, damit du in allen Tugenden, besonders in der Demut, wachsest, auf künftige Kämpfe dich rüstest, mir mit ungeteilter Liebe deines ganzen Herzens anhangest und mit glühendem Eifer zu dienen bestrebest.

2. Mein Sohn! oft brennt das Feuer, aber die Flamme steigt nicht ohne Rauch empor.

So flammen in vielen Herzen viele Begierden nach dem Himmlischen; aber diese Flammen sind nicht frei von Versuchung, nicht rein von dem Rauche der sinnlichen Neigung.

Deswegen treibt sie nicht ganz reiner, lauterer Eifer für die Ehre Gottes, wenn sie mit so heißem Verlangen dies oder jenes von Gott erflehen wollen.

Geradeso ist gar oft auch dein Verlangen viel zu ungestüm, als daß es, wie du dir vorstellst, rein sein könnte.

Denn alles, was mit Eigenliebe oder Selbstsucht befleckt ist, ist nicht rein und vollkommen.

3. Bitte aber nicht, was dir angenehm und bequem scheint, sondern was mir wohlgefällt und zur Ehre gereicht.

Dieser wird gesetzt zu einem Fall
und Auferstehen vieler in Israel.

Denn, wenn du nach der Gerechtigkeit urteilen willst, so mußt du meine Anordnung allen deinen Wünschen vorziehen, und ihr mehr folgen, als allem, was dir so wünschenswert scheint.

Ich kenne deine Wünsche wohl, und habe alle deine Seufzer gehört.

Du möchtest jetzt schon in der herrlichen Freiheit der Kinder Gottes sein.

Die Wohnungen im Hause der Ewigkeit, das himmlische Vaterland, das der Freude voll ist, das reizt dich, darnach gelüstet dich.

Aber diese Stunde ist noch nicht gekommen, sondern jetzt ist noch eine andere Stunde, die Stunde des Streites, der Arbeit, der Prüfung.

Du wünschest, schon im vollen Genusse des höchsten Gutes zu sein; aber das kannst du jetzt noch ni ht erreichen.

Ich bin's, harre meiner, bis das Reich Gottes kommt.

4. Du mußt noch vorher auf Erden oft geprüft werden und viele Übungen aushalten.

An Trost wird es dir dabei nicht fehlen; aber voller, sättigender Genuß kann dir hier nicht zuteil werden.

Fasse also Mut und sei rüstig zu allem, was du zu tun oder leiden hast, wenn es auch deiner Natur noch so sehr zuwider ist.

Du mußt nun schon den neuen Menschen anziehen und in einen ganz andern Mann verwandelt werden.

Oft wirst du tun müssen, was du nicht tun willst, oft verleugnen müssen, was du gern hättest.

Was andern beliebt, wird zustande kommen; was du gern hättest, wird keinen Fortgang haben.

Was andere sprechen, wird mit Beifall gehört werden; was du sagst, wird für nichts geachtet werden.

Andere bitten und erhalten; du wirst bitten, aber nichts erlangen.

5. Von andern werden sich die Zungen der Menschen nicht satt reden können, um sie zu erheben; von dir wird man schweigen.

Andern wird dieses oder jenes wichtige Geschäft übertragen werden; dich aber wird man für einen Taugenichts halten.

Darüber wird denn deine Natur manchmal ein finsteres Gesicht machen und einen schweren Kampf zu bestehen haben; aber es wird dir viel austragen, wenn du es stillschweigend erträgst.

Durch diese und andere Erfahrungen wird ein treuer Knecht des Herrn geprüft, wie weit er sich selbst zu verleugnen und in allem seinen eignen Willen brechen gelernt habe.

Es ist kaum irgend etwas, in dem dir so sehr nötig ist, dir selbst abzusterben, als in dem, was du wider deinen Willen sehen und leiden mußt; besonders wenn dir Dinge befohlen werden, die dir unschicklich und minder nützlich zu sein scheinen.

Und weil du, wenn du einem Vorgesetzten unterworfen bist, es nicht wagst, der höheren Gewalt zu widerstehen, so wird es dir sehr schwer werden, nach dem Winke eines andern zu wandeln, und immer deine eigene Ansicht fahren lassen zu müssen.

6. Aber bedenke, mein Sohn, daß die Frucht aller dieser Arbeit ein schnelles Ende und dann ein übergroßer Lohn sein wird; so wirst du auch dich nicht mehr darüber beschweren können, sondern den stärksten Trost für deine Geduld finden.

Denn für die Kleinigkeit, daß du jetzt freiwillig deinen eignen Willen verleugnest, wirst du ewig deinen Willen im Himmel haben.

Denn dort wirst du alles finden, was du willst und was du nur wünschen kannst.

Dort wirst du fähig und tüchtig sein, alles Gute zu genießen ohne alle Furcht, es je wieder zu verlieren.

Dort wird dein Wille immer eins sein mit mir, ohne etwas Fremdes oder Eigenes zu begehren.

Dort wird dir niemand widerstehen, niemand über dich klagen, niemand dich hindern, nichts dir im Wege stehen, alles was du verlangst, wird fertig und bereit daliegen, wird alle deine Wünsche befriedigen und überschwenglich erfüllen.

Dort werde Ich dir alle Schmach, die du erlitten, mit Ehre, alle Traurigkeit mit dem Feierkleide der Freude und die letzten Plätze, die du hier eingenommen, mit einem Throne in meinem Reiche vergelten, ewig vergelten.

Dort wird man sehen, welche Früchte der Gehorsam erntet.

Dort wird die Bitterkeit der Buße in Freude verwandelt und die demütige Unterwerfung mit Herrlichkeit gekrönt werden.

7. So beuge dich denn mit herzlicher Demut unter alle, die Gewalt über dich haben, ohne dich zu kümmern, wer das gesagt, wer jenes befohlen habe.

Aber das sei deine angelegenste Sorge, daß, es mag ein Vorgesetzter oder ein Geringerer, oder einer deinesgleichen dich um etwas ersuchen, oder dir gebieten, du alles gut aufnehmest und gewissenhaft und treulich zu erfüllen dich befleißest.

Einer wird das, ein anderer jenes erwerben wollen, dieser in diesem, jener in jenem seinen Ruhm suchen und tausendmal tausend Lobeserhebungen erobern; du aber mußt weder in diesem, noch in jenem deine Freude suchen.

Du sollst dich nur darin freuen, wenn du verschmäht wirst, wenn mein Wohlgefallen vollbracht und meine Ehre befördert wird.

Das sei dein einziger Wunsch, daß Gott in dir allezeit verherrlichet werde, sei es durch Leben oder durch Sterben.

Der Weg nach Haus.

Merk, wie du reisen mußt: Aus dir und allem aus
Mit deiner ganzen Lieb'. So geht der Weg nach Haus.

Als die zwei Jünger um die Sitze zur Rechten und Linken Jesu baten, hieß es: Könnt ihr den Kelch trinken, den ich trinke? euch mit der Taufe taufen lassen, womit ich getauft werde? — Und sie gaben sich dazu hin.

Sollten wir auf einem andern Wege in sein Reich eingehen können, als daß wir auch von seinem Leidenskelche kosten, und von seiner Feuer- und Kreuztaufe etwas empfangen? Sollten wir ihn lieben können, ohne uns selbst zu sterben? Sollten wir ihn bekennen und von ihm als die Seinen anerkannt werden können, wenn wir uns nicht verleugnen? Sollten wir geliebet sein von Gott und nicht gezüchtiget werden? seine Kinder und Erben sein, ohne geprüft und tüchtig gemacht zu werden zum Erbe der Heiligen im Licht? Sollten wir anders als durch viele Trübsal in sein Reich eingehen, unsere Kleider helle machen, dort weiße Kleider und Palmen tragen dürfen, ohne uns großer Trübsal rühmen zu können (Matth. 20, 22; Hebr. 12, 6; Apg. 14, 22; Off. 7, 14)?

Das 50. Hauptstück.

Bist du trostlos, so lege dein Herz in Gottes Hände.

Gebet.

Herr! Gott! heiliger Vater! Dir sei Lob und Preis jetzt und in alle Ewigkeit! Denn wie du wolltest, so geschah es, und alles, was du tust, ist wohlgetan!

In dir sucht dein Knecht seine Freude, nicht in sich, nicht in irgend einem andern Dinge.

Denn du allein bist die wahre Freude, du meine

Hoffnung, du meine Krone, du meine Seligkeit und meine Ehre, o Herr!

Was hat doch dein Knecht, das er nicht von dir empfangen, und ohne alles Verdienst empfangen hat?

Dein ist alles, was du gegeben und was du getan hast.

Ich bin arm und voll Mühe und Plage, von meiner Jugend an.

Oft ist meine Seele so betrübt, daß mir Tränen ins Auge treten, oft ganz verwirrt aus Furcht vor drohenden Leiden.

2. Ich sehne mich nach dem Genusse des Friedens; um den Frieden deiner Kinder bitte ich, die im Lichte deines Trostes von dir geweidet werden.

Wenn du mir diesen Frieden schenkest, diese heilige Freude in mein Herz strömen läßt, so wird die Seele deines Knechtes voll Jubelgesang und in inniger Lobpreisung deines Namens unermüdet sein.

Wenn du dich aber mir entziehest, wie du es oft zu tun pflegest, so bin ich zu schwach, den Weg deiner Gebote zu laufen, und kann nur hinsinken auf meine Knie und an die Brust schlagen; denn es ist mir nicht mehr so um das Herz, wie es gestern und vorgestern war, da dein Licht über meinem Haupte glänzte, und ich unter den Schatten deiner Flügel vor den Angriffen der Versuchungen Schutz fand.

3. Gerechter Vater! ewig alles Lobes würdiger Vater! die Stunde ist gekommen, da dein Knecht geprüft wird!

Liebenswürdiger Vater! es ist billig, daß dein Knecht in dieser Stunde etwas um deinetwillen leide.

Ewig anbetungswürdiger Vater! gekommen ist die Stunde, die du von Ewigkeit voraussahest, daß sie kommen müsse, damit dein Knecht äußerlich auf eine Zeit darniederliege, innerlich aber vor dir allezeit lebe.

Eine kleine Weile muß er verachtet, gedemütigt und zurückgesetzt sein von den Menschen, von Leiden und Schwachheiten niedergetreten werden, damit er mit dir, wenn die Morgenröte des neuen Lichtes aufgeht, wieder auferstehe und himmlisch verklärt werde.

Heiliger Vater, du hast es so geordnet und so gewollt, und es ist geschehen, wie du befohlen hast.

4. Es ist ja eine Gnade für deinen Freund, daß er um deiner Liebe willen einige Leiden und Trübsale dulden kann in dieser Welt, so oft und von wem und auf welche Weise du es nun auch geschehen lässest.

Ohne deinen Ratschluß, ohne deine Vorsehung, sowie ohne Ursache geschieht ja doch nichts auf Erden.

Herr! es ist mir gut, daß du mich gedemütiget hast, damit ich deine gerechten Gerichte erkenne (Ps. 119, 75), und alle hochmütigen Anschläge und Anmaßungen meines Herzens ablege.

Heilsam ist es mir, daß Schande mein Angesicht bedeckte, damit ich meinen Trost vielmehr bei dir, als bei Menschen suche.

Ich habe auch dadurch gelernt, mit heiligem Schauer an deine unerforschlichen Gerichte zu denken, da du den Gerechten wie den Gottlosen züchtigest, doch nicht ohne Gerechtigkeit und Liebe.

5. Ich danke dir, daß du meine Sünde nicht ge-

schont, sondern mich mit herben Schlägen weich und mürbe geschlagen hast, indem du Schmerzen und ängstigende Drangsale über mich kommen ließest.

Trösten kann mich nichts von allem, was unter der Sonne ist, als du, Herr, mein Gott! du himmlischer Arzt der Seelen! Du schlägst und heilest, du führst in die Hölle und wieder heraus. Deine züchtigende Hand ist über mir, und deine Ruhe wird mein Lehrmeister sein.

6. Sieh doch, liebster Vater! ich bin in deinen Händen und beuge mich unter deiner Zuchtrute.

Schlage auf meinen Rücken und Nacken zu, daß sich mein Starrsinn unter deinem Willen beuge.

Mache mich zu einem demütigen und frommen Schüler, was du ja sonst gern zu tun pflegest, damit ich mich in meinem ganzen Wandel nach jedem deiner Winke richte.

Ich übergebe dir mich und all das Meine, daß du es besser machest; denn es ist besser, hier sich züchtigen lassen, als dort in der Ewigkeit.

Du weißt alles und jedes, und das Verborgenste im menschlichen Gewissen ist dir offenbar.

Du weißt, was kommen wird, ehe es geschieht.

Du hast nicht nötig, daß dich jemand lehre oder dich erinnere an das, was auf Erden geschieht.

Du weißt, was mich fördert im Guten und wieviel die Trübsal beitrage, den Rost meiner Sünden abzufegen.

So mache es denn mit mir nach deinem heiligen Willen und Wohlgefallen, und verwirf mich nicht wegen meines sündenvollen Lebens, das niemand besser und deutlicher kennt als du allein.

7. Lehre mich, o Herr! wissen, was ich wissen soll, lieben, was ich lieben soll, loben, was dir am meisten gefällt, hochachten, was vor dir köstlich ist und verachten, was in deinen Augen verächtlich ist.

Laß mich nicht nach dem äußern Augenscheine urteilen, noch nach dem Hörensagen unerfahrener Menschen Vorurteile nachsprechen, sondern vielmehr nach dem Urteile der Wahrheit das Sichtbare von dem Geistigen unterscheiden und vor allem dem Wohlgefallen deines heiligen Willens allezeit nachforschen.

8. Die menschlichen Sinne täuschen sich gewöhnlich im Urteilen.

Am meisten aber täuschen sich die Freunde dieser Welt, weil sie nur das Sichtbare lieben.

Ist der Mensch deswegen besser, wenn er von andern höher geschätzt wird?

Der Falsche betrügt den Falschen, der Eitle den Eitlen, der Blinde den Blinden, der Schwache den Schwachen, wenn er ihn lobt und erhebt, ja er schändet ihn vielmehr in der Tat, weil er ihn töricht lobt.

Kurz, was der Mensch in Gottes Augen ist, das ist er und mehr ist er nicht, sagt der demütige Franziskus (von Assisi).

Vor Liebe weinen.

Immer deine Tränen fließen
Wegen deiner Sündenschuld;
Wein' einmal zu Jesu Füßen
Über seiner Gnad' und Huld.

Tränen im Auge — vor Leiden, und Freude im Herzen über die Leiden — ist das Zeichen eines geförderten Nachfolgers Jesu. Wer so beten kann im Leiden, wie der Verfasser dieses Kapitels, nicht um Linderung und Trost, sondern nur den Triumphgesang des Geistes der Gnade hören läßt und Gott die Ehre gibt, der die Leidenden wunderbar stärkt und die Verlassenen erhält, der hat mehr als sich selbst. Das kann nur der Geist Gottes in schwachen Menschen wirken, daß sie so heldenmütig dulden und, wie die Apostel, sich der Schläge und Schmach um Christi willen freuen (Apg. 5, 41; Matth. 5, 12; Phil. 1, 29).

Wer ein recht selig's Herz begehrt,
Wend' sich von allem, was ihn stört,
Und kehr' in Jesu Herz hinein,
Da kann das Herz nur selig sein.

Das 51. Hauptstück.

Bist du zu schwach, große Dinge zu tun, so versäume nicht, die geringeren zu verrichten.

Mein Sohn! du kannst das Verlangen nach Heiligung nicht immer gleich brennend und glühend erhalten, nicht immer auf dem Gipfel der höheren Beschauung feststehen; sondern du mußt manchmal wegen deines angeerbten Verderbens in das niedere Tal herabsteigen und die Last des gebrechlichen Lebens auch wider deinen Willen und mit Überdruß tragen.

Solange du den sterblichen Leib trägst, so lange wirst du auch Überdruß und Beklemmung des Herzens empfinden.

Du wirst daher im Fleische oft über die Last des Fleisches seufzen müssen, weil es dich untüchtig macht, den geistlichen Übungen und der Betrachtung göttlicher Dinge dich unablässig zu widmen.

2. Alsdann ist es besser für dich, geringe und äußere Werke vorzunehmen, und durch gute Handlungen neue Kräfte zu sammel meine Ankunft und den Besuch von oben mit fester Zuversicht zu erwarten, dein Elend und die Dürre deines Gemütes geduldig zu ertragen, bis du wieder von mir einen Besuch erhältst und von aller deiner Angst erlöset wirst.

Denn Ich werde dich aller Mühe vergessen machen, daß du die innere Ruhe wieder genießen kannst.

Ich werde vor deinen Augen ausbreiten die grünen Auen der Heiligen Schrift, daß sich dein Herz erweitert, und du wieder anfängst, die Bahn meiner Gebote zu wandeln.

Ausrufen wirst du: die Leiden dieser Zeit sind nicht wert der künftigen Herrlichkeit, die an uns soll offenbar werden (Röm. 8, 18).

Die kleinen Heiligen.

Kannst du nicht, wie du wünschest, rein sein,
So such' die Heiligkeit im Kleinsein.
Durch süße Herzenskleinheit bloß
Wirst du bei Gott beliebt und groß.

Die Letzten werden die Ersten, die Kleinsten die Größten. Laß dir alle deine Schwächen, Gebrechen und was dich kümmert, dazu dienen, daß du recht klein wirst in deinen Augen vor Gott — ein Pünktlein, ein Stäublein, ein Nichts. So wirst du den größten Nutzen und Vorteil aus deinem Schaden und Elend ziehen, wie die Bäume aus dem Dünger. So sagte ein großer, inniger Mann, daß Gott mit unsern Sünden den Acker unseres Herzens bedüngt, damit er rechte Frucht bringe (in sano sensu). Es wird dir das Lied: Mein Heiland, daß ich ohne dich ꝛc. sehr wohl tun (1. Mos. 32, 10; 2. Sam. 7, 18; Psalm 72, 13. 82, 4. 113, 7; Jes. 25, 4).

Sink' arm und nackt in Jesum ein,
Lern heilig sein in ihm allein,
Such' nichts in dir und nichts für dich,
Es sei dir alles wesentlich.

Das 52. Hauptstück.

Du hast keinen Trost, keine Gnade, sondern nur Schläge verdient.

Mein Herr! ich bin deines Trostes und deiner geistigen Heimsuchung nicht wert, und deswegen verfährest du nach Gerechtigkeit mit mir, wenn du mich in meiner Armut ohne Trost schmachten läßt.

Denn wenn ich so viele Tränen vergießen könnte, als Wassertropfen im Meere sind, so wäre ich doch deines Trostes noch nicht würdig.

Daher bin ich nichts wert und habe nichts verdient als Geißel und Strafe, weil ich dich schwer und oft beleidigt und in vielen Stücken sehr gesündigt habe.

Wenn ich es also bei dem rechten Lichte betrachte, so bin ich des geringsten Trostes nicht würdig.

Aber du mein Gott! reich an Güte und Erbarmung, der du nicht willst, daß die Werke deiner Hände verderben, sondern vielmehr, daß der Reichtum deiner Güte an den Gefäßen deiner Barmherzigkeit offenbar werde; du würdigest deinen Knecht ohne all sein eigenes Verdienst und über alle Begriffe des menschlichen Verstandes zu trösten und zu erquicken.

Denn deine Tröstungen sind himmelweit verschieden von den Tröstungen der Menschen.

2. Was hab' ich getan, mein Herr! daß du mir himmlische Tröstungen zu genießen gabst?

Ich weiß nichts Gutes, das ich getan hätte; ich weiß nur, daß ich immer zum Bösen geneigt und zur Besserung sehr träge war.

Das ist wahr, ich kann es unmöglich leugnen.

Wenn ich es leugnete, so würdest du wider mich aufstehen und ich wüßte keinen, der mich vor dir verteidigen könnte.

Was habe ich für meine Sünde anders verdient, als die Hölle und das ewige Feuer?

Wahrhaftig, ich muß es bekennen, daß ich alle Schmach und Verachtung verdient habe und nicht wert bin, unter deine frommen Freunde gezählt zu werden.

Und obgleich es mir schwer wird, dies zu bekennen, so will ich doch wider mich selbst der Wahrheit Zeugnis geben und meine Sünden rügen, damit ich desto eher gewürdigt werde, deine Barmherzigkeit zu erlangen.

3. Was soll ich aber sagen? ich, voll Schuld und Schande?

Ich kann kein Wort über meine Zunge bringen, als dies eine: Ich habe gesündiget, o Herr! ich habe gesündiget! Erbarme dich meiner! Verzeihe mir! Laß mich noch eine kleine Weile, daß ich mein Elend beweine, ehe ich wandle in das Land der Finsternis, das mit Todesschatten bedeckt ist.

Was forderst du denn mehr von einem so elenden und mit Schulden beladenen Sünder, als daß er voll Zerknirschung des Herzens sich demütige um seiner Sünden willen?

In wahrhafter Zerknirschung und Demütigung des Herzens wird die Hoffnung der Vergebung geboren, das unruhige Gewissen wieder versöhnt, die verlorene Gnade wieder gefunden, der Mensch vor dem zukünftigen Zorne geschützt.

Ja, da begegnen sich Gott und die reumütige Seele einander mit dem heiligen Kusse der Liebe.

4. Die demütige Zerknirschung eines Sünders ist dir, o Herr! ein angenehmes Opfer und vor deinem Angesichte ein lieblicherer Wohlgeruch, als aller Duft des angezündeten Weihrauchs.

Das ist auch die so angenehme Salbe, die du auf deine heiligen Füße ausgießen lassen wolltest, weil du ein reumütiges und demütiges Herz nie verschmähen konntest.

Hier (im reuevollen, demütigen Herzen) ist die Zuflucht, die Freistätte vor dem Angesichte des grimmigen Feindes.

Hier wird wieder verbessert und abgewaschen, was vorher die Sünde verdorben und befleckt hat.

Der Ärmste kriegt das Beste.

Tu' auf dein Herz und leg' es stille
Im Geist vor Jesu Angesicht,
Daß Er dein leer Gefäß vollfülle;
Das ärmste Kind das meiste kriegt.

Man sucht die Gnade so weit — auf so schweren Umwegen und sie ist so nah! Warum sieht man nicht auf die, welche im Evangelium uns vorgestellt sind als Sünder, die Gnade suchten und fanden bei Jesu Füßen oder bei seinem Kreuz? Warum lernt man nicht von ihnen? Hat es Jesus einem einzigen Sünder schwer gemacht, Gnade bei ihm zu erlangen? Sieh doch die große Sünderin bei seinen Füßen! Sieh den Zachäus, den Schächer, den Matthäus — alle, alle, die zu Ihm kamen. Er machte es ihnen so leicht, daß sich die Pharisäer zu Tode ärgerten und lästerten. Ei, so komme doch, wer Gnade sucht, zu Ihm auf demselben Wege! Seine Gnade ist unendlich, unerschöpflich, heute noch wie gestern und in Ewigkeit dieselbe (Luk. 7, 15. 19. 23, 42; Joh. 8, 11).

Zähl' nicht dein Elend, gib dich lieber
Ganz verlorn in Jesu Gnade über.
Im Feuer muß ein Stroh verschwinden,
In Jesu eine Welt voll Sünden.

Das 53. Hauptstück.

Die irdische Weisheit kann die Gnade Gottes nicht empfangen.

Mein Sohn! um meine Gnade ist es eine köstliche Sache.

Meine Gnade läßt sich nicht vermischen mit äußeren Dingen, noch mit irdischem Troste.

Du mußt also alle Hindernisse der Gnade aus dem Wege räumen, wenn du willst, daß sie sich in dein Herz ergießen soll.

Suche dir eine stille Kammer und sei gern einsam in dir gesammelt; suche dir keines Menschen Unterhaltung, sondern ergieße vielmehr dein Herz in Gottes Schoß in einem innigen Gebete, damit du ein zerknirschtes Gemüt und ein reines Gewissen bewahrest.

Die ganze Welt achte für nichts.

Den Umgang mit Gott ziehe allem andern vor.

Denn du kannst nicht mit mir umgehen und zugleich in vergänglichen Dingen deine Lust und dein Vergnügen suchen.

Selbst von Bekannten und den liebsten Freunden mußt du dich entfernen und dein Gemüt von allem zeitlichen Troste entblößt halten.

Darum ermahnt auch der Apostel Petrus die Gläubigen Jesu Christi, daß sie sich als Pilgrime und Fremdlinge in dieser Welt, von allen fleischlichen Lüsten, die wider die Seele streiten, rein bewahren sollten (1. Petri 2, 11).

2. O, mit welcher Zuversicht stirbt derjenige, den keine Neigung zum Irdischen an die Welt fesselt!

Aber diese Freiheit des Herzens von aller Anhänglichkeit an das Irdische versteht kein krankes Gemüt; denn der natürliche Mensch hat keinen Begriff von der Freiheit des innern Menschen.

Allein wer das wahre geistige Leben erlangen will, der muß allem absagen, was ihm nahe und was ihm ferne anklebt.

Und vor niemand muß er sich mehr hüten, als vor sich selbst.

Wenn du dich selbst vollkommen besiegtest, so würdest du alles übrige leicht überwinden.

Denn sich selbst überwinden, ist der vollkommenste Sieg.

Wer sich selbst so zu beherrschen gelernt hat, daß seine Sinnlichkeit der Vernunft und die Vernunft Mir in allem gehorcht, der ist wahrhaftig ein Sieger über sich selbst und ein Herr der Welt.

3. Wenn du diese Höhe ersteigen willst, so mußt du mit männlichem Mute anfangen und die Axt an die Wurzel legen, um auszurotten und zu zerstören alle geheimen und unordentlichen Neigungen zu dir selbst, und allen irdischen Gütern, daran du besonders hängst.

Aus diesem einen Laster, daß der Mensch sich selbst unordentlich liebt, entspringt fast alles andere Böse, das mit der Wurzel ausgerottet werden muß.

Wer also die grundböse Neigung in sich besiegt und unterjocht hat, der wird sogleich großeu Frieden und große Ruhe besitzen.

Aber eben deswegen, weil so wenige Menschen sich selbst vollkommen abzusterben suchen und nicht mit Ernst aus sich selbst herausgehen wollen, eben deswegen bleiben sie in sich selbst verwickelt und können sich nie im Geiste über sich selbst aufschwingen.

Wer aber ganz frei mit mir umgehen und wandeln will, der muß alle bösen und ungeordneten Neigungen töten und keinem Geschöpfe mit Eigenliebe und Lüsternheit anhangen.

Gott und ich.

Wenn du dein Herz recht willst bewahren,
Laß vieler Menschen Umgang fahren;
Und wenn du mußt bei Menschen sein,
So denk: ich bin bei Gott allein.

Man kann nicht Gott und den Menschen zugleich anhangen. Man kann sich nicht zu Gott erheben, wenn das Herz an Menschen oder irdischen Dingen hängt. Darum forderte der Heiland: Wenn ihr nicht allem absaget — ja sogar — nicht hasset Vater, Mutter &c. — könnt ihr meine Jünger nicht sein. Ein Pilger nach der Ewigkeit hält sich bei keinem Dinge auf, hängt sich nirgend an — „durch alles hin zu Gott den Sinn". Wie garnichts sind alle Menschen gegen Gott! Wie klein ist die Erde, ein Stäublein — wenn wir den Himmel ansehen! Wer eins ganz will, muß das andere lassen, ganz lassen (Luk.. 14, 26, 33; Psalm 39, 6; Matth. 6, 24).

Du suchest Gott mit einem Ach,
Der Welt läufst du mit tausend nach!
Dein Frommsein ist Betrug und Schein,
So lang du Gott nicht suchst allein.

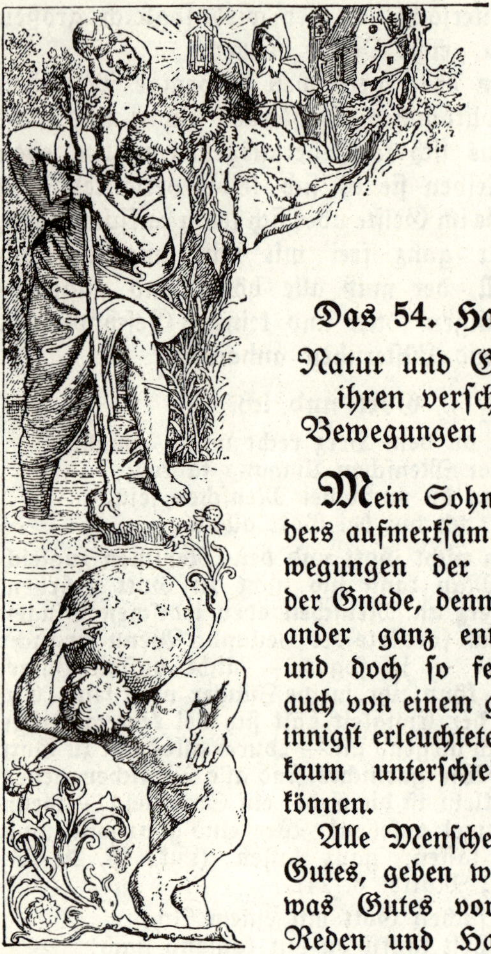

Das 54. Hauptstück.

Natur und Gnade nach ihren verschiedenen Bewegungen betrachtet.

Mein Sohn! sei besonders aufmerksam auf die Bewegungen der Natur und der Gnade, denn sie sind einander ganz entgegengesetzt, und doch so fein, daß sie auch von einem geistigen und innigst erleuchteten Menschen kaum unterschieden werden können.

Alle Menschen verlangen Gutes, geben wenigstens etwas Gutes vor bei ihrem Reden und Handeln. So werden viele durch den Schein des Guten getäuscht.

2. Die Natur ist listig, sie lockt, verstrickt und betrügt viele, und hat allemal sich selbst zum Zwecke.

Die Gnade wandelt einfältig, sie meidet allen Schein des Bösen, bedient sich keiner List und Fallstricke, sie tut alles rein nur um Gottes willen, in dem sie auch ihren Ruhepunkt findet.

3. Die Natur will durchaus nicht sterben, sich nicht drücken, nicht beherrschen lassen; sie will nicht untertan sein, noch sich freiwillig unterwerfen.

Die Gnade geht aber ganz darauf aus, sich selbst abzusterben, sie widersteht der Sinnlichkeit, sucht untertan zu sein, wünscht im Unterliegen zu siegen, verlangt nicht die Freiheit des eigenen Willens zu genießen, sondern will lieber unter der Zucht gehalten werden.

Sie will über niemand herrschen, sondern allezeit von Gott abhängig leben, stehen und gehen und um Gottes willen sich jedem Menschen gern demütig unterwerfen.

4. Die Natur arbeitet nur für ihren eigenen Nutzen und hat keine andere Absicht, als von andern Gewinn zu ziehen, und sie zum eigenen Vorteile zu benutzen.

Die Gnade aber weiß nichts von Eigennutz und Bequemlichkeit, sondern ist nur auf das bedacht, was andern nützlich ist.

5. Die Natur läßt sich gerne ehren und Komplimente machen (liebt den Weihrauch).

Die Gnade aber weist alle Ehre und allen Ruhm rein und aufrichtig von sich ab, und zu Gott hin.

6. Die Natur fürchtet Schande und Verachtung; die Gnade aber freut sich, um des Namens Jesu willen, Schmach zuleiden.

7. Die Natur liebt den Müßiggang und die körperliche Ruhe.

Die Gnade kann nicht untätig, nicht müßig sein, sondern eilt mit Lust und Freude zur Arbeit.

8. Die Natur will immer haben, was kostbar und schön ist, und hat Abscheu vor dem, was schlecht und grob ist.

Die Gnade hat ihre besondere Freude und Lust an dem Einfältigen und Niedrigen; es ist ihr nichts zu rauh und sie scheut sich nicht, abgenutzte Kleider zu tragen.

9. Die Natur richtet ihren Blick nur auf das Zeitliche, freut sich des irdischen Gewinnes, betrübt sich über Verlust und läßt sich durch ein unbedeutendes Schmähwort erbittern.

Die Gnade schaut auf das Ewige, hängt nicht am Zeitlichen, bleibt ungetrübt bei zeitlichem Verlust und kann durch harte Worte nicht erbittert werden, weil sie ihren Schatz und ihre Freude im Himmel hat, wo er sicher aufbewahrt ist und nicht verloren gehen kann.

10. Die Natur ist habsüchtig; sie empfängt lieber, als sie gibt; sie liebt eigenes Gut und will etwas Besonderes haben.

Die Gnade ist fromm und mitteilend, meidet alles Besondere und Eigene, begnügt sich mit Wenigem, hält Geben für seliger als Empfangen.

11. Die Natur ist voll Neigung und Anhänglichkeit an die Geschöpfe, an ihr eigen Fleisch, an Eitelkeiten und Unterhaltungen.

Die Gnade fühlt immer einen Zug zu Gott und zur Tugend, entsagt den Geschöpfen, flieht die Welt, haßt die Lüste des Fleisches, beschränkt den zerstreuenden Umgang nnd kann nicht ohne Erröten öffentlich erscheinen.

12. Die Natur will immer gern äußere Tröstungen haben, die ihre Sinne belustigen.

Die Gnade kennt und will keinen andern Trost, als in Gott allein, und keine andere Lust und Freude, als im höchsten Gute, das ihr über alles (Sichtbare) wünschenswert ist.

13. Die Natur tut alles aus Gewinn- und Selbstsucht, sie kann nichts umsonst tun, sondern hofft für ihre Wohltaten immer ein Gleiches oder etwas Besseres, oder Lob oder Gunst zu ernten; dabei verlangt sie, daß ihre Handlungen und Gaben sehr hoch angeschlagen und für wichtig gehalten werden.

Die Gnade sucht nichts Zeitliches, will keinen Lohn als Gott allein, und verlangt selbst von den zeitlichen Lebensbedürfnissen nicht mehr, als ihr zur Erlangung der ewigen Güter zuträglich sein können.

14. Die Natur freut sich, viele Freunde und Verwandte zu haben, ist stolz auf adelige Abkunft und einen berühmten Geburtsort, lächelt dem

Mächtigen Beifall zu, schmeichelt den Reichen und lobt ihresgleichen.

Die Gnade liebt auch ihre Feinde, und bläht sich nicht wegen der Menge ihrer Freunde, legt keinen besonderen Wert auf Geburtsort oder Abkunft, wenn nicht größere Tugend dabei ist.

Sie neigt sich mehr zum Dürftigen, als zum Reichen, fühlt mehr Teilnahme für den Unschuldigen, als für den Mächtigen, teilt die Freude mit dem Redlichen, nicht mit dem Falschen; sie ermuntert stets die Guten zum Wetteifer nach bessern Gnadengaben und sucht dem Sohne Gottes durch Tugend ähnlicher zu werden.

15. Die Natur ist gleich fertig, über jeden Mangel und die geringste Beschwerde zu klagen.

Die Gnade trägt standhaft jede Entbehrung.

16. Die Natur denkt bei allem nur an sich, streitet und wehrt sich nur für sich.

Die Gnade führt alles auf Gott zurück, von dem, als aus ihrem Urquell, alle Dinge herkommen. Sie schreibt sich selbst nichts Gutes zu, und weiß nichts von stolzer Anmaßung oder Selbstgenügsamkeit; sie zankt nicht, und hält ihre Meinung nicht für besser, als andere, sondern unterwirft in allem ihren Sinn und Verstand der ewigen Weisheit und dem Ausspruche Gottes, der Herzen und Nieren prüft.

17. Die Natur ist begierig, Geheimnisse zu wissen und Neuigkeiten zu hören, liebt den äußerlichen Schein und will durch ihre Sinne viel wahrneh-

men; sie will gekannt und bemerkt sein und verrichtet daher nur solche Taten, die Lob und Bewunderung erregen.

Die Gnade kümmert sich nicht um Neuigkeiten und Seltenheiten, weil doch alles Neue aus dem alten Verderben entspringt und weil es im Grunde doch nichts Neues und Dauerhaftes auf Erden gibt.

Die Gnade lehrt uns also: die Sinne bezähmen, eitles Wohlgefallen verschmähen, und sich selbst nicht zur Schau tragen; alles, was des Lobes und der Bewunderung wert ist, unter dem Schleier der Demut verbergen und in allen Dingen und in allen Wissenschaften nichts anders suchen, als was frommt und Frucht schafft, was Gottes Lob und Ehre befördert.

Die Gnade will nicht, daß sie und das Ihrige gepriesen, sondern sie wünscht, daß Gott in allen seinen Gaben gelobt werde, der ja alles aus der lautersten Liebe mitteilt.

18. Diese Gnade ist ein höheres, übernatürliches Licht, und ein besonderes Geschenk Gottes.

Sie ist das eigentliche Siegel der Auserwählten, das Unterpfand des ewigen Heils, welches den Menschen von dem Irdischen zur Liebe des Himmlischen erhebt und aus sinnlichen Menschen Geistige schafft.

Je mehr also einer die Natur beschränkt und überwindet, desto größere Gnade wird ihm mitgeteilt und der innere Mensch wird täglich durch neue Besuche der Gnade nach dem Bilde Gottes erneuert und umgewandelt.

Der Unterschied ist groß.

Natur sucht stets Gemächlichkeit,
Die Gnade freuet sich in Leiden,
Die Gnade fürchtet keine Leiden;
Doch lernt man erst nach Zeit und Streit
Natur und Gnade unterscheiden.

Die gewöhnlichen Christen und die Meisten kennen diesen Unterschied nicht, stehen noch ganz in der Natur, ohne die Kraft und Wirkungen der Gnade auch nur im geringsten zu kennen und an sich zu erfahren. Sie halten bloß das Wörtlein: „Gnade" fest im Munde, lieben den Schein und verleugnen die Kraft der Gottseligkeit. O welch ein groß, mächtig Ding ist die Gnade! so allvermögend als ihr Urheber, Gott — sie kann und vermag alles in dem Schwachen. Das sehen wir an den Aposteln und ersten Gnadenmenschen (Tit. 2, 11. 12; 2. Tim. 3, 5; Phil. 4, 13).

Es hält Natur so wunderfest,
Eh sie sich ganz der Gnade läßt.
Gott muß durch tausend Kreuz und Leiden
Zu diesem Lassen dich bereiten.

Natur sucht immer sich, die Gnade Gott allein;
Schau, ob dein Sinn und Tun befleckt sei oder rein.

Das 55. Hauptstück.

Das Verderben der Natur und die allbesiegende Gnade.

Herr! mein Gott! der du mich erschaffen hast nach deinem Bilde und Gleichnis, verleihe mir die Gnade, die du mir als ein so großes und zu meinem Heile unentbehrliches Gut gezeigt hast, schenke mir diese Gnade, daß ich meine ganze verdorbene und verkehrte Natur, die mich zu Sünden und ins Verderben fortreißt, überwinden kann.

Denn ich fühle in meinem Fleische das Gesetz der Sünde, das dem Gesetze meines Gemütes widerspricht, und mich wie einen Gefangenen hinreißt, daß ich fast in allem nur der Sinnlichkeit sklavisch gehorche.

Ich kann meinen Leidenschaften nicht widerstehen, wenn mir deine allerheiligste Gnade nicht beisteht und mein Herz mit dem Feuer deiner Liebe entzündet.

2. Gnade, Gnade bedarf ich, und große Gnade muß ich haben, wenn ich die Natur überwinden soll, die von Jugend an immer zum Bösen geneigt ist.

Denn da sie schon im ersten Menschen Adam gefallen und durch die Sünde zerrüttet worden ist, so pflanzt sich dies Verderben zur Strafe auf alle Menschen fort; und zwar so, daß sie, so gut und rein du sie geschaffen hast, jetzt eine zerrüttete, kranke und verderbte Natur ist, weil alle ihre Bewegungen, wenn sie sich selbst überlassen ist, nur zum Bösen und Niederen hinziehen.

Das kleine Kräftchen, das noch übrig blieb, ist wie ein Fünklein unter der Asche verborgen.

Und dieses Fünklein ist die natürliche Vernunft, die mit großer Finsternis umhüllt nur noch Gutes und Böses, Wahres und Falsches ein wenig unterscheiden, aber das, was sie selbst gut heißt, nicht vollbringen, die Wahrheit nicht in vollem Lichte schauen, die Gesundheit ihrer Neigungen nicht mehr herstellen kann.

3. Daher kommt es, mein Gott! daß ich nach dem innern Menschen Freude habe an deinem Gesetze, indem ich weiß, daß dein Gebot gut, gerecht und heilig ist, daß es alles Böse straft und die Sünde flieht.

Aber dem Fleische nach diene ich dem Gesetze der Sünde, indem ich mehr der Sinnlichkeit gehorche, als der Vernunft.

Daher kommt es, daß das Wollen des Guten

mir nahe liegt, aber das Vollbringen finde ich nicht in mir.

Daher kommt es, daß ich so viele gute Entschlüsse fasse und beim geringsten Widerstand sogleich wieder zurückspringe und ermüde, wenn mir deine Gnade fehlt und meiner Schwachheit nicht zu Hilfe kommt.

Daher kommt es, daß ich den Weg der Vollkommenheit anerkenne und das, was ich tun und wie ich handeln soll, klar genug einsehe, und dennoch, von dem Gewichte des eigenen Verderbens niedergedrückt, zu dem Vollkommenen mich nicht emporschwingen kann.

4. O wie unentbehrlich, wie höchst notwendig ist mir deine Gnade, o Herr! um das Gute anzufangen, fortzusetzen und zu vollenden.

Denn ohne deine Gnade kann ich einmal nichts Gutes tun.

Aber durch dich, wenn mich deine Gnade stärket, vermag ich alles.

O du wahrhaft himmlische Gnade! ohne dich hat kein eigenes Verdienst, keine Naturgabe ein Gewicht.

Ohne deine Gnade, o Herr! hat keine Kunst, keine Wissenschaft, kein Reichtum, keine Schönheit keine Stärke, kein noch so großer Verstand, keine Beredsamkeit einen Wert.

Denn die Gaben der Natur haben gute und böse Menschen miteinander gemein.

Aber die besondere Gabe der Auserwählten ist

deine Gnade und die heilige Liebe, das Unterscheidungszeichen aller derer, die das ewige Leben zu ererben gewürdigt werden.

Diese Gnade ist so erhaben und unübertrefflich, daß ohne sie selbst die Gabe der Weissagung und die Gabe, Wunder zu wirken und was immer für eine hohe oder tiefe Erkenntnis, für nichts geachtet werden.

Ja noch mehr; ohne diese Gnade, ohne diese Liebe ist weder der Glaube, noch die Hoffnung, noch eine andere Tugend dir angenehm und gefällig.

5. O du seligste Gnade! du machst den Armen im Geiste reich an Tugend und den reichlich Begabten von Herzen demütig.

Komm! steig herab zu mir in mein Herz! erfülle mich früh mit deinem Troste, damit meine Seele vor Schlaffheit und Trockenheit des Gemütes nicht verschmachte.

Laß mich, ich bitte dich, o Herr! laß mich Gnade finden vor deinen Augen!

Denn an deiner Gnade genügt mir, wenn ich auch alles übrige, was die Natur verlangt, entbehren müßte.

Wenn deine Gnade mit mir ist, so fürchte ich nichts, wenn auch noch so viele Versuchungen und Trübsale über mich kommen.

6. Deine Gnade ist meine Stärke. Sie schafft Rat und Hilfe.

Sie ist allen Feinden überlegen, weiser, als alle Weise.

Sie ist die Lehrerin der Wahrheit, die Meisterin der Zucht, das Licht des Herzens, die Trösterin in Trübsal; sie treibt die Traurigkeit aus, verscheucht die Furcht, nährt die Andacht, erzeugt Tränen (der Reue und Liebe).

Was bin ich ohne sie anders, als ein dürres Holz und ein abgestorbener Stamm, der zu nichts taugt, als weggeworfen zu werden?

Darum, o Herr! komme mir deine Gnade allezeit zuvor, sie begleite mich und lasse mich nie ermüden, Gutes zu tun, durch Jesum Christum unserm Herrn. Amen!

Wie die Blumen.

Ein Blümlein, wenn's die Sonne spüret,
Sich öffnet stille, sanft und froh;
Wenn Gottes Gnade dich berühret,
Laß auch dein Herz bewirken so.

O Gnade, von Gott sein erwählet
Und seinen Freunden zugezählet!
Ihn schaun, vor ihm in Ehrfurcht stehn,
Im Heiligtum mit ihm umgehn!

Gnade ist das Schönste, das Größte, das Beste, das Unentbehrlichste auf Erden, und doch am allerwenigsten geachtet. Alle Naturgaben, alle Freuden, Ehre, Güter, Lüste, ja Sünden und Greuel werden ihr vorgezogen. Die Welt achtet sie gar nicht, verhöhnt sie. Wie oft läßt sich der Begnadigte durch ein geringes Ding von ihr ablenken! Wie mancher zieht sie auf Mutwillen! Wie wenige lassen sich mit ihr begnügen! Wie viele rühmen sich ihrer, ohne sich von ihr züchtigen zu lassen, um alles ungöttliche Wesen und alle weltlichen Lüste zu verleugnen, die sich mit ihr nicht vertragen! Nichts wird mehr mißbraucht als Gnade. Und es ist doch nichts Schrecklicheres, als auf Gnade sündigen! O Herr, bewahre mich, bewahre alle Gläubigen vor dieser Sünde durch deine überschwengliche Gnade! (Ps. 89, 2. 92, 2. 100, 5. 103, 11. 108, 5; Jes. 54, 10; Röm. 5, 20. 21. 6, 23; 1. Tit. 2, 11; 2. Kor. 12, 9).

Das 56. Hauptstück.

Verleugne dich selbst, nimm dein Kreuz auf dich und folge Christo nach.

Mein Sohn! soviel du aus dir selbst auszugehen vermagst, so viel kannst du in mich eingehen.

So wie, wenn du nichts außer mir verlangst, du in deinem Innern Frieden genießest, so wirst du, wenn du dich selbst auch innerlich nicht suchest, mit Gott Friede haben und mit ihm eins sein.

Ich will, daß du dich selbst vollkommen verleugnen und dich meinem Willen ohne Widerspruch und Klage hingeben lernest.

Folge mir nach! ich bin der Weg, die Wahrheit und das Leben!

Ohne Weg kann man nicht gehen, ohne Wahrheit erkennt man nicht, ohne Leben lebt man nicht.

Ich bin der Weg, den du wandeln mußt, die Wahrheit, die du glauben, das Leben, auf das du hoffen mußt.

Ich bin der unfehlbare Weg, die untrüglichste Wahrheit, das unendliche Leben.

Ich bin der geradeste Weg, die höchste Wahrheit, das wahre, das selige, das unerschaffene Leben.

Wenn du auf meinem Wege bleibst, so wirst du die Wahrheit erkennen, die Wahrheit wird dich frei machen, und du wirst das ewige Leben ergreifen (Joh. 8, 32).

2. Willst du zum Leben eingehen, so halte die Gebote (Matth. 19, 17).

Willst du die Wahrheit erkennen, so glaube an mich.

Willst du vollkommen sein, so verkaufe alles (Luk. 9, 23).

Willst du mein Jünger sein, so verleugne dich selbst.

Willst du das ewige Leben erlangen, so verschmähe das gegenwärtige.

Willst du im Himmel erhöht werden, so demütige dich in dieser Welt.

Willst du mit mir regieren, so trage mit mir das Kreuz; denn nur die Freunde des Kreuzes finden den Weg zur Seligkeit und zum wahren Lichte.

3. Herr! Jesus Christus! wie schmal ist dein Weg, wie verächtlich vor den Augen der Welt; lehre du mich den Weg verachten, und dir nachfolgen.

Denn der Knecht ist nicht größer, als sein Herr, und der Schüler nicht mehr, als sein Meister.

Übe du nur deinen Knecht auf deinem Wege, denn da liegt mein Heil und die wahre Heiligkeit.

Was ich außerdem lese und höre, das erfreut mich nicht und erquickt mich nicht völlig.

4. Mein Sohn! da du nun dies alles weißt und gelesen hast, so bist du selig, wenn du es auch tust. Wer meine Gebote hat und sie hält, der ist es, der mich liebt, und Ich werde ihn auch lieben, und mich ihm offenbaren und ihn in dem Reiche meines Vaters mit mir auf dem Throne sitzen lassen (Joh. 14, 21).

5. Herr Jesus! wie du mir geredet und versprochen hast, so geschehe es auch! So laß es an mir erfüllt werden!

Angenommen, angenommen habe ich das Kreuz aus deiner Hand; ich habe es bisher getragen, und will es tragen bis zum Tode, wie du es mir aufgelegt hast.

Wahrhaftig! Kreuz ist das Leben eines frommen Christen und der Führer zum Paradiese.

Der Anfang ist gemacht; zurückkehren darf ich nicht; ausweichen ziemt sich nicht.

6. Also wohlan, Brüder! Laßt uns vorwärts schreiten. Jesus selbst will mit uns gehen!

Um Jesu willen haben wir das Kreuz auf uns genommen; um Jesu willen wollen wir es auch forttragen bis ans Ende.

Der unser Vorgänger und unser Führer ist auf dem Wege des Kreuzes, der wird und muß auch Helfer (und Mitträger) sein!

Seht! seht! unser König geht vor uns her! Er wird auch für uns streiten!

Laßt uns ihm männlich folgen! Keiner lasse sich furchtsam zurückschrecken.

Laßt uns bereit sein, als Helden zu sterben im Kriege!

Die Schande wollen wir unserm herrlichen Berufe nicht anhängen, daß wir vor dem Kreuze fliehen.

So greif's doch an!

In kleinen Dingen gibt man nach,
In großen heißt's: ich bin zu schwach.
Ei, greif zur Sache, wie ein Mann!
Wer wahrlich will, durch Christum kann.
Es hilft kein Schein- und Halb-Ergeben,
Es hilft kein Frommsein dann und wann;
Gib dich, und lern in Jesu leben,
Nimm auf sein Kreuz, fang heute an!

Man hört gern aus Jesu Mund: Sei getrost, deine Sünden sind dir vergeben! und ist taub gegen seine Stimme: Folge mir, verleugne dich — nimm dein Kreuz auf dich! Man möchte, wie Petrus, mit Jesu und Tabor Hütten bauen, aber nicht mit ihm zur Kreuzigung gehen. Da heißt es: das widerfahre dir nur nicht. Aber was sagt Jesus dazu? Das lies Matth. 16, 23. Man verläßt sich auf das Verdienst, Blut und Wunden Jesu, und ist doch ein Feind seines Kreuzes und seiner Schmach. Allein das geht nicht — die Gnade kann nur unter Kreuz und Schmach bewahret werden. Bitte, halte an mit Flehn; der dir die Sünde wegnahm, nimmt auch die Kreuzscheu hinweg, und macht dir die Verleugnung zur Lust. Dein Glaube muß der Sieg werden, den die Welt in dir und außer dir überwindet (1. Joh. 5, 4). Jesus bewies die Macht der Sündenvergebung durch Heilung des Gichtbrüchigen. Das muß er auch an dir beweisen. Deine gründliche Heiligung muß das Siegel deiner Begnadigung und Vergebung deiner Sünden sein (Matth. 9, 6).

Das 57. Hauptstück.

Laß dich durch deine Fehler nicht mutlos machen.

Mein Sohn! wenn du Geduld und Demut im Leiden beweisest, gefällst du mir viel mehr, als wenn du reichlichen Trost (oder jubelnde Freude) und innige Andacht in gesegneten Stunden genießest.

Warum betrübt dich denn das Geringste, was gegen dich getan oder geredet wird.

Wenn es auch etwas Größeres gewesen wäre, so hätte es dich nicht aus der Fassung bringen sollen. Aber nun laß es vorübergehen.

Das ist nicht das Erste und nichts Neues, und wird auch nicht das Letzte sein, wenn du länger lebest.

Du bist ein ganzer Mann, solange dir nichts Widriges begegnet.

Du kannst auch guten Rat erteilen, und weißt andern mit Beredsamkeit Mut einzusprechen.

Wenn aber die Trübsal plötzlich an deine Türe klopft, so weißt du dir nicht zu raten und zu helfen.

2. Lerne daraus deine Gebrechlichkeit kennen, die du schon so oft bei den unbedeutendsten Vorfällen mit Händen gegriffen hast.

Doch geschieht dies alles zu deinem Besten, wenn dergleichen Gebrechlichkeiten zum Vorschein kommen.

Verbanne, so gut du kannst, alle Traurigkeit wegen solcher Vorfälle aus deinem Herzen.

Und wenn es dich auch angegriffen hat, so laß dich doch nicht davon niederwerfen, und verwickle dich nicht immer tiefer darein.

Kannst du nicht mit Freuden leiden, so leide doch wenigstens mit Geduld.

Und wenn du solche Schmähworte nicht gerne hörst und Unwillen dabei fühlst, so halte dich zurück, und laß kein ungeziemendes Wort aus deinem Munde kommen, wodurch die Schwachen geärgert werden könnten.

Der erregte Aufruhr wird bald gestillt sein und der innere Schmerz dir versüßt werden, sobald die Gnade wiederkehrt.

Sieh, Ich lebe noch und bin bereit, dir zu helfen und dich mehr als sonst zu trösten, wenn du nur auf Gott vertraust, und mich mit Inbrunst um Hilfe bittest.

3. Sei gleichmütiger und gürte dich mit größerer Geduld zu größeren Leiden.

Es ist nicht gleich alles verloren, wenn du dich öfters von Trübsalen oder schweren Versuchungen gedrückt fühlst.

Du bist Mensch, kein Gott. Fleisch bist du, kein Engel.

Wie könntest du immer in demselben Zustande der Tugend feststehen, da dies die Engel im Himmel und der erste Mensch im Paradiese nicht vermochten, die ja nicht lange standhielten?

Ich bin's, der die Niedergeschlagenen aufrichtet und tröstet. Ich bin's, der die Schwachen, die ihre Ohnmacht fühlen, zu meiner Gottheit emporhebt.

4. Mein Herr! gelobt sei dein Wort, das süßer als Honig und Honigseim in meinem Munde schmeckt.

Was wollte ich anfangen in so großen Trübsalen und Ängsten, wenn du mich nicht mit deinem heiligen Worte stärktest?

Wenn ich endlich nur in dem Hafen des Heils lande, was kümmert es mich dann, was und wie viel ich hier gelitten habe?

Verleih mir nur ein seliges Ende, einen glücklichen Ausgang aus dieser Welt!

Gedenke meiner, mein Gott! und leite mich auf ebener Bahn in dein Reich! Amen!

Fasse dich wieder.

Doch muß man's immer wieder wagen
Und hätt' man's noch so grob gemacht.
Vertraun ist besser als verzagen;
Kehr' ein in Jesu Herz und Macht.

Das Gefühl des Bösen, die Anläufe der Sünde und des Satans, auch selbst die Wunden, die wir im Kampfe davon getragen, müssen uns nicht mutlos und verzagt, sondern vielmehr mutiger machen, mit größerer Zuversicht uns im Herrn und der Macht seiner Gnade zu verstärken.

Sünde fühlen und doch meiden ist ja der Weg zur Heiligkeit. So ist auch ein großer Unterschied zwischen Böses tun und Böses leiden.

Man muß sich nie verloren oder gefangen geben, nie die Waffen wegwerfen, sondern allezeit sich zum Arzte, zum Heiland wenden, der keinen von sich stößt, keinen verloren gehen läßt, welcher seine Zuflucht zu ihm nimmt. Er erlöset von allem Übel (Joh. 6, 37; Psalm 130, 7, 8).

Das 58. Hauptstück.

Forsche nicht in den unerforschlichen Tiefen der Gerichte Gottes.

Mein Sohn! hüte dich vor der Torheit zu streiten über hohe Dinge, und zu grübeln über die verborgenen Gerichte Gottes, z. B. warum dieser so verlassen und jener so sehr begnadigt ist, warum der so sehr erniedrigt und jener so hoch erhoben ist.

Denn dieses übersteigt die Verstandeskräfte des Menschen (es liegt ihm zu hoch).

Die göttlichen Ratschlüsse kann keine menschliche Vernunft, vielweniger eine gelehrte Zankübung erforschen.

Wenn dir also der Feind solche Gedanken eingibt, oder neugierige Menschen dich darüber fragen, so laß du ihnen den Propheten antworten, der da spricht: „Gerecht bist du, Herr! und gerecht ist dein Gericht"; und jenes: „Die Urteile des Herrn sind wahr und rechtfertigen sich selbst" (Ps. 19, 10; 119, 137).

Meine Gerichte sollen gefürchtet, nicht gerichtet oder untersucht werden; denn sie sind dem menschlichen Verstande unbegreiflich.

2. Grüble und streite auch nicht über die Verdienste der Heiligen (oder der auserwählten Knechte Gottes), welche heiliger gewesen als andere, oder wer im Reiche Gottes der Größere sein möge? Das erzeugt gewöhnlich nur Zank und unnütze Streitigkeiten, nährt Eitelkeit und Stolz, und am Ende wird Haß, Neid und Zwietracht geboren, da der eine diesen, der andere jenen frommen Mann hochmütig zu erheben sucht.

Dergleichen Dinge wissen und erforschen wollen, bringt gar keine Früchte und mißfällt den Heiligen (und jedem wahrhaft frommen Manne).

Denn Ich bin kein Gott der Zwietracht, sondern des Friedens und dieser Friede besteht mehr in wahrer Demut, als in eigener Erhöhung.

PHILOSO PHIA
FALSA

3. Einige haben eine besondere Neigung zu diesem oder jenem; aber diese besondere Neigung führt mehr Menschliches als Göttliches mit sich.

Ich bin es, der alle Heiligen geschaffen; Ich habe ihnen Gnade geschenkt, Ich habe sie mit Herrlichkeit gekrönt; Ich kenne die Verdienste eines jeden.

Ich bin ihm mit den Segnungen meiner Liebe zuvorgekommen. Ich habe sie, meine Geliebten, von Ewigkeit vorhergekannt, Ich habe sie von der Welt auserwählt, sie haben nicht mich zuvor erwählt.

Ich habe sie durch meine Gnade berufen, durch meine Barmherzigkeit zu mir gezogen. Ich habe sie durch mancherlei Prüfungen durchgeführt.

Ich habe sie mit dem süßesten Troste erfüllt, ich ihnen die Beharrlichkeit geschenkt, Ich ihre Geduld gekrönt.

4. Ich kenne den Ersten und den Letzten, Ich liebe sie alle mit unvergleichbarer Liebe.

Mich, mich soll man in allen meinen Heiligen loben, mich über alles preisen, mich in jedem ehren; denn Ich habe sie so groß und herrlich gemacht; Ich habe sie dazu bestimmt und erwählt ohne alle vorhergehenden eigenen Verdienste.

Wer also einen von meinen Mindesten (Auserwählten) verachtet, der ehret auch den Größeren nicht. Denn Ich habe den Kleinen und den Großen geschaffen.

Und wer einen der Auserwählten verkleinert, der verkleinert mich und alle übrigen.

Im Himmelreiche sind alle eins durch das Band

Ihrer ist das
Himmelreich

der Liebe. Eins denken sie, eins wollen sie alle, und alle lieben sich untereinander in mir (als wenn sie alle nur einer wären).

5. Noch mehr, alle lieben mich weit mehr, als sich selbst und ihr Verdienst.

Denn über sich selbst erhaben und von aller Eigenliebe entblößet, sind sie ganz versunken in der Liebe zu mir, in der sie auch ihren vollen Genuß und ihre höchste Ruhe finden.

Nichts kann sie von mir abwenden, nichts abwärts ziehen; denn sie sind voll der ewigen Wahrheit und glühen vom Feuer der unauslöschlichen Liebe.

Schweigen sollen also die fleischlichen, tierischen Menschen, sollen es nicht wagen, von dem Zustande der Heiligen zu sprechen, sie, die keine Liebe kennen, als die zu ihrer eigenen Lust.

Sie urteilen nur nach ihrer Neigung, nehmen und geben Ehre, wem sie wollen, nicht nach dem Wohlgefallen der ewigen Wahrheit.

6. Bei vielen ist es Unwissenheit, besonders bei solchen, die noch nicht genug erleuchtet sind, und vielleicht die lautere, geistige vollkommene Liebe zu einem Menschen nie kennen gelernt haben.

Viele zieht nur natürliche Neigung und bloß menschliche Freundschaft zu diesem oder jenem hin, und wie sie es im Irdischen finden, so bilden sie sich's auch vom Himmlischen ein.

Aber unermeßlich ist der Abstand zwischen dem, was die Unvollkommenen denken, und zwischen dem, was erleuchtete Männer im Lichte höherer Offenbarung schauen.

7. Hüte dich also, mein Sohn, aberwitzig von dem zu reden, was deine Erkenntnis übersteigt, ringe und strebe vielmehr darnach, daß du einst wenigstens als der Geringste im Reiche Gottes mögest erfunden werden.

Und wenn es denn auch jemand genau wüßte, wer der Heiligste und Größte im Reiche Gottes sei: was würde ihm dieses Wissen nützen, wenn es ihn nicht vor mir demütigte und zum großen Lobe meines Namens erweckte.

Viel Gott gefälliger handelt der, welcher die Größe seiner Sünden und die Kleinheit seiner Tugenden erwägt, wie weit er noch von der Vollkommenheit der Heiligen entfernt sei; als derjenige, welcher über die höheren und niederen Grade ihrer Heiligkeit streitet.

Besser ist es, mit demütigem, innigem Gebete und Tränen zu Gott flehen, daß wir die schönen Beispiele der Heiligen nachahmen, als ihre in Gott verborgene Herrlichkeit mit eitler Selbstgefälligkeit crforschen wollen.

8. O! sie sind alle vollkommen zufrieden; möchten nur auch die Menschen Zufriedenheit lernen und ihrem eitlen Geschwätze ein Ende machen.

Die Heiligen rühmen sich nicht ihrer eigenen Verdienste, weil sie sich selbst nichts Gutes, sondern alles mir zuschreiben, der Ich ihnen alles aus grenzenloser Liebe geschenkt habe.

Sie sind so voll Liebe zu Gott, so voll überschwenglicher Freude, daß ihnen nichts mangelt an Herrlichkeit, und an Seligkeit nichts mangeln kann.

Das ist eben der Sinn aller Heiligen: je heiliger und höher in der Herrlichkeit, desto demütiger und kleiner in sich selbst und desto näher und lieber mir.

Darum sagt die Schrift: Sie legten ihre Kronen nieder vor Gott und fielen auf ihr Angesicht vor dem Lamme und beteten an den, der da lebt von Ewigkeit zu Ewigkeit.

9. Viele fragen, wer der Größte im Reiche Gottes sei und wissen nicht, ob sie würdig erfunden werden, auch nur unter die Geringsten dort gezählt zu werden.

Es ist schon etwas Großes, der Kleinste im Himmel zu sein, wo alle groß sind, weil alle Kinder Gottes heißen und sind.

Der Kleinste soll zu Tausenden werden und ein Sünder von hundert Jahren wird sterben (Jes. 60, 22. 65, 20).

Da die Jünger fragten, wer denn der Größte im Himmelreiche sei, bekamen sie zur Antwort: Wenn ihr nicht umkehret und werdet wie die Kinder, so könnt ihr in das Reich Gottes nicht eingehen. Wer sich selbst so erniedrigt, wie dieses Kind, der ist der Größte im Himmelreiche (Matth. 18, 1—4).

10. Wehe denen, die sich so groß dünken, daß sie es für herabwürdigend halten, mit den Kleinen freiwillig klein zu werden.

Die Tür des Himmels ist auch klein und wird solche großen Menschen nicht eingehen lassen.

Wehe auch den Reichen, die hier ihren Trost (ihren Himmel) haben, denn sie werden draußen stehen und heulen, wenn die Armen in das Reich Gottes eingehen.

Freuet euch also, ihr Demütigen! jauchzet, ihr Armen, denn euer ist das Reich Gottes, wenn ihr anders in der Wahrheit wandelt.

Klein und rein.

Kleinheit, Reinheit, Einfaltswesen,
Hat mein Seelenfreund erlesen.
Kinderherzen müssen's sein,
Welchen er sich macht gemein.

Es ist ein großes Elend, daß die Menschen so sehr geneigt sind, sich mit unnützen Fragen zu beunruhigen, und darüber die heiligsten Wahrheiten, ja selbst das eine Notwendige vergessen. Man will in undurchdringliche Geheimnisse eindringen, und bleibt sich selbst fremd und in seinem eigenen Herzen unbekannt, kennt seine Fehler und die Tiefe seines Verderbens nicht. Dieser Blick in die Tiefe des verdorbenen Herzens würde klein und demütig machen; aber das Forschen hoher Geheimnisse macht nur stolz und sicher.

Die meisten Menschen wollen nun
Viel wissen aber wenig tun;
Wer Gott zu dienen recht beflissen,
Muß vieles tun und wenig wissen.

Ach, wär' ich wie ein Lamm unschuldig,
Sanft, rein, einfältig und geduldig!
Ach, möcht' man Christi Bild und Wesen
Aus meinem ganzen Wandel lesen!

Das 59. Hauptstück.

Gott allein sei deine Hoffnung und Zuversicht.

Mein Gott! wie heißt doch meine Zuversicht, was ist es doch, worauf ich mich in diesem Leben verlassen kann? oder was von allen Dingen unter der Sonne kann mir den größten Trost gewähren?

Bist du es nicht, Herr, mein Gott! dessen Barmherzigkeit grenzenlos ist.

Wo war mir je wohl ohne dich?

Oder wie hätte mir je übel sein können, wenn du bei mir warest?

Lieber will ich mit dir arm sein, als reich ohne dich. Lieber will ich mit dir pilgern auf Erden, als ohne dich den Himmel besitzen.

Wo du bist, da ist der Himmel.

Wo du nicht bist, da ist Tod und Hölle.

Du bist mein Verlangen, darum muß meine Seele beständig seufzen, schreien und flehen.

Ich kann auf keinen andern ein volles Vertrauen setzen, der mir in der Not gerade zur rechten Stunde helfen könnte und wollte, als du allein.

2. Du bist meine Hoffnung, du meine Zuversicht, du mein Tröster, du mein treuester Freund in jeder Hinsicht.

Alle andern suchen nur das Ihre.

Du suchest nur mein Heil und meinen Fortgang im Guten; du lenkest mir alles zum Besten.

Und wenn du noch so viele Versuchungen und

Trübsale über mich kommen ließest, so weiß ich doch, du ordnest dies alles mir zum Heile, der du ja auf tausenderlei Art und Weise deine Freunde zu prüfen pflegest.

Ich darf dich in Prüfungen nicht weniger lieben und loben, als wenn du mich mit himmlischen Tröstungen erfüllest.

3. Auf dich also, Herr, mein Gott! setze ich meine ganze Hoffnung. Du bist meine Zuflucht;

auf dich lege ich all meine Trübsal und meine Angst. Denn was ich außer dir ansehe, finde ich schwach und unbeständig.

Denn viele Freunde können mir nichts nützen, starke Helfer können nicht helfen, kluge Ratgeber nichts Kluges raten, die Bücher der Gelehrten nicht trösten, kein kostbarer Schatz mich erlösen, kein geheimer und befestigter Ort mich schützen, wenn du mir nicht beistehst, du selbst mir nicht hilfst, mir nicht ratest, mich nicht tröstest, mich nicht erlösest, mich nicht unterrichtest und beschützest.

4. Denn alles, was Friede und Seligkeit zu gewähren scheint, ist nichts, wenn du nicht dabei bist und verschafft ohne dich wahrlich nichts von Seligkeit.

Du bist also das Gut aller Güter, die höchste Weisheit und der Abgrund alles dessen, was gesprochen werden kann. Auf dich über alles hoffen, ist der stärkste Trost deiner Knechte.

Zu dir hebe ich meine Augen empor, auf dich vertraue ich, mein Gott, Vater der Barmherzigkeit.

Segne meine Seele, segne sie mit deinen himmlischen Tröstungen, damit sie eine heilige Wohnung werde, ein Sitz der ewigen Herrlichkeit, ein Tempel der Gottheit, in dem nichts mehr gefunden werde, was die Augen deiner Majestät beleidigen könnte.

5. Nach der Größe deiner Güte und nach der Fülle deiner Erbarmungen sieh herab auf mich und erhöre das Flehen deines armen Knechtes,

der fern verbannt von dir im Schattenlande des Todes umherirret.

Beschirme und erhalte die Seele deines geringen Knechtes in so vielen Gefahren dieses gebrechlichen Lebens. Begleitet von deiner Gnade leite sie auf dem Wege des Friedens in das Vaterland der ewigen Klarheit.

Inwendig — oder elendig.

Man hält sich nicht genug inwendig,
Drum bleibt man schwach und stets elendig.
Wer stets an Jesu Herzen liegt,
Wird heilig, selig und vergnügt.

Die Allmacht wohnt in uns, und wir in ihr — und doch suchen wir Hilfe außer uns, und vertrauen wir ohnmächtigen Helfern. Spricht er nicht: Ich will in ihnen wohnen und wandeln? (2. Kor. 6, 16). Ich bleibe bei euch alle Tage bis ans Ende? (Matth. 28, 20). Was fehlt uns denn? — Glaube.

Gott will sich geben ohne Ende
Der Unglaub' bindet ihm die Hände.
Er fordert nichts von dir als: Komm!
Er ist schon da. So wirst du fromm.

Das ist der Jammer und das Elend: Gott, Jesus ist im Herzen, aber das Herz ist nicht in ihm, hängt nicht im Glauben und Liebe an ihm, schöpft nicht aus ihm. Wie könnte ihm sonst etwas fehlen? Gott so nahe und doch ohne ihn!

Gott hat so wenig Herzen nun,
Worin er wirken kann und ruhn.
O gib ihm völlig ein das deine
Dies Gut macht sich so gern gemeine.

Viertes Buch.

Von dem Sakramente.

Vorrede des Übersetzers.

Dieses Büchlein und besonders dieses vierte Buch ist das trefflichste Kommunionbuch. So tief und innig habe ich noch keins gefunden. Für die Leser, die es etwa dazu gebrauchen wollen, sind hier die besonderen Hauptstücke angezeigt, die vor und nach dem heiligen Abendmahl gelesen und betrachtet werden können.

Es ist wohl nicht zu viel, wenn man sich einige Tage vorher, wenn man gedenkt das heilige Mahl zu genießen, vorbereitet und in dieser Beziehung eine zweckmäßige Lektüre wählt.

Widmen wir uns drei Tage vorher und nachher der heiligen Betrachtung, so können die angegebenen Hauptstücke gelesen werden.

J. G.

Betrachtungen.

Vor dem Abendmahlstage:

Am ersten Tag:

Morgens: Zweites Buch 1. Hauptstück.
Mittags: " " 8. "
Abends: Erstes " 21. "

Am zweiten Tag:

Morgens: Drittes Buch 21. Hauptstück.
Mittags: Erstes " 25. "
Abends: " " 24. "

Am dritten Tag:

Morgens: Viertes Buch 3., 6. u. 7. Hauptstück.
Mittags: " " 4., 10. u. 18. "
Abends: " " 5., 12. u. 15. "

Am Tage der Kommunion:

Morgens: Viertes Buch 1. u. 2. Hauptstück.
Bei der Kommunion selbst:
Viertes Buch 2., 13. und 17. Hauptstück.
Abends: Viertes Buch 8., 9. u. 11. Hauptstück.

Nach dem Abendmahlstage:

Am ersten Tag:

Zweites Buch 5., 8., 9. u. 10. Hauptstück.

Am zweiten Tag:

Erstes Buch 7., 8. und 10. Hauptstück.

Am dritten Tag:

Drittes Buch 20., 22. und 25. Hauptstück.

Viertes Buch.

Das 1. Hauptstück.

Mit welcher Ehrfurcht wir Christum empfangen sollen.

(Einladung des Herrn.)

Kommet alle zu mir, die ihr mühselig und beladen seid. Ich will euch erquicken, spricht der Herr (Matth. 11, 28).

Das Brot, das Ich geben werde, ist mein Fleisch, welches Ich hingebe für das Leben der Welt (Joh. 6, 51).

Nehmet hin und esset, das ist mein Leib, der für euch hingegeben wird. Das tut zu meinem Andenken. Trinket alle daraus, das ist mein Blut, das Blut des Neuen Testamentes, das für euch vergossen wird (Matth. 26, 26).

Wer mein Fleisch ißt und mein Blut trinkt, der bleibt in mir und Ich in ihm (Joh. 6, 56).

Die Worte, die Ich zu euch rede, sind Geist und Leben (Joh. 6, 63).

(Empfindungen des Tischgenossen.)

Das sind deine Worte, Jesus Christus, du ewige Wahrheit, ob sie gleich nicht zu einer Zeit von dir gesprochen und nicht in einer Stelle der Heiligen Schrift zusammengefaßt sind.

Weil sie aber deine Worte und Wahrheit sind,

Lernet von mir Sanftmut.
Kommet her zu mir alle.

so muß ich sie alle mit Dankbarkeit und Treue annehmen.

Sie sind deine Worte, denn du hast sie gesprochen.

Sie sind aber auch mein, denn du hast sie zu meinem Heile gesprochen.

Mit Freuden nehme ich sie aus deinem Munde, damit sie desto tiefer in mein Herz eindringen.

Diese Worte sind voll Lieblichkeit, Innigkeit und Liebe, daß sie in mir Mut erwecken.

Aber meine eigenen Sünden schrecken mich und mein unreines Gewissen schlägt mich zurück, wenn ich diesen großen Geheimnissen mich nahen will.

Die Lieblichkeit deiner Worte lockt mich, aber die Menge meiner Sünden drückt mich wie eine schwere Last danieder.

2. Du befiehlst mir, mit Zuversicht zu dir hinzutreten, wenn ich an dir teil haben will.

Kommet, sprichst du: kommet alle zu mir, die ihr mühselig und beladen seid, ich will euch erquicken.

Welch ein süßes, freundliches Wort in dem Ohre des Sünders, daß du, Herr, mein Gott! nur Arme und Dürftige einladest zur Gemeinschaft deines heiligsten Leibes und Blutes!

Aber wer bin ich, o Herr! daß ich es wagen darf, zu dir hinzutreten?

Sieh', die Himmel der Himmel fassen dich nicht, und du sprichst: Kommet alle zu mir!

3. Was willst du mit dieser gnädigen Herablassung, mit dieser so freundlichen Einladung?

Wie darf ich es wagen, zu dir zu nahen, da ich mir nichts Gutes bewußt bin, worauf ich vertrauen könnte?

Wie darf ich dich in mein Haus einführen, da ich so oft dein huldreiches Angesicht beleidigt habe?

Engel und Erzengel haben Ehrfurcht vor dir; Heilige und Gerechte scheuen sich, und du sprichst: Kommet alle zu mir!

Wenn du Herr das nicht selbst sagtest, wer würde es für wahr halten?

Und wenn du es nicht geböteſt, wer würde es wagen, dir zu nahen?

4. Sieh', Noah, der gerechte Mann, arbeitete wohl hundert Jahre am Bau der Arche, damit er und einige wenige mit ihm gerettet würden.

Und ich, wie kann ich mich in einer Stunde bereiten, um den Baumeister der Welt mit gebührender Ehrfurcht aufzunehmen?

Moses, dein Knecht und vertrauter Freund, machte die Bundeslade aus unverweslichem Holze, bekleidete sie mit dem reinsten Golde, um die Tafeln des Gesetzes in derselben niederzulegen.

Und ich verwerfliches Geschöpf, wo soll ich es wagen, dich, den Gesetzgeber selbst, ja den Geber des Lebens, so leicht (in meinen sündigen Leib) aufzunehmen?

Salomo, der weiseste unter den Königen Israels, baute sieben Jahre lang an einem prächtigen Tempel zur Ehre deines Namens, feierte ganze acht Tage das Fest der Tempelweihe, opferte tausend

Sühnopfer und stellte die Bundeslade mit großer Feierlichkeit unter Trompetenschall und Jubelgesang an die ihr bereitete Stätte.

Und ich, der Elendeste und Ärmste unter den Menschen, wie darf ich dich in mein Haus einführen, da ich kaum eine Stunde mit inniger Andacht zubringen kann?

Und o, möchte ich auch nur einmal eine halbe Stunde recht würdig dir weihen können!

5. O mein Gott! wieviel haben jene unternommen und sich bemüht, dir zu gefallen!

Und wie unbedeutend ist das, was ich tue! Wie kurz ist die Zeit, die ich zur Vorbereitung auf die Kommunion verwende!

Selten bin ich ganz gesammelt und selten suche ich mich vor aller Zerstreuung rein zu bewahren.

Und doch sollte in deiner beseligenden Gegenwart kein ungeziemender Gedanke sich in mir regen, kein Geschöpf mein Herz einnehmen, da ich nicht etwa nur einen Engel, sondern den Herrn der Engel in meine Herberge aufnehmen will.

6. Und doch ist ein großer Abstand zwischen der Bundeslade samt allen ihren Heiligtümern und zwischen deinem reinsten Leibe mit seinen unaussprechlichen Kräften, zwischen jenen Bundesopfern, die nur Vorbilder des Zukünftigen waren und zwischen dem wahren Opfer deines Leibes, das du zur vollkommenen Erfüllung aller Opfer der Vorzeit selbst dargebracht hast.

7. Warum werde ich denn also vor deiner

heiligen Gegenwart, die die höchste Ehrfurcht erwecket, nicht zu brünstigem Eifer entzündet?

Warum bereite ich mich nicht mit größerer Sorgfalt, dein heiliges Mahl zu genießen? da doch jene alten heiligen Patriarchen und Propheten, Könige und Fürsten mit dem ganzen Volke so viel Eifer und Andacht für die Verehrung deines göttlichen Namens bewiesen haben?

8. Tanzte doch der fromme König David voll entzückender Freude vor der Bundeslade her aus allen Kräften, indem er die Wohltaten erwog, die einst seine Väter empfangen hatten; er verfertigte allerlei Instrumente der Musik, Harfen und Posaunen, verfaßte Psalmen, ließ sie mit festlicher Freude singen, sang selbst oft mit und begleitete den Gesang mit der Harfe; angeregt von der Gnade des Heiligen Geistes, lehrte er so das Volk Israel mit ganzem Herzen Gott preisen und mit einhelliger Stimme alle Tage sein Lob und seine Ehre kund tun.

Wenn damals schon das Feuer der Andacht so sehr brannte und das Lob Gottes sich so mächtig ergoß vor der Bundeslade, welche Ehrfurcht, welche Andacht soll nun ich, soll das ganze Christenvolk empfinden in der Nähe des Sakramentes, bei dem Genusse des heiligsten Leibes und Blutes unsers Herrn Jesu Christi?

9. Viele laufen bald dahin, bald dorthin, um die Überbleibsel (Reliquien) der Heiligen zu besuchen; sie staunen, wenn sie von ihren Taten

hören, begaffen die prächtigen Tempelgebäude und küssen die in Seide und Gold gefaßten Gebeine der Heiligen.

Und sieh! du bist hier auf dem Altare zugegen, du, mein Gott! du Heiliger der Heiligen! Schöpfer aller Menschen und Herr der Engel!

Bei dem Schauen jener Dinge ist es oft nur menschlicher Fürwitz und die Neuheit des Niegesehenen, was sie reizt und treibt und man gewinnt wenig Früchte der Besserung, besonders wenn es nur ein leichtsinniges Hin- und Herlaufen ist, dabei das Herz ohne wahre Zerknirschung bleibt.

Hier aber, im Sakramente des Altares, bist du selbst, mein Gott und wahrer Mensch, Jesus Christus, gegenwärtig!

Hier genießt man die reichsten Früchte des ewigen Heils, so oft man dich würdig und andächtig empfängt.

Dazu aber treibt nicht Leichtsinn, nicht Neugierde, nicht Sinnlichkeit, sondern lebendiger Glaube, innige Hoffnung und aufrichtige Liebe.

10. O unsichtbarer Schöpfer der Welt, mein Gott! wie wunderbar verfährst du mit uns, wie freundlich gehst du mit uns um, indem du dich selbst im Sakramente uns zur Speise mitteilst!

Das übersteigt allen Verstand, das zieht die Herzen der Frommen mit besonderer Kraft und entzündet die Flamme der Liebe zu dir.

Denn sie, deine wahren Gläubigen, die ihr ganzes Leben nur zu ihrer Besserung anwenden, empfangen beim Genusse dieses Sakramentes große Gnade der Andacht und innige Liebe zur Tugend.

11. Wie wunderbar und geheimnisvoll ist die Gnade dieses Sakramentes! Nur Gläubige, treue Verehrer Christi kennen sie. Die Ungläubigen, die Sklaven der Sünde, können sie nicht erfahren.

In diesem Sakramente wird der Geist mit Gnade ausgerüstet, die verlorene Tugendkraft in der Seele wieder hergestellt, und die Schönheit, die durch die Sünden verunstaltet wurde, wieder mitgeteilt.

Und diese Gnade wird manchmal in so großem Maße gegeben, daß durch die Fülle der Andacht, die dadurch erweckt wird, nicht nur die Seele, sondern auch der schwächliche Leib mit neuer Kraft sich belebt fühlt.

12. Es ist aber höchst beweinenswert, daß wir bei alledem so gar lau und nachlässig sind, daß uns kein lebendiges Verlangen treibt, Christum zu empfangen, da doch die Hoffnung und das Verdienst aller, die da selig werden, auf ihm beruht.

Denn Er ist unsere Heiligung und Erlösung; Er der Trost der Pilger auf Erden; Er der ewige Genuß der Heiligen im Himmel.

Beklagenswürdig ist es daher, daß so viele dies heilbringende Geheimnis so geringe achten, ein Geheimnis, das den Himmel mit Freude füllt und der ganzen Welt Heil verschafft.

O wie blind und hart ist das Herz des Menschen, der eine solche unaussprechliche Gabe nicht höher achtet und durch den öftern Gebrauch derselben noch gleichgültiger dafür wird.

13. Denn wenn dies heiligste Sakrament nur an einem Orte gefeiert, nur von einem Priester in der Welt geweihet würde, mit welchem Verlangen würden die Menschen nach diesem Orte und zu diesem Priester hingetrieben werden, um an diesem göttlichen Geheimnisse teilzunehmen?

Nun aber sind so viele Priester verordnet und so viele Orte, wo Christus im Abendmahle dargereicht wird, damit die Gnade und Liebe Gottes gegen die Menschen desto herrlicher und größer erscheine, je weiter der Genuß dieses heiligen Mahles sich ausbreitet über der ganzen Erde.

Dank sei dir, treuer Jesus, ewig guter Hirt! daß du uns arme verbannte Fremdlinge gewürdigt hast, uns mit deinem teuern Leibe und Blute zu erquicken und noch dazu mit deinem eigenen Munde uns so freundlich einzuladen, indem du sprichst: Kommet alle zu mir, die ihr mühselig und beladen seid, ich will euch erquicken.

Nachlese.

Jesus ist uns immer nahe und wohnt durch den Glauben in unsern Herzen; aber durch das Heilige Abendmahl werden wir gewiß inniger mit ihm und er mit uns vereiniget. Wie Speise und Trank mit dem Leibe verbunden und des leiblichen Lebens Nahrung und Stärkung ist, so sein Leib und Blut unseres Geistes Brot und Trank, ein lebendiges Nahrungsmittel, welches uns von seinem Leben und Geist, von seiner Gotteskraft und Natur mitteilt, so viel unser

Glaubenshunger fassen und aufnehmen kann. Darum ist wohl dieser Glaubenshunger die beste Vorbereitung, je größer, je besser. — Hunger und Durst ist ja bei jeder Mahlzeit der beste Koch und von unserer Seite die einzige Bedingnis zum Gedeihen.

Das 2. Hauptstück.

Das Sakrament, ein Pfand der Güte und Liebe Gottes zu den Menschen.

Im Vertrauen auf deine Güte und große Barmherzigkeit, o Herr! komme ich zu dir, als Kranker zu seinem Heiland, als ein armer Dürftiger zum Könige des Himmels, als ein Knecht zu seinem Herrn, als ein Geschöpf zu seinem Schöpfer, als ein Trostloser zu seinem Tröster.

Aber wie wird mir das, daß du zu mir kommst? Wer bin ich, daß du dich selbst mir mitteilest?

Wie darf ich Sünder es wagen, vor dir zu erscheinen? Und du, wie kannst du dich so weit herablassen, bei einem Sünder einzukehren?

Du kennst ja deinen Knecht und weißt, daß er nichts Gutes in sich hat, das dich bewegen könnte, ihm diese Gnade zu erteilen.

Ich bekenne dir also meine Nichtswürdigkeit; ich erkenne deine Gütigkeit, ich preise deine Freundlichkeit, ich danke dir für deine grenzenlose Liebe.

Denn um deiner Liebe willen tust du dieses, nicht um meiner Verdienste willen; um deine Güte mir noch herrlicher zu offenbaren, mir größere Liebe einzuflößen und Demut zu empfehlen.

Weil es dir nun so gefällt, und du es sogar geboten hast, so muß ja deine Herablassung auch mir gefallen.

2. O freundlichster und gütigster Jesus! welche Ehrfurcht und Dankbarkeit bin ich dir nicht schuldig! Unaufhörlich sollte ich dich loben dafür, daß du mir deinen Leib und dein Blut zu genießen gibst, dessen Würde kein Mensch auszusprechen vermag.

Aber was soll ich denken bei diesem heiligen Mahle, im Hingange zu meinem Herrn, den ich nicht nach Würden verehren kann, und doch mit der innigsten Andacht aufnehmen möchte!

Was kann ich Besseres und Heilsameres denken, als daß ich mich selbst ganz erniedrige vor dir und deine Güte lobpreisend erhebe über mich!

Ich preise dich, mein Gott! und will dich ewig lobpreisen; mich aber verschmähe ich und werfe mich vor dir hin im Abgrunde meines Nichts.

3. Siehe, du bist der Heilige der Heiligen; ich aber der Unreinste unter allen Sündern!

Siehe! du neigest dich zu mir, der ich nicht wert bin, zu dir aufzuschauen.

Siehe! du kommst zu mir, du ladest mich selbst zu deinem heiligen Mahle ein!

Du willst mir die Speise des Himmels, das Brot der Engel zu essen geben, und wahrhaftig kein anderes Brot, als dich selbst, das lebendige Brot, das vom Himmel gekommen und der Welt das Leben gibt (Joh. 6, 51).

4. Siehe doch, wie unendlich deine Liebe ist;

TV ES SACERDOS IN
ETERNVM
SECVNDVM
ORDINEM
MELCHISEDECH

wie herrlich strahlt deine Herablassung! Wer kann dir genug dafür danken, wer genug dich loben?

Wie heilsam und segensreich war deine Absicht, womit du dieses Mahl gestiftet hast!

Wie lieblich und süß ist dieses Mahl, wobei du dich selbst zur Speise darreichst!

Wie wunderbar ist deine Wirkung, Herr! wie mächtig deine Kraft! wie unaussprechlich deine Wahrheit! denn du sprachst und es ward alles; und gerade das ward, was du selbst werden hießest.

5. Wunderbar ist es, aber doch glaubwürdig, wenn es gleich allen Menschenverstand übersteigt, daß du, mein Herr und Gott! wahrer Gott und Mensch! unter der geringen Hülle des Brotes und Weines wahrhaftig und ganz zugegen bist und von dem Empfänger genossen (gegessen), aber nicht verzehret wirst.

Du Herr aller Dinge, der du keines Dinges bedarfst, wollest durch dieses Sakrament in uns wohnen!

Bewahre mein Herz (und meinen Leib) unbefleckt, damit ich mit frohem und reinem Gewissen recht oft dieses hohe Geheimnis genießen und zu meinem Heil empfangen kann, so wie du es besonders zu deiner Ehre und zu deinem ewigen Gedächtnisse gestiftet und verordnet hast.

6. So freue dich denn, meine Seele! und danke Gott für eine so edle Gabe und für einen so großen Trost, den er uns in diesem Tale der Tränen hinterlassen hat.

Denn so oft du dieses Geheimnis betrachtest

und den Leib und das Blut Christi empfängst, so oft wird das Werk deiner Erlösung in dir ausgeführt und du aller Verdienste Christi teilhaftig.

Denn die Liebe Christi ist immer dieselbe, nimmt niemals ab und seine Versöhnung wird nie erschöpft.

Deswegen mußt du jederzeit dich mit Erneuerung deines Gemütes vorbereiten und das große Geheimnis des Heils aufmerksam betrachten.

So groß, so neu, so erfreulich soll es dir erscheinen, so oft du es genießest oder genießen siehest, als wenn Christus erst an diesem Tage im Leibe der Jungfrau menschliche Natur annähme, oder jetzt eben am Kreuze hinge und für das Heil der Menschen litte und stürbe.

Nachlese.

O wer so das Heilige Abendmahl empfängt, als wenn er Jesum vom Kreuze herab und in sein Herz aufnähme, als wenn das Blut Christi aus seinen Wunden eben frisch auf seine Seele träufle, wer so lebendig sich den Tod Jesu, sein vergossenes Blut und seine Wunden vergegenwärtiget, und als für sich geschehen annimmt und genießt, der hat Jesum angezogen, der bleibt in Jesu und Jesus bleibt in ihm, der ist ein Geist mit ihm, der ist wahrhaftig Christi, seines Verdienstes und Todes teilhaftig. Der kann nicht mehr auf Erden empfangen. Der ist reich und satt; dem fehlt nichts, als daß er Jesum im Himmel schauet von Angesicht zu Angesicht — und daß ihm auch diese Gnade zuteil werden wird, dafür ist ihm das Abendmahl Pfand und Siegel (Joh. 6, 54—56).

Das 3. Hauptstück.

Es ist nützlich, öfters das Heilige Abendmahl zu empfangen.

Siehe, Herr! ich komme zu dir, damit mir wohl werde an deinem Gnadentische, damit ich fröhlich werde bei deinem heiligen Mahle, das du, o Gott! aus lauter Liebe für mich Armen bereitet hast.

Siehe! in dir finde ich alles, was ich wünschen kann und soll!

Du bist mein Heil und meine Erlösung, meine Hoffnung und meine Stärke, du mein Schmuck und meine Herrlichkeit!

Erfreue also heute die Seele deines Knechtes; denn zu dir, o Herr Jesus! erhebt sich meine Seele!

O mit welcher Andacht und Ehrfurcht möchte ich dich nun empfangen! in mein Haus möchte ich dich einführen, um wie Zachäus von dir gesegnet und unter die Söhne Abrahams gezählt zu werden.

2. Meine Seele verlangt nach deinem Leibe, mein Herz sehnt sich, mit dir vereinigt zu werden.

Gib dich mir, und mir genüget.

Denn außer dir tröstet doch kein Trost.

Ohne dich kann ich nicht mehr sein, und ohne deine Heimsuchung nimmer leben.

Deswegen muß ich recht oft zu dir kommen und dich, mein einziges Heilmittel, aufnehmen, damit ich nicht verschmachte auf dem Wege, wenn ich der himmlischen Speise beraubt wäre.

Denn so sprachst du einst, barmherziger Jesus! als du den Völkern predigtest und ihre mancherlei Gebrechen heiltest: „Ich kann sie nicht ungesättigt von mir gehen lassen, damit sie nicht auf dem Wege verschmachten“ (Matth. 15, 32).

So mache es denn auch so mit mir, da du dich ja doch nur zum Troste der Gläubigen im Sakramente hinterlassen hast.

Du bist die süßeste Erquickung der Seele, wer dich würdig empfängt, der wird einst Erbe und Tischgenosse der ewigen Herrlichkeit sein.

Ich Sünder, der ich so oft falle und sündige, sogleich wieder lau und matt werde, ich bedarf es auch sehr, daß ich durch öfteres Gebet, Bekenntnis der Sünden und Genuß des heiligen Abendmahles mich erneuere, reinige und entzünde, damit ich nicht etwa, wenn ich länger davon fern bliebe, in meinem heiligen Entschlusse wankend würde.

Denn der Sinn des Menschen ist von Jugend auf zum Bösen geneigt, und wenn ihm die göttliche Arznei nicht zu Hilfe kommt, so fällt der Mensch sogleich noch tiefer und in größere Laster.

3. Die heilige Kommunion zieht also vom Bösen zurück und stärkt im Guten.

Denn wenn ich jetzt, da ich öfters zum Tische des Herrn gehe, dennoch so lau und nachlässig bin, was würde aus mir werden, wenn ich diese Arznei nicht einnähme, dieses mächtig wirkende Hilfsmittel nicht gebrauchte?

Und wenn ich nicht jeden Tag geschickt und genug

vorbereitet bin, dieses Sakrament zu empfangen, so will ich mich doch mit allem Fleiße bemühen, an den dazu bestimmten Tagen diese göttlichen Geheimnisse zu genießen und an dieser großen Gnade teilnehmen zu können.

Denn für eine gläubige Seele, solange sie in dieser sterblichen Hülle fern von dir pilgert, ist es eine vorzügliche Trostquelle, daß sie öfters das Andenken ihres göttlichen Erlösers feiert und ihren Geliebten mit inniger Andacht in ihr Herz aufnimmt.

4. O wie ist doch deine Güte gegen uns so wundervoll und so herablassend, daß du, unser Herr und unser Gott, der Schöpfer und Beleber aller Geister, so eine arme Seele nicht verschmähest, sondern sie heimsuchest und mit aller Fülle deiner Gottheit und Menschheit ihren Hunger überschwenglich stillest.

O selige, o gesegnete Seele, die das Glück genießt, dich, ihren Gott und Herrn, mit inniger Andacht zu empfangen und durch diesen Genuß mit Geistesfreude erfüllt zu werden!

O, was für einen großen Herrn empfängt sie! Was für einen lieben Gast beherbergt sie! Was für einen angenehmen Gesellschafter nimmt sie in ihr Haus auf! Was für einen treuen Freund bekommt sie! Was für einen schönen und edlen Bräutigam umarmt sie! Den Lieben über alle Lieben, den Wünschenswerten über alles Wünschenswerte!

Schweigen, verstummen müssen vor deinem Angesichte, o mein liebenswürdigster Geliebter! Himmel und Erde und alles, was sie Schönes und Prächtiges in sich haben! Denn alles, was Himmel und Erde Schönes und Lobenswertes haben, das haben sie aus deiner freigebigen Gnadenhand, und sie reichen nie an die Herrlichkeit deines Namens, dessen Weisheit unermeßlich ist!

Nachlese.

Wer kann zweifeln, daß der öftere Genuß des heiligen Abendmahls sehr nützlich und stärkend, ja für den innern Menschen — so wie für den gesunden Menschen die Speise — unentbehrlich ist. Kein Leben kann ohne Nahrung bestehen. Wie sollte das geistige, innere Leben nicht ohne der geistigen, innern Nahrung und Erhaltung bedürfen?

Wer von dir ißt, den hungert noch,
Wer von dir trinkt, den dürstet noch;
Doch hungert ihn allein nach dir!
Doch dürstet ihn allein nach dir!

Wer keinen Hunger hat, ist krank oder gar tot. Wen nicht nach Jesus, dem Himmelsbrot im Abendmahle hungert und sehnlich verlangt, der ist gewiß krank oder gar tot an seiner Seele — wenigstens nicht gesund im Glauben. Sagte er doch: Wenn ihr nicht esset das Fleisch des Menschensohnes und nicht trinket sein Blut, habt ihr kein Leben in euch (Joh. 6, 53).

Das 4. Hauptstück.

Eine andächtige Kommunion wirkt viel Gutes.

Mein Gott und Herr! komm deinem Knechte mit den Segnungen deiner Liebe zuvor, damit ich zu deinem heiligen Sakramente würdig und andächtig hinzunahen kann.

Erwecke mein Herz zu dir und befreie mich von der Trägheit, die mich so sehr beschwert.

Suche mich heim mit deiner heilbringenden Gnade und laß mich im Geiste deine Freundlichkeit fühlen, die in diesem Sakramente, wie in einer Quelle, überschwenglich verborgen liegt.

Erleuchte meine Augen, um dies große Geheimnis zu schauen und stärke mich, daß ich mit zweifelloser Zuversicht daran glaube.

Denn es ist dein Werk, nicht Menschenwerk, deine heilige Einsetzung, nicht eine menschliche Erfindung.

Kein Mensch ist fähig, durch sich selbst dies Geheimnis zu fassen und zu begreifen, ja es ist selbst über den Verstand der Engel erhaben.

Wie werde also ich unwürdiger Sünder, ich Staub und Asche, so ein hohes, heiliges Geheimnis erforschen und fassen können?

2. Herr! in der Einfalt meines Herzens, in redlichem, festen Glauben, und auf deinen Befehl trete ich zu dir hin, mit Zuversicht und Ehrfurcht

und glaube wahrhaftig, daß du hier im Sakramente gegenwärtig bist, als Gott und Mensch.

Du willst ja, daß ich dich empfangen und mich mit dir in Liebe vereinigen soll.

Daher flehe ich zu deiner Güte und bitte dich, daß du mir dazu eine besondere Gnade schenkest, daß ich vor Liebe zerfließe und ganz in dich verwandelt werde, daß ich mich um keinen andern Trost mehr bekümmere.

Denn dies erhabene und preiswürdige Sakrament ist heilbringend für Leib und Seele, ist eine Arznei gegen alle Gebrechen des Geistes; es heilt jeden Schaden der Sünde, bezähmt die Leidenschaften, besiegt und schwächt die Anfechtungen, gießt ein größeres Maß der Gnade in das Herz, stählt den Mut, den angetretenen Weg der Tugend fortzuwandeln, befestigt den Glauben, stärket die Hoffnung, entzündet und erweitert die Liebe.

3. Vieles Gute hast du deinen Geliebten, die mit Andacht die Kommunion empfangen, in diesem Sakramente schon gedenket, und schenkest ihnen noch immer große Güter, mein Gott, der du auch meine Seele aufnimmst; wie du denn die Stütze und Hilfe der menschlichen Schwachheit und die Quelle alles inneren Trostes bist!

Denn du strömst deinen Freunden Trost in ihre Seele gegen alle ihre Trübsale und erhebest sie aus dem Abgrunde ihrer eigenen Ohnmacht zur Hoffnung auf deinen Schutz. Du erquickest und erleuchtest sie innerlich mit einer neuen, besonderen

Gnade und zwar so, daß die, welche von der Kommunion nichts als Angst und Trockenheit in sich fühlten, nach der Kommunion, erquickt durch die Speise und den Trank des Himmels, sich wie neu lebendig und in andere Menschen verwandelt finden.

So weise verfährst du mit deinen Auserwählten, aus keiner andern Absicht, als daß sie aus eigener Erfahrung recht handgreiflich erkennen sollen, wie viel Schwachheit sie in sich selbst haben, und wie viel Güte und Gnade sie von dir erhalten.

Denn von sich selber sind sie kalt, hart und ohne Andacht; von dir aber erlangen sie Kraft, brünstig, freudig und innig zu sein.

Wer könnte auch zur Quelle des süßesten Trostes mit Demut sich nahen, ohne ein wenig erquickenden Trost mit zurückzubringen?

Oder wer könnte bei der Glut eines mächtigen Feuers stehen, ohne ein wenig Wärme davon zu fühlen?

Und du bist ja die ewig volle, die ewig überströmende Quelle, du das ewig flammende, nie verlöschende Feuer!

4. Wenn es mir also noch nicht verstattet ist, aus der ganzen Fülle der Quelle zu schöpfen und mich satt zu trinken, so will ich doch an den äußersten Rand des Himmlischen meinen Mund ansetzen, damit ich wenigstens etliche Tropfen daraus trinke, um meinen Durst zu stillen und nicht ganz zu schmachten.

Und wenn ich noch nicht ganz himmlisch gesinnt,

CREATIO
DEI GENITRIX
INCARNATIO

und so ganz vom Feuer der Liebe durchdrungen sein kann, wie die Seraphim und Cherubim, so will ich mich doch bemühen, mein Herz mit so viel Innigkeit und Andacht zuzubereiten, daß ich durch demütigen Genuß dieses belebenden Sakramentes wenigstens ein Fünklein der göttlichen Flamme erhalte.

Was mir aber mangelt, guter Jesus! heiligster Erlöser! das erfülle und ergänze du für mich, durch deine Güte und Gnade, der du ja alle so freundlich eingeladen und gerufen hast: Kommt alle zu mir, die ihr mühselig und beladen seid, und ich will euch erquicken!

5. Ach! ich bin ja wohl mühselig und ringe im Schweiße meines Angesichts, werde von Herzeleid und Angst gequält; bin beladen mit der Last der Sünden, von Versuchungen beunruhigt, von vielen bösen Leidenschaften verwickelt und niedergedrückt und finde überall keinen, der mir helfen, keinen, der mich erlösen und selig machen könnte, als dich, mein Herr! Gott, mein Heiland! Dir übergebe ich mich und alles, was ich bin und habe, daß du mich bewahrest und zum ewigen Leben einführest.

Nimm mich auf zum Lobe und zur Ehre deines heiligen Namens, der du mir deinen Leib und dein Blut zur Speise und zum Tranke bereitet hast!

Verleihe mir, Herr, Gott, mein Heiland, daß durch den öfteren Genuß dieses Sakramentes meine Andacht immer inniger und brünstiger werde!

Nachlese.

Der Nutzen einer mit inniger Andacht und lebendigem Glauben genossenen Kommunion ist unendlich, allumfassend, so wie die Speise und der Trank göttlich, himmlisch, allgenügsam ist. Wer kann's aussprechen, was es wirken und der Seele austragen muß, wenn Jesus bei ihr einkehret und bei ihr bleibt? Sollte ihr damit nicht alles Heil Gottes widerfahren? nicht alles — mit ihm und durch ihn — geschenket werden? (Röm. 8, 32). Was willst du mehr, wenn du Jesum hast? Wenn dein göttlicher Heiland in dir ist? In welchem Anliegen könnte er dir nicht helfen? Was wird er dir abschlagen, der dir sich selbst geschenket hat? In welcher Anfechtung oder Not wird er dir nicht beistehen und Sieg verschaffen, wenn er in dir wohnt? Was solltest du nicht vermögen durch ihn, wenn er dir so nahe ist? Er, dem alle Gewalt gegeben ist im Himmel und auf Erden? Er, der nur darum zu dir kommt und dich mit seinem Leibe und Blute speiset und tränket, um dir in allem alles zu sein, dir alle Hilfe zu leisten, dich von allem Übel zu erlösen, dich aller Gnade teilhaftig zu machen.

Das 5. Hauptstück.

Von der Würde des Sakramentes und dem Priesterstande.

Wenn du auch die Reinheit eines Engels oder die Heiligkeit des Täufers Johannes hättest, so wärest du doch nicht würdig, dieses Sakrament zu empfangen und auszuspenden.

Denn das ist nicht Menschenverdienst, daß jemand das Sakrament Jesu Christi weihe und das Brot der Engel genieße.

Erhaben ist das Geheimnis, und groß die Würde der Priester; denn es ist ihnen gegeben, was den Engeln nicht gegeben ist. Denn allein die in der Kirche geweihten Priester haben die Gewalt, den Leib und das Blut Christi einzusegnen und das Sakrament zu spenden.

Der Priester ist zwar nur Diener Gottes, der das Wort Gottes gebraucht nach dem Befehl und der Einsetzung Gottes; Gott aber ist es, der hier vorzüglich handelt und unsichtbar wirket, dem alles zu Gebote steht, was er will, und dem alles gehorchet, was er gebietet.

2. Du mußt also in diesem herrlichen Sakramente dem allmächtigen Gott mehr glauben, als dem eigenen Sinne, oder dem Scheine eines sichtbaren Zeichens.

Darum nahe dich mit tiefster Ehrfurcht dieser heiligen Handlung. Habe acht auf dich selbst und bedenke es wohl, was für ein Amt dir anvertraut ist durch Auflegung der Hände. Siehe, du bist zu einem Priester geweihet, um das Sakrament zu spenden; sorge daher, daß du mit Andacht und Treue bei deinem Werke vor Gott erscheinest und dich selbst untadelig darstellest.

Du hast deine Bürde nicht erleichtert, sondern du bist vielmehr durch ein engeres Band an die Zucht gebunden und zu einem höheren Grade der Vollkommenheit und Heiligung berufen.

Ein Priester soll mit allen Tugenden geschmückt sein und andern als ein Muster des heiligen Lebens vorleuchten.

Er soll nicht auf der breiten Straße mit dem großen Haufen wandeln, sondern sein Wandel soll im Himmel sein mit den Engeln und sein Umgang mit den heiligen Menschen auf Erden.

3. Ein Priester in seinem heiligen Berufe steht an Christi Statt; er soll Gott für sich und für alles Volk demütig und inbrünstig anrufen.

Alle seine Verrichtungen sollen ihn immer an Christus und sein Kreuz, an sein Leiden und seinen Tod erinnern; daß er sich befleiße, in Christi Fußstapfen zu treten und alle Widerwärtigkeiten, Schmach und Verfolgung willig zu tragen.

Er soll über seine eigenen Sünden Leid tragen und die Sünden anderer aus Mitleid beweinen; er soll sich selbst als zwischen Gott und dem Volke in die Mitte gestellt, ansehen und im Gebete und heiligen Flehen nicht ermüden, bis er Gnade und Barmherzigkeit erlangt hat.

Wenn ein Priester mit Andacht sein Amt verrichtet, so verherrlicht er Gott, erfreut die Engel, erbaut die Kirche, erfleht Kraft den Lebendigen, und Leben den Toten und macht sich selbst alles Guten teilhaftig.

Nachlese.

Das Heilige und Göttliche dieses Sakraments soll allerdings auf alle, die es spenden und die es empfangen, eine solche Wirkung machen, daß sie durch und durch geheiligt, an Geist, Leib und Seele unsträflich, von allen Befleckungen des Fleisches und Geistes gereiniget und alle göttlicher Kraft und Gnade, was zum Leben und göttlichen Wandel nötig ist, ja selbst göttlicher Natur teilhaftig werden. Wenn diese Wirkung nicht erfolgt, so liegt es nicht am Sakramente, nicht am Himmelsbrote, das sie brechen oder genießen, sondern an der Gebrechlichkeit des Menschen, an der Vorbereitung und Empfänglichkeit. Wer am Feuer nicht warm wird, an der Sonne von ihren Strahlen nicht durchdrungen, von Kraftspeisen nicht gesättigt und gestärket wird, ist selbst schuld daran und trägt das Hindernis in sich. O wie viel geht da verloren durch den Leichtsinn der Menschen!

Das 6. Hauptstück.

Frage an Christus, wie man sich zur Kommunion vorbereiten soll.

Wenn ich an deine Würde, o Herr! und an meine Unwürdigkeit gedenke, so zittere ich und erröte vor mir selbst.

Denn gehe ich nicht hin zu deinem Mahle, so fliehe ich das Leben; gehe ich aber unwürdig hinzu, so falle ich in größere Sünde.

2. Was soll ich also tun, mein Gott! du mein Helfer und Berater in allen meinen Nöten?

Zeige du mir den rechten Weg, lehre du mich, wie ich mich auf eine kurze, zweckmäßige Weise zu diesem heiligen Mahle vorbereiten soll!

Denn es ist mir doch nützlich, zu wissen, mit

welcher Andacht und Ehrfurcht ich mein Herz bereiten soll, um mit Segen dein Sakrament zu empfangen und das Denkmal deines Todes zu meinem Heile zu feiern.

Nachlese.

Man muß vor allem den Heiligen Geist bitten, daß er, der Lehrer der Wahrheit, uns in alle Wahrheit führe, uns an alles erinnere (was sein Amt ist), was wir gesündigt haben, uns sowohl unsere Krankheit aufdecke, als auch uns Jesum im Sakramente verkläre, das Geheimnis „Christus in uns", die Hoffnung der Herrlichkeit, worin alle Schätze der Erkenntnis und Weisheit verborgen liegen, offenbare (Kol. 1, 27. 2, 3). Der Heilige Geist muß immer Christo vorarbeiten, er ist der Türhüter, der immer dem Hirten auftut (Joh. 10, 3). Nur im Lichte des Heiligen Geistes erkennen wir uns selbst und Christum. Das eigene Licht, von Eigenliebe geblendet, verdeckt uns vielmehr unser Herz, als daß es uns dasselbe unparteiisch darstellte. Niemand kennt sich selbst, als der es vom Heiligen Geiste gelernt hat. Keiner ist wohl vorbereitet, als den der Heilige Geist zubereitet. Darum bitte im Namen Jesu inbrünstig den Vater um den Heiligen Geist. Denn darum, weil sie von dem Heiligen Geist sich nicht zubereiten und schmücken lassen, sondern die Vorbereitung in eigener Kraft und Vernunft vornehmen, haben so viele nicht den Segen und die Wirkung davon, die sie haben könnten und sollten.

Das 7. Hauptstück.

Antwort auf vorige Frage: Prüfe dich selbst, dann iß von dem Brote.

Vor allem muß sowohl der Priester, der dieses Sakrament spendet, als der Christ, der dasselbe empfängt, mit tiefster Demut seines Herzens, mit gebeugter Ehrfurcht, mit lebendigem Glauben und mit der lauteren Absicht, nur Gott dabei zu verherrlichen, zum Genusse dieses Sakramentes hinzutreten.

Durchforsche also dein Gewissen mit allem Fleiße und reinige und läutere es, soviel dir möglich ist, durch innige, aufrichtige Reue und ein demütiges Bekenntnis, und zwar so, daß du nichts in dem Herzen duldest, oder dir bewußt seiest, was dich drückte oder ängstigte und den freien Zutritt hinderte.

Über alle deine Sünden sollst du im allgemeinen ein großes Mißfallen fühlen und deine täglichen Fehler insbesondere schmerzlich bereuen.

So viel es sein kann, bekenne Gott im Innersten deines Herzens all dein Elend, das dir deine Leidenschaften verursachen.

2. Beweine mit tiefem Schmerze, daß du noch so fleischlich und weltlich gesinnt bist, so ungetötet in deinen Neigungen, so voll böser Lüste, so unbewacht in deinen äußeren Sinnen; noch so oft verwickelt in so mancherlei törichten Einbildungen,

so sehr geneigt zum Äußerlichen, und so wenig achtsam auf das Innerliche; so fertig zum Lachen und zur Zerstreuung, so hart zu Tränen der Reue und Zerknirschung; so schnell hingerissen zu jeder Freiheit und Gemächlichkeit des Fleisches, so träge zum Ernst und brünstigen Eifer, so begierig Neues zu hören und Schönes zu sehen, so kraftlos das Verachtete und Niedrige zu ergreifen, so gierig viel zu haben, so karg zum Geben und so geizig zum Behalten.

Du bist noch so unbedachtsam im Reden, so unenthaltsam im Schweigen, so ungezogen im Betragen, so ungestüm in Handlungen, noch so lüstern nach Speise, noch so taub für Gottes Wort, so eilig zur Ruhe, so langsam zur Arbeit, so wachsam bei leerem Geschwätze, so schläfrig bei Erbauung, so träge zur heiligen Wachsamkeit im Gebete, so eilfertig eine Sache zu endigen, und so zerstreut, wo Aufmerksamkeit erfordert wird.

Du bist noch so nachlässig im anhaltenden Gebete, so lau im Gottesdienste, so trocken beim Abendmahle, so leicht zerstreut, so selten oder gar nie ganz gesammelt, so plötzlich zum Zorn bewegt, so reizbar andern wehe zu tun, so geneigt andere zu richten, so strenge andere zu bestrafen, so ausgelassen im Glücke, so verzagt im Unglücke, so reich an guten Vorsätzen, und so arm an Erfüllung derselben.

3. Wenn du diese und deine andern Gebrechen mit Herzeleid und großem Mißfallen an deiner

eigenen Schwachheit bekannt und beweint hast, so erneuere den festen, ernstlichen Entschluß, dein Leben zu bessern und im Guten immer vorwärts zu schreiten.

Dann bringe dich selbst, ganz und ohne Vorbehalt, mit ungeteiltem Willen, zur Ehre meines Namens auf dem Altar deines Herzens zum ewigen Opfer dar; das heißt: gib dich mir mit Leib und Seele zum ewigen Eigentum, damit du würdig werdest, zu meinem Tische hinzutreten und das

Sakrament meines Leibes und Blutes zu deinem Heile zu empfangen.

Denn du kannst Gott kein wohlgefälligeres Opfer bringen, und um Vergebung der Sünden zu erhalten, nichts Zweckmäßigeres tun, als wenn du beim Genusse des Heiligen Abendmahles, oder bei der Gedächtnisfeier des Todes Jesu, dich selbst, ganz, wie du bist, ohne Ausnahme, Gott hingibst.

Wenn der Mensch tut, was er kann, und aufrichtig bereut, was er Böses getan hat, so oft er um Gnade und Vergebung sich zu mir wendet, so versichere Ich ihm (spricht der Herr): so wahr Ich lebe, Ich will nicht den Tod des Sünders, sondern vielmehr daß er sich bekehre und lebe. Seiner Sünden will Ich nicht mehr gedenken, alle sollen sie ihm vergeben sein (Ezech. 33, 11. 16).

Nachlese.

Es prüfe sich der Mensch selbst, dann esse er von diesem Brote und trinke von diesem Kelch (1. Kor. 11, 28). Wenn der fromme Tischgenosse die Selbstprüfung mit Hilfe des Heiligen Geistes nach der Anleitung dieses Kapitels vornimmt, redlich vornimmt, so wird er gewiß zur Erkenntnis seiner selbst kommen, tiefgebeugt und zerknirscht werden, und so eine würdige Wohnung bereiten dem, der in der Höhe und im Heiligtum und in denen gern wohnt, die ein zerknirschtes und zerschlagenes Herz haben. Es ist hier der innere Mensch in seinem Gebrechen recht aufgedeckt und anschaulich gemacht. Ein trefflicher Beichtspiegel, der uns zeigt, wie wir sind, der nicht schmeichelt und heuchelt. Und zugleich wird dem

Sünder der Weg gezeigt, wo er mit seinen Gebrechen sich hinwenden muß, wo er davon geheilt und los werden kann. Möchtest du nur vor diesem Spiegel so lange stehen bleiben und dich und deine innere Gestalt so lange betrachten, als dir der Heilige Geist etwas zu sagen hat, und bis du dich genau kennst (Jes. 57, 15; Psalm 34, 19).

Das 8. Hauptstück.

Christus opferte sich am Kreuze, daß du dich auch opferst mit all dem Deinen.

Wie ich mich am Kreuze mit ausgespannten Armen und entblößtem Leibe für deine Sünden Gott dem Vater freiwillig opferte, und zwar so, daß nichts an mir übrig blieb, was nicht ein Sühnopfer der Gerechtigkeit geworden wäre, so sollst auch du dich selbst, mit allen deinen Kräften und Neigungen, freiwillig, und so innig wie möglich, zu einem reinen und heiligen Opfer mir täglich darbringen.

Was soll Ich denn sonst von dir fordern, als daß du dich völlig an mich ergebest?

Alles, was du anderes als dich selbst, mir gibst, das achte ich für nichts; denn Ich will nicht deine Gaben, sondern dich.

2. Gleichwie du nicht zufrieden sein könntest, wenn du alles andere, aber nicht mich hättest, so kann es auch mir nicht gefallen, was du mir immer gibst, wenn du dich selbst mir nicht hingibst.

Opfere dich mir und gib dich ganz um Gottes willen hin, und dein Opfer wird angenehm sein.

Sieh, Ich habe mich ganz für dich dem Vater geopfert, habe dir meinen Leib und mein Blut zur Speise und zum Tranke hingegeben, damit ich ganz dein sei und du ganz mein bleibest.

Wenn du aber immer in dir selbst stehen bleibest und dich nicht freiwillig meinem Willen hingibst, so ist dein Opfer nicht vollständig und unsere Vereinigung kann nicht ganz und vollkommen werden.

Wenn du also Freiheit und Gnade erlangen willst, so mußt du allen andern frommen Werken die freiwillige und gänzliche Hingabe deiner selbst in die Hände Gottes voranschicken oder vorziehen.

3. Denn deswegen findet man so wenige innerlich erleuchtete freie Menschen, weil sie von der gänzlichen Verleugnung ihrer selbst nichts wissen wollen.

Aber fest bleibt mein Wort: Wer nicht allen Dingen absagt, der kann mein Jünger nicht sein (Luk. 14, 26—33).

Willst du also mein Jünger sein, so gib dich ganz, mit allen deinen Neigungen, mir zum Opfer hin.

Nachlese.

Hier ist der echte Punkt getroffen, der kranke Fleck, wo es fast allen Tischgenossen fehlt. Und dieser eine Fehler hindert die ganze Wirkung des Sakraments. Man will sich nicht hingeben, nicht in ihm bleiben.

Man will, Jesus soll sich uns im Abendmahl ganz geben, mit allem, was er ist und hat; aber wir wollen uns nicht ganz mit allem, was wir sind und haben, ihm schenken und überlassen. Wir möchten ihn wie Brot essen, aber wir wollen von ihm nicht ganz hingenommen und eingenommen werden. Er soll ganz dein — aber du willst nicht ganz sein sein und bleiben. So kann keine ganze und wahre Vereinigung mit ihm stattfinden. Die Vereinigung muß auf beiden Seiten geschehen; beide müssen sich einander ganz hingeben und hingegeben bleiben. Nimm mich dir, gib dich mir! So muß es von Grund des Herzens heißen. Oder es ist keine Kommunion, keine Gemeinschaft und ganze, innige Verbindung. Herz und Herz vereint zusammen! Jesus in dir, du in Jesu! Soll Jesus ganz dein sein, so mußt du auch ganz des Herrn Jesu sein.

Ganz mein, ganz dein!

Das 9. Hauptstück.

Gib dich und alles Gott hin — bete für alle.

Herr! dein ist alles im Himmel, alles auf Erden dein.

Darum möchte ich mich selbst als ein freiwilliges Opfer dir hingeben, und ewig dein sein und bleiben.

Herr! heute ergebe ich mich also dir in Einfalt meines Herzens, als dein ewiger Diener dir zu gehorchen und deinen Namen zu preisen und zu loben in Ewigkeit.

Nimm mich hin, so wie ich das köstliche Sakrament des Leibes und Blutes Jesu Christi heute genieße, in dessen Gemeinschaft und Vereinigung ich mich dir zum Opfer darbringe, damit es mir und deinem ganzen Volke zum Heile gereicht.

2. Herr! ich lege auch alle meine Sünden und Übertretungen, die ich von dem ersten Tage meines Sündigens an bis diese Stunde von dir und deinen heiligen Engeln begangen habe, auf deinen Sühnaltar, daß du sie alle anzündest, und mit dem Feuer deiner Liebe verbrennest; daß du jeden Flecken, den sie mir zurückgelassen, austilgest und mein Gewissen von aller Schuld und Strafe reinigest; daß du mir auch deine Gnade, die ich durch die Sünde verloren habe, wieder schenkest, mir alles rein und vollkommen vergebest und den Kuß des Friedens erbarmungsvoll wieder erteilest.

3. Was kann ich tun für alle meine Sünden, als sie demütig bekennen und beweinen und ohne Unterlaß um Begnadigung bei dir flehen?

So bitte ich dich denn, o Herr! erhöre mich und sei mir gnädig!

Siehe! ich stehe vor dir, mein Gott! alle meine Sünden verabscheue ich von ganzem Herzen; nie, nie will ich sie wieder begehen; sie sind mir leid und sollen mir, solange ich lebe, leid sein; ich bin ganz bereit, nun Buße zu tun, meinen ganzen Sinn mit deiner Gnade zu ändern und zu verbessern, was ich vermag.

Vergib mir, o Gott! vergib mir alle meine Sünden um deines heiligen Namens willen! Rette meine Seele, die du mit deinem teuern Blute erlöset hast.

Sieh, ich werfe mich ganz in die Arme deiner Barmherzigkeit, überlasse mich deinen Händen; handle mit mir nach deiner Güte, nicht nach meiner Bosheit und Ungerechtigkeit.

4. Ich bringe dir auch all mein Gutes, so wenig und unvollkommen es immer sein mag, ich bringe es dir, daß du es verbesserst und heiligst, daß du es selbst dir gefällig und angenehm machest, daß du es immer mehr vervollkommnest, und mich faulen und unnützen Knecht zu einem seligen und herrlichen Ziele hinleitest.

5. Ich bringe dir auch alle heiligen Wünsche der Frommen, die Anliegen meiner Eltern, Freunde, Brüder, Schwestern und aller meiner Lieben, die mir oder ihnen aus Liebe zu dir Wohltaten erwiesen haben; auch der, die sich und die Ihrigen in mein Gebet empfohlen haben, sie mögen noch auf Erden pilgern oder schon entschlafen sein.

Ich bitte für alle, daß du sie den Beistand deiner Gnade, die Hilfe deines Trostes, Schutz in Gefahren und Befreiung von Strafen erfahren lassen wolltest, damit sie, von allen Übeln errettet, dir mit Freuden danken und dich ewig lobpreisen mögen.

6. Ich bringe dir auch mein Gebet, im Vertrauen auf die Verdienste Jesu, seines Leidens und Versöhnungstodes, besonders für diejenigen, die mich beleidigt, betrübet, gelästert, beschädigt, oder,

Psalm 71.

wie immer, gekränkt haben; sowie auch für alle diejenigen, die ich betrübet, gekränket, beschädigt und mit Worten oder Werken, mit oder ohne Wissen, geärgert habe, daß du uns allen miteinander unsre Sünden und gegenseitigen Beleidigungen verzeihen wollest.

7. Nimm, o Herr! von unserm Herzen hinweg allen Argwohn, Zorn, Verbitterung, Zank und alles, was die Liebe stören und die brüderliche Eintracht hindern kann.

Erbarme dich, o Herr! erbarme dich aller, die deine Erbarmung anflehen! Gib Gnade allen Gnadebedürftigen und mache aus uns solche Leute, die deiner Gnade empfänglich und tüchtig sind, das ewige Leben zu erlangen.

Nachlese.

Das ist die alleraufrichtigste, innigste, herzlichste Beichte und Vorbereitung zum Heiligen Abendmahl, die alles umfaßt, was dahin gehört: einen wahren christlichen Gemeinschaftssinn, der alles einschließt und nichts ausschließt. Wenn die Christusliebe, die Bruderliebe, die allgemeine, sogar Feindesliebe so aus dem Grund des Herzens heraus betet und bittet, so ist wohl kein Hindernis da, Jesum ganz in das Herz aufzunehmen und seiner teilhaftig zu werden. Das heißt sich waschen und reinigen, sich kleiden und schmücken mit dem rechten und einzig wahren Schmuck der Liebe, mit dem hochzeitlichen Kleide, das dem Herrn gewiß am besten gefällt. Niemand wage sich zum Tische des Herrn hin, ohne dieses schöne Kleid der Liebe angezogen und den schmutzigen Rock des alten Menschen: Haß, Neid, Zorn, Bitterkeit, Unreinigkeit, Lauheit, Trägheit, Leichtsinn, Zerstreuung, Herzenshärtigkeit, Unbußfertigkeit und dergleichen ausgezogen und weggeworfen zu haben. Gott ist die Liebe und nur wer in der Liebe bleibt, bleibt in Gott und Gott in ihm. Das gilt vornehmlich bei der heiligen Kommunion.

Das 10. Hauptstück.

Laß dich nicht so leicht vom Tische des Herrn zurückhalten.

Recht oft mußt du hineilen zur Quelle der Gnade und der göttlichen Barmherzigkeit, zur Quelle aller Güte und Reinigkeit, wenn du anders, von deinen Leidenschaften und Sünden geheilt, wider alle Versuchungen und listigen Angriffe des Teufels immer stärker und wachsamer werden willst.

Der Feind, der wohl weiß, welche Kraft und heilbringende Arznei in der heiligen Kommunion niedergelegt ist, trachtet auf alle Weise und bei jeder Gelegenheit, die Gläubigen und innigen Christen, soviel er kann, davon zurückzuhalten und zu hindern.

2. Denn manche haben, wenn sie sich zur heiligen Kommunion vorbereiten wollen, mehr als sonst mit schändlichen Eingebungen des Satans zu kämpfen.

Ja wahrhaftig, der böse Geist kommt, wie es bei Hiob geschrieben steht, unter die Kinder Gottes, um sie mit seiner gewöhnlichen Bosheit in Verwirrung zu setzen, sie allzu furchtsam und verzagt zu machen, indem er ihren Eifer schwächt, oder ihren Glauben durch Scheingründe angreifet und wegstiehlt, daß sie entweder gar nicht oder nur kalt und ohne Andacht zur heiligen Kommunion gehen.

Aber man muß alle seine listigen Angriffe und Eingebungen, so schändlich und schreckhaft sie immer sein mögen, verachten und alle seine Vorspiegelungen auf sein Haupt zurückweisen.

Ja, verachten und besiegen muß man den Elenden durch Gottes Kraft und aller seiner Anfälle und Bemühungen ungeachtet, die heilige Kommunion nicht unterlassen.

3. Manche lassen sich dadurch abhalten, daß sie allzu bekümmert sind um Andacht und Eifer und allzu ängstlich, eine vollständige Beichte abzulegen.

In diesem Falle folge du dem Rate der Weisen, und gib allem Skrupel und aller Ängstlichkeit Abschied, weil sie doch nur die Gnade Gottes hindern und die Andacht des Herzens zerstören.

Wegen irgend einer kleinen Unruhe oder Beklemmung deiner Seele, sollst du die Kommunion nicht unterlassen, sondern eile lieber, dein Herz durch ein redliches Sündenbekenntnis auszuschütten und alle Beleidigungen andern gern zu verzeihen. Hast aber du jemanden beleidigt, so bitte in Demut um Verzeihung und Gott wird dir auch gern verzeihen.

4. Was hilft es denn, daß du die Beichte so

weit hinausschiebst und das Heilige Abendmahl so lange aussetzest?

Reinige dich sobald wie möglich; wirf schnell das Gift aus und nimm eilig die Arznei, so wirst du dich besser befinden, als wenn du es länger verschoben hättest.

Wenn du dich heute von diesem Hindernisse zurückhalten läßt, so wird sich dir morgen vielleicht ein noch größeres in den Weg stellen; und so kannst du lange, lange von der heiligen Kommunion abgehalten, und immer untüchtiger für dieselbe werden.

Mache dich also, so schnell du kannst, von der gegenwärtigen Beklemmung und Trägheit los, denn es nützt dir nichts, solange sich mit Ängstlichkeit schleppen und in Unruhe hingehen und sich alle Tage durch ein anderes Hindernis vom Genusse des göttlichen Heilmittels abhalten lassen.

Ja es ist vielmehr höchst schädlich, die Kommunion so lange zu verschieben, denn es pflegt eine große Trägheit nach sich zu ziehen.

5. Es gibt leider so laue und leichtsinnige Menschen, die mit ihrem Sündenbekenntnisse gern zögern und die Kommunion bloß deswegen verschieben, damit sie nicht zu größerer Wachsamkeit über sich selbst gezwungen werden.

Ach! wer die heilige Kommunion so leicht hintansetzen kann, der verrät deutlich genug, wie gering seine Liebe und wie schwer seine Andacht sei.

Aber wie selig und gottgefällig ist der, welcher

so lebt und sein Gewissen so rein bewahrt, daß er jeden Tag bereit und geneigt wäre, zum Tische des Herrn zu gehen, wenn er dürfte und es ohne Anstoß tun könnte.

6. Wenn jemand aus Demut oder einer andern gegründeten Ursache sich manchmal vom Abendmahle entfernt hält, so ist es heilige Ehrfurcht, die man nicht tadeln, sondern loben muß.

Wenn sich aber Kälte und Schläfrigkeit einschleicht, so muß man sich selbst erwecken und tun, soviel man kann; der Herr wird die fromme, obgleich schwache Sehnsucht, doch mit seiner Nähe segnen, wegen des guten Willens, auf den er immer ein besonderes Augenmerk hat.

Ist jemand wirklich gehindert aus gültigen Gründen, so nähre er doch den guten Willen und das sehnliche Verlangen, zum Tische des Herrn zu gehen, stets in sich, er wird die Frucht und Kraft des Sakramentes nicht entbehren (sondern an sich erfahren, als wäre er dabei gewesen).

7. Denn es kann jeder fromme Christ alle Tage, ja jede Stunde, zur geistlichen Kommunion (Gemeinschaft oder Vereinigung) Christi mit großem Segen für sein Herz gelangen, ohne daß ihn jemand hindern kann.

Desungeachtet soll er aber doch an gewissen Tagen und zur bestimmten Zeit den Leib und das Blut seines Erlösers auch im Sakramente mit inniger Liebe und Ehrfurcht empfangen und dabei

Das Heilige Abendmahl.

vielmehr Gottes Lob und Ehre im Auge haben, als seinen eigenen Trost suchen.

Denn so oft kommuniziert der Christ im Geiste (das heißt, er wird Christi teilhaftig) und wird unsichtbar erquickt, so oft er das Geheimnis der Menschwerdung und des Leidens Christi mit Andacht betrachtet und dadurch zu inniger Liebe gegen ihn entzündet wird.

Wer sich nur an Festtagen und nur aus Gewohnheit dazu bereitet, der wird wohl nie recht bereitet sein.

Selig, wer sich dem Herrn ganz als ein Schlachtopfer hingibt, so oft als er kommuniziert, oder das Andenken des Todes Jesu in sich erneuert.

Bei dem Abendmahle selbst sei nicht zu eilig und nicht anstößig, sondern so ehrerbietig, als wenn Christus selbst sichtbar vor dir stände.

Du sollst denen, die mit dir zu dem Heiligen Mahle gehen, weder Verdruß noch Ekel verursachen, sondern dich vielmehr so halten, daß du vorzüglich auf den Nutzen und die Erbauung anderer Rücksicht nehmest und nicht nur deine eigene Andacht und Innigkeit beförderst.

Nachlese.

Wohin sollen wir gehen? Du hast Worte des ewigen Lebens! sagt Petrus (Joh. 6, 68). Wie könnten wir wegbleiben? Du hast eine Speise des ewigen Lebens! sagen wir bei dem Heiligen Abendmahl. Nur wer den Genuß, die Gabe, die Kraft und den Segen des Heiligen Mahles kennt, der läßt sich durch keine

Hindernisse zurückhalten; er räumt alle ohne Verzug auf die Seite, und sollten Berge und Ströme zwischen ihm und seinem Heiland im Abendmahle sein, er glaubt sie weg, er bittet den Herrn wie Petrus: Herr, heiß mich auf dem Wasser zu dir kommen; reich mir deine Hand, hebe mich zu dir hinüber, halte mich, wenn ich sinken will. Ich muß zu dir, ich kann nicht wegbleiben, ich darf nicht fehlen, wenn du deinen Kindern Gaben austeilst, deinen Leib und dein Blut mitteilst, deine Schafe auf die beste Weide führst, ihnen einen Tisch bereitest und ihnen voll einschenkest! Nein, da kann ich nicht zurückbleiben, ich muß dich haben; ich muß mich stärken, eben weil ich schwach bin.

Die geistliche Kommunion, die täglich, stündlich geschehen kann und die hier empfohlen wird, ist auch das Empfehlenswerteste und jedem innigen Christen Bedürfnis. Denn ein solcher lebt nur von Christus, er ißt ihn immerdar, er hungert immer nach ihm, er atmet ihn ein mit jedem Atemzuge des Glaubens und der Liebe (Joh. 6, 57).

Das 11. Hauptstück.

Das Heilige Sakrament und die Heilige Schrift, zwei unentbehrliche Gaben für gläubige Seelen.

O freundlicher Herr Jesus! welche Seligkeit fühlt eine innige Seele, die mit dir an deinem gesegneten Tische ißt und trinkt, wo ihr keine andere Speise zum Genusse dargereicht wird, als du selbst, ihr einzig Geliebter, des Herzens höchstes Verlangen, der ihr über alles Wünschenswerte geht!

Auch mir wäre es Seligkeit, in deiner heiligen Gegenwart aus der Fülle der innersten Empfindung zu weinen und mit der reumütigen Sünderin Magdalene deine Füße mit Tränen zu benetzen.

Aber wo nähme ich solche Andacht, wo eine so heilige Tränenflut her?

Sollte nicht in deinem Angesichte und vor deinen heiligen Engeln mein ganzes Herz vor Liebe glühen und vor Freude weinen?

Denn ich habe dich im Sakramente wahrhaft gegenwärtig, obgleich unter der fremden Hülle des Brotes und Weines verborgen.

2. Denn dich in deiner eigenen göttlichen Klarheit zu schauen, das könnten meine Augen nicht ertragen.

Ja selbst die ganze Welt müßte vor dem Glanze deiner Majestät und Herrlichkeit vergehen.

Dadurch, daß du dich unter dem Sakramente verbirgst, kommst du also meiner Schwachheit zu Hilfe.

Aber ich habe doch wahrhaftig und bete an denselben, den die Engel im Himmel anbeten; ich jetzt zwar nur im Glauben, jene aber im Schauen ohne Schleier.

Ich muß mich schon begnügen mit dem Lichte des wahren Glaubens und in demselben getrost fortwandeln, bis der Tag der ewigen Herrlichkeit anbricht und die Schattenbilder vergehen.

Wenn einmal das Vollkommene erscheint, dann wird auch der Gebrauch der Sakramente aufhören.

Denn die Sakramente sind unter äußeren Hüllen verborgene Heilmittel und die Seligen bedürfen in der Herrlichkeit des Himmels kein Mittel mehr zur

Heilung. Denn sie haben Gott gegenwärtig und freuen sich in Ihm ohne Ende, indem sie von Angesicht zu Angesicht seine Herrlichkeit schauen und von Klarheit zu Klarheit in dasselbe Bild der unergründlichen Gottheit verwandelt werden. Sie genießen das Wort Gottes, das Fleisch geworden ist, wie es war von Anbeginn, und wie es sein und bleiben wird in Ewigkeit.

3. Wenn ich an diese Wunder gedenke, so wird mir selbst jeder geistliche Trost geschmacklos; denn solange ich meinen Herrn nicht in seiner Herrlichkeit unverhüllt schauen kann, halte ich alles für nichts, was ich in dieser Welt sehe und höre.

Du, mein Gott! bist selbst mein Zeuge, daß mich nichts trösten, keine Kreatur mich befriedigen kann, als du, mein Gott, allein, den ich ewig zu schauen verlange.

Das ist nun aber unmöglich, solange ich in diesem sterblichen Leibe walle.

Und darum muß ich mich zu großer Geduld gefaßt machen und mich mit all meinem Verlangen dir unterwerfen.

4. Mußten ja doch auch deine Heiligen, die jetzt in deinem Himmelreiche sich mit dir freuen, im Glauben und großer Geduld, solange sie hier pilgerten, der Offenbarung deiner Herrlichkeit entgegenharren.

Was sie geglaubt haben, glaube ich auch.

Was sie hofften, das hoffe ich auch; wohin sie

endlich gekommen sind, dahin hoffe ich durch deine Gnade auch zu kommen.

Indes wandle ich im Glauben und stärke mich mit den Beispielen der Heiligen.

5. Ich habe ja auch die heiligen Bücher zum Troste und als einen Spiegel des Lebens vor mir, und was über alles, das heilige Sakrament deines Leibes und Blutes als das unvergleichbarste Heilsmittel und die sicherste Zuflucht.

Denn zweierlei Bedürfnisse fühle ich in diesem Leben, deren Befriedigung mir unentbehrlich, und ohne die mir dieses elende Leben unerträglich wäre.

Und diese zwei Dinge, die ich als Gefangener im Kerker dieses Leibes höchst nötig habe, sind: Speise und Licht.

Deswegen hast du mir Schwachen deinen Leib und dein Blut zur Erquickung und Stärkung der Seele und des Leibes gegeben, und dein Wort zur Leuchte für meine Füße hingestellt.

Ohne diese zwei könnte ich nicht wohl leben; denn dein Wort, mein Gott! ist das Licht meiner Seele und dein Sakrament das Brot des Lebens.

6. Diese kann man auch die zwei Tische nennen, die du im Heiligtum deiner Kirche aufgestellt hast.

Einer ist der Tisch des heiligen Altares, auf welchem das heilige Brot, dein kostbarer Leib, liegt.

Der andere ist der Tisch des göttlichen Gesetzes, auf dem die heilige Lehre liegt, die uns im wahren Glauben unterweiset und sicher hinter den Vorhang in das Allerinnerste, in das Allerheiligste hineinleitet.

7. Dank dir, Herr Jesu! du Licht vom ewigen Lichte! Dank dir für den Tisch der heiligen Lehre, den du uns durch deine Knechte, die Propheten und Apostel und andere Lehrer bereitet hast.

Dank sei dir gebracht, du Schöpfer und Erlöser der Menschen, daß du, um der Welt deine Liebe zu beweisen, das große Nachtmahl bereitet hast, in welchem du uns nicht nur ein Lamm zum Vorbilde (wie im Alten Bunde), sondern deinen heiligen Leib und dein Blut zur Speise und zum Trank darreichst, wodurch du in diesem heiligen Mahle alle Gläubigen mit Freuden erfüllest und sie trunken machst mit dem Kelche des Heils, in dem alle Freuden des Paradieses enthalten sind, daß selbst die heiligen Engel mit uns an diesem Mahle teilnehmen, nur mit größerer Seligkeit.

8. O wie groß und ehrwürdig ist das Amt der Priester, denen es gegeben ist, den Leib und das Blut Christi mit heiligen Worten zum gesegneten Mahle zu weihen, mit ihren Lippen zu segnen, mit ihren Händen zu halten, selbst mit dem Munde zu genießen und andern auszuspenden!

O wie rein sollen ihre Hände sein, wie heilig ihr Mund, wie keusch ihr Leib, wie unbefleckt ihr Herz, da der Urheber der Reinheit so oft bei ihnen einkehrt! (Und sollte das Herz, der Mund, die Hände des Laien nicht ebenso rein und heilig sein, da er dasselbe heilige Sakrament empfängt?)

Aus dem Munde des Priesters (und jedes Christen) soll kein anderes Wort hervorgehen, als was heilig und erbaulich ist, da er so oft das Sakrament Christi empfängt.

Seine Augen, die den Leib Christi schauen, sollen einfältig und rein sein; rein und aufgehoben zum Himmel seien seine Hände, die den Schöpfer Himmels und der Erde berühren.

Den Priestern ist ganz besonders im Gesetze geboten: „Seid heilig, denn ich, euer Herr und Gott, bin heilig" (3. Mos. 19, 2).

9. Allmächtiger Gott! komm uns zu Hilfe mit deiner Gnade, daß sowohl Priester als Laien in aller Reinheit des Gewissens würdig und voll Andacht dir dienen.

Und wenn wir nicht in solcher Reinheit und Unschuld des Lebens wandeln, wie wir sollten, so schenke uns die Gnade, daß wir das Böse, das wir getan haben, von Herzen bereuen und im Geiste der Demut, mit dem festen Entschlusse eines guten Willens, in Zukunft dir eifriger dienen mögen. Amen.

Nachlese.

Wie schön verbindet hier der Verfasser **Sakrament** und **Wort**. Kraft und Licht, das ist alles, was der Christ bedarf, um auf dem Wege des Lebens zu wandeln und Christo nachzufolgen. Ohne Kraftbrot kann man nicht gehen, ohne Licht nicht sehen und den Weg nicht finden. Wir sollen beides verbinden miteinander und nicht trennen. Beides schafft uns großen Genuß, beides ist uns unentbehrlich, wenn wir auf dem Wege zur Ewigkeit nicht verschmachten sollen. O Brot des Lebens! o Licht der Wahrheit! meine Seele hungert und dürstet nach dir! Speise mich! erleuchte und erwärme mich! Laß meine Seele leben, deine Wege wandeln und das Ziel der Ewigkeit erreichen! Dein Leib und Blut, Herr Jesu, sei mir wahres Himmelsbrot, sei das Leben meiner Seele! dein Wort sei mir süßer als Honig und Honigseim, sei mir teurer als viele Stücke Goldes und Silbers! In deinem Wort und Sakrament habe ich volle Genüge! Was will, was brauche ich mehr! Wenn ich nur dich habe in deinem Wort und Sakrament — o du mein Licht und mein Heil! vor wem sollte ich mich fürchten? rc. (Psalm 27).

Das 12. Hauptstück.

Bereite dich mit großem Fleiße, Christum im Abendmahle zu empfangen.

Ich bin (spricht Jesus) ein Freund der Reinheit und die Quelle aller Heiligkeit. Daher suche Ich ein reines Herz, denn nur in reinen Herzen nehme Ich Herberge.

So bereite mir denn einen großen, gerüsteten Speisesaal, so will Ich bei dir mit meinen Jüngern Ostern halten.

Wenn du willst, daß Ich zu dir komme und bei dir bleiben soll, so fege den alten Sauerteig aus, und reinige die Wohnung deines Herzens.

Treibe die ganze Welt, das aufrührerische Heer der Sünden aus deinem Herzen und verschließe ihnen deine Türe.

Sitze wie ein einsamer Sperling auf dem Dache und bedenke deine Sünden mit reumütigem Herzen.

Denn jeder Mensch, der einen Freund hat, den er liebt, bereitet für ihn die reinste und schönste Wohnung, weil sich eben dadurch die Liebe dessen, der den Geliebten aufnimmt, zu erkennen gibt.

2. Doch das sollst du wissen, aus eigener Kraft und durch dein Verdienst könntest du nie eine würdige Vorbereitung zustande bringen, wenn du auch ein ganzes Jahr lang daran arbeitest, ohne an etwas anderes dabei zu denken.

Es ist lauter Gnade und Güte von meiner Seite, daß Ich dir den Zutritt zu meinem Tische gestatte; so wie, wenn ein Bettler zum Tische eines Reichen geladen wird. Da hat der arme Mann auch nichts anderes, diesem seine Wohltat zu vergelten, als daß er sich demütiget und dankt.

So tue nun, was du kannst, und tue es mit aller Sorgfalt, nicht aus kalter Gewohnheit, nicht aus Zwang, sondern mit kindlicher Furcht, Ehrerbietung und Liebe empfange, den Leib und das Blut deines geliebten Herrn und Gottes, der dich würdiget, zu dir zu kommen.

Ich bin es, der dich geladen; Ich habe es so befohlen; Ich will ersetzen, was dir mangelt. Komm nur und nimm mich auf in dein Herz.

3. Wenn Ich dir die Gnade der innigen Andacht schenke, so danke mir, deinem Gott, dafür, denn sie ist dir gegeben, nicht weil du dessen würdig bist, sondern weil Ich mich deiner erbarmte.

O Herr ich bin nicht würdig daß
Du eingehst unter mein Dach

Hast du die Gabe der Andacht nicht und fühlst du dich vielmehr trocken, so halte an im Gebete, seufze, klopfe an und laß nicht nach zu beten, zu seufzen, zu klopfen, bis dir ein Brosamen oder ein Tropfen meiner heilsamen Gnade geschenket wird. Du bedarfst meiner, Ich bedarf deiner nicht.

Du kommst nicht zu mir, um mich heilig zu machen, sondern Ich komme zu dir, um dich zu heiligen und zu bessern.

Du kommst, um durch mich geheiliget und mit mir vereiniget zu werden.

Du kommst, um neue Gnade zu empfangen und zur erneuerten Besserung von neuem entzündet zu werden.

Versäume diese Gnade nicht, sondern bereite dein Herz mit allem Fleiße und führe deinen Geliebten bei dir ein.

4. Du sollst dich aber nicht nur mit aller Andacht zur Kommunion vorbereiten, sondern auch nach dem Genusse des Sakramentes dich in derselben Andacht sorgfältig zu bewahren suchen.

Diese Bewahrung nach der Kommunion ist gerade so notwendig, als die andächtige Vorbereitung.

Denn die treue Bewahrung nach der Kommunion ist wieder die beste Vorbereitung zum Empfange neuer und größerer Gnade.

Denn gerade dadurch macht sich der Mensch sehr untüchtig für die Gnade, wenn er sich nach dem Empfange derselben sogleich wieder durch das Haschen nach äußerem Troste zerstreut.

Hüte dich also vor der Geschwätzigkeit und Redseligkeit; bleib still daheim und genieße deinen Gott.

Denn du hast nun den, den die ganze Welt nicht nehmen (und auch nicht geben) kann.

Ich bin es, dem du dich ganz hingeben mußt, und zwar so, daß du nun gar nicht mehr in dir selbst, sondern nur in mir, ohne alle andere Sorge leben sollst.

Nachlese.

Selig bist du, wenn du das, was du hier liest, auch tust, wenn du dich ebenso sorgfältig nach der Kommunion in Innigkeit und Andacht bewahrest, als du dich vorher mit Demut und Zuversicht vorbereitet hast. Die Nachbereitung ist so unerläßlich als die Vorbereitung. Wer sich nicht würdig und entsprechend vorbereitet, ist wie einer, der ohne Hunger zu Tische geht, oder wie einer, der seinen Mund nicht öffnet zum Essen; und wer sich nachher nicht in dem Glauben und der Andacht bewähret, ist wie einer, der nach Tische nicht verdauet oder durch andere Genüsse ihre Wirkung stört, und also keinen Segen davon haben kann, ja sich versündiget an dem Leibe und Blute des Herrn. O wie viele Versündigungen geschehen bei den meisten Kommunikanten vor und nach dem heiligen Mahle! Und was ist die Ursache? Der Unglaube, der Leichtglaube oder Leichtsinn; man glaubet nicht lebendig, daß die Speise so heilig, daß es der Herr und Heiland selbst ist, der da sich mitteilt, der einkehrt und in uns bleibt; sonst würde man ja doch den hohen Gast besser bewirten und achten. Der lebendige Gedanke: nun ist Jesus in mir! müßte mehr Eindruck machen und bessere Früchte bringen. Ich halte dich und will dich nicht lassen! würde es heißen. Und man bliebe voll Gottes, voll von Christus bis zur nächsten Kommunion. O Herr, hilf!

Das 13. Hauptstück.

Der fromme Christ trachtet, durch das Sakrament mit Christus vereinigt zu werden.

Wie komme ich endlich dazu, Herr! daß ich dich finde, vor dir mein ganzes Herz ausschütten kann, daß ich dich genieße, wie es meine Seele sich wünscht! Daß keine Verachtung, kein Geschöpf mich störe oder aus der Fassung bringe, sondern du allein mit mir redest, und ich allein mit dir, wie ein Geliebter mit seinem Geliebten redet, wie ein Freund mit seinem Freunde umgeht bei einem freundschaftlichen Mahle?

Das ist mein Gebet, das der Wunsch meines Herzens, daß ich mit dir ganz vereinigt werde, und mein Herz von allen geschaffenen Dingen losgerissen, durch die heilige Kommunion und das öftere Betrachten deines Leidens und Todes immer mehr das Ewige und Himmlische lieben und genießen lerne.

2. Ach! mein Herr, Gott! wann, wann werde ich doch ganz mit dir vereinigt, ganz in dich versenkt sein, so daß ich mich selbst völlig vergesse und du in mir bist und ich in dir bin?

Ach! laß uns beide so miteinander eins sein und bleiben!

Du bist wahrhaftig mein Geliebter, mein Auserwählter aus Tausenden, mit dem meine Seele zusammenwohnen und umgehen möchte alle die Tage ihres Lebens.

Du bist wahrhaftig mein Friedensfürst, in dem ich den höchsten Frieden und die wahre Ruhe finde, außer dem nichts als Mühseligkeit und Schmerz und grenzenloses Elend ist.

Du bist wahrhaftig ein verborgener Gott; deine Ratschlüsse und Wege sind den Gottlosen unbekannt, nur die Demütigen und Einfältigen sind es, mit denen du vertraulich redest (Jes. 57, 15).

3. Wie freundlich ist dein Geist, o Herr! Um deine süße Liebe deinen Kindern zu beweisen, erquickest du sie mit dem süßesten Brote, das vom Himmel gekommen ist.

Wahrlich, kein Volk ist auf Erden so hochgeehrt, keines kann sich rühmen, daß sich ihm seine Götter so sehr nahen und zu ihm herablassen, wie du, Herr, unser Gott, allen deinen Gläubigen nahe bist, denen du, um sie täglich zu trösten und ihr Herz zum Himmel zu erheben, dich selbst zur Speise und zum Genusse hingibst.

4. Ja, wo ist ein Volk, so herrlich, wie das Christenvolk? Wo ein Geschöpf unter dem Himmel so beseligt, so geliebt, wie eine innige Seele, bei der ihr Herr einkehrt, um sie mit seinem herrlichen Fleische und Blute zu nähren?

O unaussprechliche Gnade! O bewunderungswürdige Herablassung! O unermeßliche Liebe Wie hast du dich doch so ganz besonders den Menschen hingegeben!

Aber wie kann ich dem Herrn vergelten diese Gnade, diese unaussprechliche Liebe?

Es ist gewiß keine andere Gabe, die ich geben, die ihm gefälliger sein könnte, als daß ich ihm mein Herz ganz hingebe und innig mit ihm verbinde.

Dann, wenn meine Seele vollkommen mit Gott eins ist, dann wird meine ganze Seele voll Jubel sein, all mein Innerstes ewig frohlocken.

Dann wird er zu mir sagen: „Willst du bei mir sein, so will Ich mit dir sein."

Und ich werde ihm antworten: Mache mich der Freude wert, daß du bei mir bleibest; ich will ja gerne bei dir sein!

Das ist eben mein einziges Verlangen, daß mein Herz ewig mit dir vereinigt sei und bleibe.

Nachlese.

Communio, Gemeinschaft, Vereinignng mit Jesus soll und muß das Abendmahl sein, dazu hat er es eingesetzt. Wer mein Fleisch ißt und mein Blut trinkt, der bleibet in mir und Ich in ihm — die innigste Vereinigung, die ihresgleichen nicht hat. So kann nichts in mir, in meiner Seele sein und leben, wie Jesus; so kann mein Herz in keinem andern sein, wie in Jesus; denn er ist meiner Seele Leben, die Seele meiner Seele. Das kann mir kein Geschöpf sein, wie es heiße, im Himmel und auf Erden. Die Geschöpfe können das Herz fesseln, gefangen nehmen, dem Herrn Jesus verschließen, wir können daran hängen, ihnen ankleben — aber das Innere hat sich Gott, Jesus vorbehalten, das bleibt leer, wenn er nicht darin wohnt, bleibt tot, wenn seine Gegenwart und Inwohnung es nicht belebt. Wenn ein Mensch durch Jesum Christ von der Sünde erlöset ist, und sein Blut macht's Herze rein, so gehört nur Er hinein. Diese Inwohnung Jesu ist das höchste Gut auf Erden, ist alles, was man wünschen kann. Man kann nicht reicher, seliger und herrlicher werden, als wenn man Jesum im Herzen hat und mit Ihm eins ist. Und das könnten alle haben. Ist es nicht schade, daß doch so viele Kommunikanten ohne Jesus sind, und ein leeres, oft von der Welt und Sünde umlagertes Herz haben! O Jesu, hilf, und schaffe dir reine Herzen; es ist ja deine Lust, bei Menschenkindern und Sündern zu sein!

Das 14. Hauptstück.

Von der besondern Andacht inniger Christen beim Abendmahle.

Wie groß ist die Fülle der Freude und Seligkeit, die du, Herr, denen, die dich fürchten, im Verborgenen mitteilst.

Wenn ich daran denke, daß es fromme Christen gibt, die mit glühender Andacht und brennender Liebe zu deinem Sakramente hingehen, o Herr! so erröte ich und schäme mich vor mir selber, daß ich so kalt, so lau zu deinem Altare, zu deinem heiligen Abendmahle hinzutrete; daß ich so trocken, und ohne Rührung des Herzens dabei bleiben kann; daß ich vor dir, o mein Gott! nicht ganz entzündet, nicht so mächtig angezogen und ergriffen werde, wie so viele andere Fromme, welche vor brennendem Verlangen nach der Kommunion, und vor Übermaß der Liebe, sich der Tränen nicht enthalten konnten, sondern mit Herz und Mund nach dir, o Gott als der lebendigen Quelle, sehnsuchtsvoll schmachteten, und die ihren heißen Hunger nicht anders zu mäßigen und zu stillen wußten, als bis sie deinen Leib und dein Blut mit aller Seelenlust und der innigsten Geistessättigung genossen hatten.

2. Wahrhaftig, ihr Glaube, in Liebe brennend, ist ein auffallender Beweis deiner heiligen Gegenwart.

Denn sie sind es, die wahrhaftig ihren Herrn am Brotbrechen erkennen, weil ihr Herz so mächtig in ihnen brennt, indem Jesus mit ihnen wandelt.

Aber dieses innige Gefühl der Andacht, die flammende Liebe und süße Inbrunst ist gar oft ferne von mir!

Guter Jesus, voll Huld und Freundlichkeit! sei mir gnädig, laß deinen armen Bettler doch nur bisweilen ein Fünklein von der Flamme deiner innigen Liebe fühlen in der heiligen Kommunion, damit mein Glaube mehr Kraft und Leben gewinne, meine Hoffnung auf deine Güte neues Wachstum erhalte, die Liebe einmal völlig entzündet werde, und, durch den Genuß des himmlischen Mannas gestärket, nimmermehr erlösche.

3. Deine Barmherzigkeit ist groß und mächtig genug, diese ersehnte Gnade mir zu verleihen, und mich, sobald es dir gefällig sein wird, durch deine freundliche Heimsuchung mit dem Geiste der Liebe und Inbrunst zu erfüllen.

Denn wenngleich mein Verlangen nach dir nicht so glühend ist, wie es deine innigsten Verehrer fühlen, so habe ich doch durch deine Gnade ein sehnliches Verlangen nach jenem großen glühenden Verlangen.

Es ist im Gebete meines Herzens Wunsch, derselben brünstigen Liebe, die diese andächtigen Freunde besitzen, teilhaftig und ihrer heiligen Gemeinschaft beigezählt zu werden.

Nachlese.

Die Empfindung, das Gefühl der Andacht und Liebe ist nicht in unserer Gewalt, so wie wir ja gar nichts vermögen, auch nicht einen guten Gedanken aus uns selbst hervorzubringen. Wer sich aber so arm fühlt und gefühllos beim heiligsten Mahle bleibt, der verzage nicht, sondern sehe mehr auf seinen innern Sinn, Wunsch und Willen; der ernste Wunsch und Wille gilt hier für das Werk; wer brennen und glühen möchte vor Andacht und Liebe, der brennt und glüht vor dem Herrn und in seinen Augen, das ist, dem Herrn gefällt es eben so oder mehr noch, als wenn er im Gefühle der Andacht schwelgte, wobei oft viel Eitelkeit, Selbstgefälligkeit, eigne Gerechtigkeit ist. Aber deine Armut an Gefühl und dein tiefer Ernst und heißes Verlangen, brünstig lieben, heiß, glühend, andächtig sein zu können, und es doch nicht vermögen: diese Armut, dieser Hunger, dieses Verlangen kleidet dich in den Augen Jesu und seiner Engel schöner, als das hochrote und lasur-glänzende Gewand des schwelgenden Gefühls. — Selig sind die Armen, die Leidtragenden, die Hungernden; sie werden getröstet, gesättiget, der Herr und sein Reich ist ihr (Matth. 5). Der Herr ladet ja die Mühseligen und Beladenen zur Erquickung, nicht die Satten und Schwelgenden. Diese haben sich in acht zu nehmen, daß sie sich nicht krank essen (Matth. 11, 28).

Das 15. Hauptstück.

Innigkeit und Andacht wird nur durch Demut und Selbstverleugnung erlangt.

Die Gnade der Andacht mußt du ohne Unterlaß suchen, inständig erbitten, geduldig und zuversichtlich erwarten, dankbar annehmen, demütig bewahren, fleißig gebrauchen, und Zeit und Maß der himmlischen Heimsuchung Gott, bis er kommt, überlassen.

Wenn du wenig oder gar keine Andacht in deinem Herzen fühlst, ist dir Demut besonders notwendig; doch sollst du nicht verzagt, nicht kleinmütig werden oder gar verzweifeln.

Gott gibt oft in einem Augenblicke, was er lange Zeit versagt hat.

Gott gibt manchmal am Ende des Gebetes, was er im Anfange zurückbehalten hat.

2. Würde uns die Gnade immer sogleich gegeben, und stände uns nach Wunsch zu Gebot, so würde dies unsre menschliche Schwachheit nicht wohl ertragen können.

Darum muß man in fester Hoffnung und demütiger Geduld auf die Gnade der Andacht harren.

Und wenn sie dir nicht gegeben oder unvermerkt entzogen wird, so mußt du es deinen Sünden zuschreiben.

Es ist oft etwas Geringes, was die Gnade hemmt oder verbirgt; wenn man anders das gering

nennen darf und nicht vielmehr groß nennen muß, was uns eines so großen Gutes beraubt.

Wenn du nun dieses kleine oder große Hindernis aus dem Wege geräumt und vollkommen besiegt hast, so wird dir gegeben werden, um was du gebeten hast.

3. Denn sobald du dich Gott von ganzem Herzen ergeben hast, und nicht mehr bald dies, bald jenes nach deinem Wunsch und Willen suchest, sondern ohne Ausnahme dich in seine Hände gelegt hast, von dem Augenblicke an wirst du dich auch eins mit Gott und ruhig fühlen, indem dir nichts mehr so angenehm und wohlgefällig erscheinen wird, als Gottes Wille und Wohlgefallen.

Wer also sein Augenmerk in Einfalt des Herzens zu Gott emporgerichtet, sich von aller ungeordneten Liebe oder Abneigung gegen irgend ein geschaffenes Ding losgerissen hat, der ist der Würdigste und Tüchtigste, die Gnade der Andacht zu empfangen.

Denn wo der Herr leere Gefäße findet, da legt er seinen Segen hinein.

Und je vollkommener jemand den niedrigen Dingen entsagt, und durch Selbstverschmähung sich selber abstirbt, desto schneller kommt die Gnade, desto überschwenglicher ergießt sie sich, und desto höher erhebt sie das freie Herz empor.

Dann gehen ihm die Augen auf, er wird entzückt, staunt, und sein Herz erweitert sich in ihm. Denn die Hand des Herrn ist mit ihm, und er hat sich ganz und auf ewig in die Hand des Herrn gelegt.

Sieh, so wird der Mann gesegnet, der den Herrn aus ganzem Herzen sucht und sein Herz nicht an eitle Dinge hängt.

Ein solcher wird beim Genusse des Heiligen Abendmahles die große Gnade erlangen, mit Gott innigst vereinigt zu werden, weil er nicht bloß seinen eigenen Trost und das süße Gefühl der Andacht im Auge hat, sondern sich Gottes Ehre und Herrlichkeit mehr am Herzen gelegen sein läßt, als alle (selbstsüchtige) Andacht und Tröstung.

Nachlese.

Du hast dich wohl zu hüten, daß du bei der Andacht nicht bloß die Andacht oder die Süßigkeit derselben suchst und, wenn du sie erlangt hast, nun glaubst, alles zu haben; so könnte dir am Ende diese Schale ohne den Kern bleiben. Du mußt im Abendmahle Jesum, nur Jesum, die Speise, das Brot deiner Seele, nicht den Geschmack der Speise und die Süßigkeit derselben suchen; sonst bleibt dir, wenn dieser Geschmack, dieses andächtige Gefühl vergangen ist, nichts übrig, und dein Herz ist leer und schwächer, elender als vorher — ohne Jesus, ohne Kraft und Leben. Du mußt dich an das Wort, nicht ans Gefühl, an den Glauben und an die Sache, den Gegenstand des Glaubens und der Liebe halten. Er hat gesagt: Das ist mein Leib — mein Blut — wer dies ißt und trinkt, hat das ewige Leben, der bleibt in mir und ich in ihm — das ergreife, das halte ewig fest im lebendigen Glauben, so fest, als sähest du ihn, als hättest du ihn, seinen Leib und sein Blut in Händen; wie er denn auch wahrhaftig sich dir zu essen und zu trinken gibt, du magst es fühlen oder nicht, wenn du es nur glaubst und verlangst. Dir geschieht nach deinem Glauben, nicht nach deinem Gefühle. Wie viele vergießen viele Tränen beim Abendmahl und schwimmen in süßen Gefühlen und sind doch nachher wie vorher leer von Jesu und seiner Kraft! Sie verlassen sich darauf und gehen leer aus. Glaube du, was der Herr sagt, und du wirst die Herrlichkeit Gottes sehen, dein toter, verwesener Lazarus wird auferstehen (Joh. 11, 40).

Das 16. Hauptstück.

Klage Christo deine Not, und bitte um seine Gnade.

O du liebenswürdigster und liebendster Herr! ich möchte dich jetzt mit inniger Andacht empfangen; du kennst aber meine Schwachheit und meine Not, weißt, was mir fehlt, in welchen Sünden, in welchem Elende ich daliege, wie oft ich niedergebeugt, versucht, verwirrt und befleckt werde.

Um Hilfe komme ich zu dir, um Trost und Erleuchtung flehe ich dich an.

Zu dir, Herr! wende ich mich; zu dir, der alles weiß, rede ich; zu dir, der mein ganzes Innerstes kennt, und der allein mich vollkommen trösten, mir wahrhaft helfen kann.

Du kennst das Gute, das mir besonders abgeht, und das ich vor allem haben sollte; du weißt, wie arm ich an Tugend bin.

2. Sieh, arm und nackt stehe ich vor dir, und flehe um Gnade und schreie um Barmherzigkeit!

Erquicke deinen hungrigen Bettler, entzünde mein kaltes Herz mit der Flamme deiner Liebe; erleuchte meine Blindheit mit dem Lichte deiner Gegenwart.

Laß mir alles Irdische bitter werden; laß mich alles Schwere und Widerwärtige mit Geduld tragen, alles Niedrige und Erschaffene verschmähen und vergessen.

Erhebe mein Herz in den Himmel, zu dir hinauf, und laß mich nicht umherirren hier unten auf Erden.

Du allein sollst mir süß und lieblich sein und bleiben, von nun an bis in Ewigkeit; denn du bist allein meine Speise uud mein Trank, du allein meine Liebe und meine Freude, du meine süßeste Lust und mein höchstes Gut!

3. Möchtest du mit deiner heiligen Gegenwart mich ganz entzünden, mich im Feuer deiner Liebe verzehren und in dich verwandeln; damit ich ein Geist mit dir werde, durch die Gnade, die mich in der Glut der Liebe zerschmelzen und innigst mit dir zusammenschmelzen und vereinigen kann.

Laß mich doch nicht hungrig und dürre von dir gehen; handle mit mir nach deiner Barmherzigkeit, wie du oft mit deinen Heiligen wundervoll gehandelt hast.

Wäre es denn ein Wunder, wenn ich durch dich ganz entflammt würde und in mir selbst verginge, da du ein Feuer bist, das immer brennt und nie erlischt; da du die Liebe bist, die Herzen reiniget und den Verstand erleuchtet?

Nachlese.

Wer das nicht nur liest und mit dem Munde, sondern aus dem Herzen, mit Glauben und Zuversicht betet, der wird erhört und reichlich gesegnet werden, der wird Himmelsbrot essen und satt werden; dem ist der Tisch des Herrn bereitet, es wird ihm voll eingeschenkt und Leben und Seligkeit gegeben. Der Herr verlangt ja bei dem Heiligen Abendmahle, so wie überhaupt, von uns nichts als das Herz, und zwar ein armes, gebeugtes, hungriges, durstiges und doch gläubiges, kindliches Herz; bei allem Gefühl der eignen Armut und Schwäche doch das lebendige Vertrauen und kindliche Sehnen nach dem Reichtum seiner Gnadenfülle, die für solche arme Hungrige im Abendmahle aufgetan ist und freigegeben wird jedem, der da kommt mühselig, beladen und doch gläubig. Je größer und tiefer dein Elendsgefühl, desto mehr Anspruch hast du auf dieses reiche Mahl; denn es ist nur für Arme, Hungrige, Elende und Ohnmächtige bereitet. Die Gesunden bedürfen des Arztes, die Starken der Hilfe nicht, sondern die Kranken und Schwachen. Die Starken gehen leer aus, die Hungrigen füllt er mit Gütern (Matth. 9, 12; Luk. 1, 53).

Das 17. Hauptstück.

Von der brünstigen Liebe und heißen Begierde, Christum zu empfangen.

Mit der innigsten Andacht und brennendsten Liebe, mit dem glühendsten Eifer und der heißesten Sehnsucht des Herzens möchte ich dich empfangen, o Herr! mit einer Sehnsucht, wie sie viele heilige und fromme Seelen bei deinem heiligen Mahle nach dir gefühlt haben, deren heiliger Wandel dir am meisten gefallen hat und die glühendste Andacht gefühlt haben.

O! mein Gott! du ewige Liebe! Mein höchstes Gut! du unendliche Seligkeit! Ich möchte dich empfangen mit dem lebendigsten. Verlangen, mit der tiefsten Ehrfurcht, die je ein Heiliger empfand oder empfinden konnte.

2. Und ob ich gleich unwürdig bin, alle diese Empfindungen der Andacht zu genießen, so bringe ich dir doch mein ganzes Herz mit diesem brünstigen Verlangen dar, als ob ich alle jene heiligen Empfindungen der glühendsten Andacht allein fühlte.

Und alles, was je ein frommes Gemüt fassen und verlangen konnte, bringe ich dir mit tiefster Ehrfurcht und innigster Liebe dar.

Nichts will ich für mich zurückbehalten, sondern mich mit allem, was mein ist, lege ich dir freiwillig mit größter Freude als ein Schlachtopfer auf deinen Altar.

Herr! mein Gott! mein Schöpfer und mein Erlöser! mit jener Empfindung, Ehrfurcht, Lobpreisung und Anbetung, mit jenem Dankgefühle, mit jener Würdigkeit und Inbrunst! mit jenem Glauben, jener Hoffnung und jener Liebe möchte ich dich heute empfangen, mit welcher dich empfangen und aufgenommen hat deine heilige Mutter, die ehrwürdige Jungfrau Maria, als sie dem Engel, der ihr das Geheimnis der Menschwerdung verkündete, voll Demut und Andacht antwortete: „Sieh, ich bin die Magd des Herrn; mir geschehe, wie du gesagt hast" (Luk. 1, 38).

3. Und wie dein seliger Vorläufer, der Ausgezeichnetste unter den Heiligen, Johannes der Täufer, vor deiner Gegenwart voll Freude des

Heiligen Geistes schon aufhüpfte, da er im Mutterleibe verschlossen war, und nachher, als er dich unter Menschen wandeln sah, sich tief erniedrigte und mit inniger Liebe sprach: Der Freund des Bräutigams steht und höret mit Freude die Stimme des Bräutigams (Joh. 3, 29).

So möchte auch ich von großen und heiligen Begierden entzündet werden und dir mich selbst von ganzem Herzen hingeben.

Daher stimme ich mit Freuden ein in die Jubelgesänge aller frommen Herzen, in alle ihre glühenden Empfindungen und entzückenden Herzenserhebungen, in alle ihre himmlischen Erleuchtungen und heiligen Anschauungen, und in alle Tugenden und Lobpreisungen, die dir von allen Geschöpfen im Himmel und auf Erden je dargebracht worden und noch dargebracht werden. Ich lege dir dies alles hin mit meinem Herzen, das dich selbst gerne so verherrlichen und lobpreisen, lieben und anbeten möchte, für mich selbst sowohl, als für alle die, welche sich in mein Gebet empfohlen haben, mit dem innigen Wunsche, daß du von allen würdig gelobet und ewig verherrlicht werdest.

4. Nimm diese meine Wünsche an, Herr, mein Gott! und laß dir gefallen das Verlangen meines Herzens, dich ohne Ende loben und verherrlichen zu können, so wie es dir nach der Fülle deiner unaussprechlichen Herrlichkeit gebührt.

Das bringe ich dir und möchte es dir täglich, ja jeden Augenblick meines Lebens bringen.

LAUDATE DOMINUM
ASAPH

Ich möchte wohl alle himmlischen Geister und alle deine Gläubigen auf Erden mit dringenden Bitten dazu einladen und reizen, daß sie mir helfen, dich zu loben und dir zu danken.

5. Loben sollen dich alle Völker, alle Geschlechter und Zungen. Erheben und mit höchstem Jubel preisen sollen sie deinen heiligen, beseligenden Namen!

Und alle, die dein heiligstes Sakrament mit Ehrerbietung und Andacht ausspenden, oder mit lebendigem Glauben empfangen, mögen Gnaden und Barmherzigkeit bei dir finden.

O möchten sie alle für mich Sünder bei dir bitten!

Und wenn sie, in inniger Andacht des seligen Genusses, der Vereinigung mit dir teilhaftig geworden, mit reichem Troste erfüllet und durch die wundervolle Speise gelabet, von deinem himmlischen Tische zurückkehren, dann mögen sie ja auch meiner, des ärmsten Sünders, gedenken!

Nachlese.

Lobe den Herrn, meine Seele, und alles, was in mir ist, seinen heiligen Namen! (Ps. 103 von Anfang bis zu Ende und Ps. 84 ganz: Wie lieblich sind deine Wohnungen, Herr Zebaoth! zc.). Da sind die schönsten Empfindungen ausgedrückt, die ein Tischgenosse des Herrn haben soll; nachdem er mit dem 42. Psalm wie ein Hirsch nach dieser frischen Quelle, nach diesem heiligen Mahle, als der Quelle des Lebens und der Seligkeit, sich heißhungrig gesehnt und geschrieen, nach seinem Gott und Heiland, nach dem lebendigen Gott, der sich selbst zur lebendigen Speise ihm darreich, gedürstet und gehungert hat, nachdem Tränen seine Speise gewesen sind Tag und Nacht. O ein solcher Dürstender, ein solcher Hungriger wird gewiß so gesättiget und erfüllt, daß er loben und preisen muß, und sich schon so selig fühlt, als wenn er im Himmel wäre.

Das 18. Hauptstück.

Grüble nicht über das Sakrament, sondern glaube und folge demütig Christo nach.

Hüte dich vor neugieriger und unnützer Grübelei über das unerforschliche Sakrament, wenn du nicht von den Abgründen der Zweifel verschlungen werden willst.

Wer die Majestät Gottes erforschen will, der wird von ihrer Herrlichkeit zerdrückt (Spr. 25, 27).

Gott kann gewiß mehr tun, als der Mensch begreifen kann.

Nicht zu verwerfen, sondern vielmehr erlaubt ist dagegen eine demütige, fromme Untersuchung der Wahrheit, die sich aber gerne belehren läßt und sich befleißigt, auf der Bahn der gesunden Lehre erleuchteter Lehrer zu wandeln.

2. Selig ist die Einfalt, die den Weg der unauflöslichen und spitzfindigen Fragen vorbeigeht, und auf dem ebenen und sicheren Wege der Gebote Gottes fortwandelt.

Viele haben Innigkeit und Salbung verloren, indem sie das Höhere erforschen wollten.

Gott fordert von dir nur Glauben und einen frommen Wandel, nicht hohen Verstand und tiefe Erkenntnis der Geheimnisse Gottes.

Wenn du nicht verstehst und begreifst, was unter dir ist, wie wirst du begreifen, was über dir ist?

Unterwirf du dich Gott, und deine Vernunft sei eine demütige Magd des Glaubens, so wird dir das Licht der wahren Erkenntnis gegeben werden, so viel als dir nützlich und nötig ist.

3. Einige Menschen werden hart versucht wider den Glauben an dieses Sakrament.

Aber das muß man nicht ihnen, sondern vielmehr dem Feinde auf die Rechnung schreiben.

Bekümmere dich deswegen nicht, und fange keinen Krieg mit deinen eigenen Gedanken an; antworte auch dem Teufel nicht ein Wort auf alle Zweifel, die er in dir erweckt, sondern schlage den kürzesten Weg ein, — glaube dem Worte Gottes, glaube seinen heiligen Freunden, den Propheten und Aposteln, und der Feind wird, auf das Haupt geschlagen, von dir fliehen.

Oft ist es sehr heilsam für Knechte Gottes, daß sie solche Leiden haben.

Denn die Ungläubigen und mutwilligen Sünder versucht der Satan nicht, weil sie ohnehin schon, ohne Versuchung, in seiner Gewalt sind, und tun, was er haben will.

Aber die Gläubigen und Innigen versucht und plagt er auf mancherlei Weise.

4. Fahre also fort, einfältig und unzweifelhaft

zu glauben, und gehe mit Ehrfurcht und Demut zum Sakramente hin.

Und was du nicht begreifen kannst, das überlaß getrost dem allmächtigen Gott.

Gott betrügt dich nicht; wer aber sich selbst zu viel zutrauet, der wird von sich selbst betrogen.

Gott geht gern mit den Einfältigen um, offenbart sich den Demütigen, gibt Verstand den Unmündigen, öffnet den Sinn reinen Gemütern, und verbirgt seine Gnade vor den Neugierigen und Hoffärtigen.

5. Die menschliche Vernunft ist schwach, und kann leicht irren oder betrogen werden.

Der wahre Glaube aber kann nicht irren und nicht betrogen werden.

Daher muß alle Vernunft und menschliche Forschung sich nach dem Glauben richten, dem Glauben nachfolgen, nicht vorlaufen, viel weniger ihn beeinträchtigen.

Glaube und Liebe beweisen sich besonders bei diesem hochheiligen und unübertrefflichen Sakramente, und wirken in demselben auf die verborgenste Weise.

Gott, der Ewige und Unermeßliche, dessen Macht grenzenlos ist, tut große und unerforschliche Wunder im Himmel und auf Erden, und seine wundervollen Werke kann kein Mensch ergründen.

Denn wären die Werke Gottes von der Art, daß sie von der menschlichen Vernunft leicht begriffen werden könnten, so wären sie eben deswegen nicht wunderbar und nicht unerforschlich zu nennen.

Nachlese.

O wie weit verfehlen alle diejenigen das Ziel und die Absicht des Heilandes, die über die Lehre vom Abendmahl nach den verschiedenen Kirchenformen streiten und zanken, sich trennen und eignen Meinungen und Ansichten folgen. Der Heiland hat seinen Leib und sein Blut uns nicht zum Zank, nicht zum Grübeln und Forschen, nicht zum Erklären und Bezweifeln, sondern lediglich zum Genuß, zum Essen und Trinken, zum Wachstum in der Gnade und Liebe und besonders in der Gemeinschaft und Vereinigung der Gläubigen miteinander und mit Ihm gegeben. Der Einfältige, Gläubige grübelt nicht, erklärt und bestimmt nicht das unerklärbare, unbegreifliche Geheimnis: Christus in uns (Kol. 1, 27; Joh. 6, 56); sondern er will nur genießen, nur nehmen und essen, wie Christus es darbietet und sagt: Nehmet, esset, das ist mein Leib! nehmet, trinket alle, das ist mein Blut! Er sagt nicht: Begreifet's, erforschet's! streitet, zanket! &c. Die Ehrfurcht, der Hunger, das Verlangen, mit Christo so innig vereinigt und seines Leibes und Blutes teilhaftig zu werden, so daß er in uns und wir in ihm sind — das soll alle andern Gedanken verscheuchen, soll uns ganz einnehmen, damit wir nur Christi, seines Verdienstes, seiner Kraft und Gnade, seiner Inwohnung teilhaftig werden. Das Wie? dürfen wir ohne Sünde und Zweifel ihm ganz überlassen. Das ist keine Sache für den Verstand, sondern allein für das Herz — nicht für den Begriff, sondern zum Genuß. Je mehr du begreifen, bestimmen, erklären willst, je weniger wirst du genießen. Du sollst nur nehmen und essen, und dem Geber überlassen, was und wie er geben will. Du sollst nur glauben, er gibt mehr als du

begreifen, glauben, verstehen und bitten kannst — überschwenglich mehr als dein kleines, armes Herz fassen kann.

O wie versündigt man sich am Leibe und Blute des Herrn, wenn man nicht so in Einfalt genießt, sondern die heiligste Sache zum unheiligsten, trennenden und alle Leidenschaften erregenden Zankapfel macht, der so bitter schmeckt, und Bitterkeit anrichtet in der Kirche Gottes! Möchte es dahin kommen, daß man von allen jetzigen wie von den ersten Christen sagen könnte: Sie erkannten ihn am Brotbrechen. Sie blieben alle beständig in der Apostel Lehre, in der Gemeinschaft, im Brotbrechen und im Gebet. Sie brachen das Brot hin und her in Häusern (es waren lauter Häuser Gottes), nahmen Speise, und lobten Gott mit Freuden und einfältigem Herzen (Luk. 24, 35; Apg. 2, 42. 46. 47).

Inhaltsübersicht.

Erstes Buch.

Ermahnungen zu einem frommen und geistlichen Leben.

Hauptst. Seite

1. Folge Christo nach und verachte die Eitelkeit der Welt 11
2. Verschmähe dich selbst 15
3. Von der Lehre der Wahrheit 19
4. Sei vorsichtig in all deinem Tun 25
5. Über das Lesen der Heiligen Schrift . . . 27
6. Von den ungeordneten Neigungen . . . 29
7. Blähe dich nicht mit Hoffnung und Einbildung 31
8. Sei nicht zu vertraulich im Umgange mit Menschen 34
9. Von Gehorsam und Unterwürfigkeit . . . 36
10. Mache nicht viele Worte 38
11. Suche den Frieden und jage der Heiligung nach 40
12. Nutzen der Trübsal 44
13. Wie man den Versuchungen begegnen soll 46
14. Richte nicht 53
15. Von den Werken der Liebe 55
16. Trage die Fehler anderer 59
17. Von dem gottseligen Leben 61
18. Von den Beispielen der heiligen Väter . . 64
19. Von den Übungen der Gottseligkeit . . . 68
20. Von der Liebe zur Einsamkeit und Stille 73
21. Von der Zerknirschung des Herzens . . . 78
22. Ein Blick auf das menschliche Elend . . 84
23. Von der Betrachtung des Todes . . . 89
24. Gericht und Strafe der Sünde 96
25. Dein ganzes Leben muß ganz anders werden 106

Zweites Buch.

Ermahnungen zum innerlichen Leben.

Hauptst.		Seite
1.	Christus in uns	119
2.	Demut unterwirft sich gern	126
3.	Von guten und friedfertigen Menschen	128
4.	Rein sei dein Herz und einfältig dein Auge	132
5.	Habe acht auf dich selbst	135
6.	Die Freude eines guten Gewissens	137
7.	Von der Liebe Jesu Christi	141
8.	Vertraulicher Umgang mit Jesu	145
9.	Von der Trostlosigkeit	150
10.	Dankbarkeit für die Gnade Gottes	158
11.	Viele Christen, aber wenig Freunde des Kreuzes Christi	162
12.	Das Kreuz — der Königsweg zum Himmel	167

Drittes Buch.

Von dem innern Troste.

1.	Herzensgespräch zwischen Christus und der Seele	179
2.	Die Wahrheit spricht in uns	182
3.	Gottes Wort muß mit Demut gehört und mit Treue bewahrt werden	185
4.	Wandle vor Gott in Wahrheit und Demut	191
5.	Die Wunder der Liebe Gottes	195
6.	Prüfung der wahren Liebe	201
7.	Verachte die Eingebungen des Satans, und verzage nicht wegen deiner Gebrechen	203
8.	Demut — Hüterin der Gnade	206
9.	Gott — dem Urquell alles Guten — ist alles Gute zuzuschreiben	212
10.	Wohl dem, der die Welt verschmäht und Gott dient	215
11.	Prüfe die Wünsche deines Herzens und mäßige dein Verlangen	218

Hauptst. Drittes Buch Seite
12. Geduld im Kampfe gegen böse Begierden 221
13. Jesus, das Vorbild der Demut 225
14. Die verborgenen Gerichte Gottes 230
15. Alle deine Wünsche seien Gottes Willen gleichförmig 234
16. Den wahren Trost suche in Gott allein . 237
17. Wirf alle deine Sorge auf Gott 239
18. Trage gleichmütig das Elend der Zeit . . 241
19. Wahre Geduld duldet willig das Unrecht 245
20. Bekenntnis eigener Schwachheit und des Elends dieses Lebens 248
21. Zu Gott den Sinn — durch alles hin . . 251
22. Dankbares Andenken an die mannigfaltigsten Wohltaten Gottes 256
23. Vier notwendige Friedensbedingnisse . . 261
24. Sei nicht neugierig, wie andere leben . . 264
25. Von dem dauerhaften Frieden des Herzens 266
26. Die herrliche Freiheit des Gemütes durch Gebet und Tat errungen 270
27. Die Eigenliebe — der ärgste Feind des höchsten Gutes 272
28. Laß dir durch die Pfeile der Lästerung dein Herz nicht verwunden 276
29. Gebet in den Tagen der Trübsal 278
30. Bitte um Hilfe und Vertrauen auf die wiederkehrende Gnade 280
31. Verlaß alle Geschöpfe, um den Schöpfer zu finden 285
32. Verleugne dich selbst, und entsage jeder sinnlichen Begierde 290
33. Befestige dein veränderliches Herz durch unveränderliche Richtung desselben zu Gott 294
34. Dem Liebenden gefällt Gott allein . . . 297
35. Vor Versuchung bist du hier nie sicher . 301
36. Fürchte nicht die Urteile der Menschen . 304
37. Völlige Ergebung schafft völlige Freiheit des Herzens 307

Hauptst. Drittes Buch Seite

38. Halte Ordnung im Äußern und tritt frei zu Gott in Gefahren 309
39. Sei nicht stürmisch in deinen Geschäften . 312
40. Rühme dich in nichts, denn du hast in nichts Gutes aus dir selbst 315
41. Verschmähe alle Ehre der Zeit 318
42. Suche den wahren Frieden nicht bei Menschen 320
43. Wider die eitle und weltliche Gelehrsamkeit 320
44. Laß das Äußere nicht in dein Inneres kommen 326
45. Sei vorsichtig im Reden und nicht leichtgläubig im Hören 328
46. Vertraue auf Gott, wenn alle Pfeile der Lästerung auf dich gerichtet sind . . . 332
47. Die Leiden der Zeit sind erträglich und leicht dem, der für das ewige Leben streitet . 337
48. Von dem frohen Tage der Ewigkeit und der bangen Nacht dieses Lebens 340
49. Von dem Heimweh nach dem ewigen Leben und der Krone, den Kämpfern verheißen 345
50. Bist du trostlos, so lege dein Herz in Gottes Hände 352
51. Bist du zu schwach, große Dinge zu tun, so versäume nicht, geringere zu verrichten 358
52. Du hast keinen Trost, keine Gnade, sondern nur Schläge verdient 360
53. Die irdische Weisheit kann die Gnade Gottes nicht empfangen 365
54. Natur und Gnade nach ihren verschiedenen Bewegungen betrachtet 368
55. Das Verderben der Natur und die Gnade 375
56. Verleugne dich selbst, nimm dein Kreuz auf dich und folge Christo nach 380
57. Laß dich durch Fehler nicht mutlos machen 384
58. Forsche nicht in den unerforschlichen Tiefen der Gerichte Gottes 387
59. Gott allein sei deine Hoffnung und Zuversicht 396

Viertes Buch.

Von dem Sakramente.

Hauptst. Seite

1. Mit welcher Ehrfurcht wir Christum empfangen sollen 404
2. Das Sakrament, ein Pfand der Güte und Liebe Gottes zu den Menschen 413
3. Es ist nützlich, öfters das Heilige Abendmahl zu empfangen 419
4. Eine andächtige Kommunion wirkt viel Gutes 423
5. Von der Würde des Sakramentes und dem Priesterstande 428
6. Frage an Christus, wie man sich zur Kommunion vorbereiten soll 431
7. Antwort auf vorige Frage: Prüfe dich selbst, dann iß von dem Brote 433
8. Christus opferte sich am Kreuze, daß du dich auch opferst mit all dem Deinen . . . 437
9. Gib dich und alles Gott hin — bete für alle 439
10. Laß dich nicht vom Tische des Herrn zurückhalten 443
11. Das Heilige Sakrament und die Heilige Schrift 449
12. Bereite dich, Christum im Abendmahle zu empfangen 455
13. Der fromme Christ trachtet, durch das Sakrament mit Christus vereinigt zu werden 460
14. Von der Andacht beim Abendmahle . . 463
15. Innigkeit und Andacht nur durch Demut 466
16. Klage Christo deine Not, und bitte um seine Gnade 470
17. Von der Begierde, Christum zu empfangen 472
18. Grüble nicht über das Sakrament, sondern glaube, und folge Christo nach 477